通识课系列教材

法国语言与文化

La Langue et la Civilisation Française

郑贞爱 张燕 编著

图书在版编目（CIP）数据

法国语言与文化 / 郑贞爱，张燕编著. —沈阳：辽宁大学版社，2014.2

ISBN 978-7-5610-7591-3

Ⅰ. ①法… Ⅱ. ①郑… ②张… Ⅲ. ①法语—高等学校—教材 ②文化—概况—法国—高等学校—教材 Ⅳ. ①H32 ②G156.5

中国版本图书馆CIP数据核字（2014）第020469号

出 版 者：辽宁大学出版社有限责任公司
（地址：沈阳市皇姑区崇山路66号 邮编：110036）
印 刷 者：抚顺光辉彩色广告印刷有限公司
发 行 者：辽宁大学出版社有限责任公司
幅面尺寸：170mm × 228mm
印 张：15
字 数：280千字
出版时间：2014年2月第1版
印刷时间：2014年3月第1次印刷
责任编辑：田东琰
封面设计：韩 实
责任校对：齐 悦

书 号：ISBN 978-7-5610-7591-3
定 价：28.00元

联系电话：024-86864613
邮购热线：024-86830665
网 址：http://www.lunpshop.com
电子邮件：liupress@vip.163.com

前 言

随着我国对外开放政策的不断深入，我们与世界各国的文化交流、经贸合作等也得到了更加长足的发展。在这种世界大环境下，社会对多样性人才需求增加，高等教育培养模式正发生着深刻的转变，我国各大重点院校据此开设了通识课程，其目的是为提高学生各方面的素质，努力培养满足社会需求的复合型人才。通识教育不单是一种课程设置模式，它更是一种教育思想、教育理念、教育境界，其目的是促成人的自由、和谐、全面发展。

本教材是为辽宁大学通识课程“法国语言与文化”而撰写，目的是向学习者传授法国语言与文化知识，使学生更多地了解法国，拓宽学生的文化视野，提高学生对文化差异的敏感性，从而培养学生跨文化交际的能力。

本书共设十八课，每课由两部分组成：语言部分和文化部分。语言部分涉及法语基础知识：法语的语音、语调、日常用语及语法，力求通过一个学期的学习使学生能够表达简单的句子、看懂简单的文章，并为将来的自学打下良好的基础。文化部分涉及法国社会、礼仪、习俗、教育、艺术、经济等方面，通过学习使学生加深对法国文化的认知，进一步了解法国文化的发展以及当今法国社会的各个方面。

本书撰写过程中得到了辽宁大学法籍教师Adrien和Emilie的许多宝贵的意见和建议，以及辽宁大学外国语学院法语系师生的大力协助，在此谨向他们表示诚挚的谢意。

我们希望本书的出版能使读者了解当代法语文化、感受当代法国生活，满足读者对异域生活的好奇心。限于编者的水平，在此恳请各位法语界同行前辈和广大读者对书中存在的不足及疏漏给予谅解和指正。

编 者

2013年10月20日

目 录

Leçon un

Phonétique（语音）

Ⅰ. 音素（phonème）

1. 元音（voyelle）

[a]	a à â	ma là mât
[i]	i î ï y在两个辅音之间	lit île maïs syllabe style
[e]	é -er，-ez，-ed 在词尾 es在少数单音节词中	été élit Lénine aller saler nez pied les mes des
[ɛ]	ai aî ei è ê e 1. 在相同的两个辅音字母前 2. 在闭音节中 -et 在词末	mai aîné Seine père même pelle elle selle sel merci cerné ballet gilet

2. 辅音（consonne）

[l]	l	lis louait laine
[m]	m	mère mêler malade
[n]	n	nappe naît nie
[p]	p	pape pie paire
[b]	b	bas babisme bête

Ⅱ. 语音知识

1. 辅音字母在词末一般不发音，如：lit [li]，mât [ma]。但l，r，f，c，q要在词末发音，如：séminal [seminal]，naïf [naif]，sur [sy:r]。

2. 字母e在词末不发音，如：lime [lim]，Seine [sɛn]。

3. 两个相同的辅音字母在一起时一般读成一个音，如：aller [ale]，passer [pase]。

4. 音节

法语的单词由音节组成。音节以元音为主体，一个单词有几个元音，就有几个音节，如：aîné [ɛ-ne]，malade [ma-lad]。

5. 音节的划分

(1) 两个元音之间的单辅音属于下一音节，如：saler [sa-le]，aller [a-le]。

(2) 相连的两个辅音一般应分开，分属两个音节，如：merci [mɛr-si]，cerné [sɛr-ne]。

6. 开音节和闭音节

以元音结尾的音节叫开音节，如：paix [pɛ]，laper [lape]。以辅音结尾的音节叫闭音节，如：sel [sɛl]，peine [pɛn]。

7. 重音

法语的重音一般落在单词或词组的最后音节上。

8. [p] 在词末或在辅音前一般要送气。

Ⅲ. Exercices de phonétique（语音练习）

	[a]		[i]		[e]		[ɛ]	
[l]	là	lard	lime	l'île	Lénine	lasser	lait	lemme
[m]	ma	mât	mis	milice	métal	mémoire	mais	même
[n]	nana	nappe	ni	Nice	né	séminal	aîné	naît
[p]	papa	pâle	pile	pape	pénal	pépie	paix	père
[b]	bas	barre	babil	bile	bébé	béliner	ballet	baisser

Conversation（会话）

Bonjour，madame. Comment allez-vous?
Je vais bien，merci. Et vous?
Moi aussi，merci.

Bonsoir Anne. Ça va?
Oui，ça va. Et toi?
Ça va bien，merci.

Comment vous appelez-vous?
Je m'appelle LI Na. Et vous?
Je m'appelle Marie.

Vocabulaire（词汇）

bonjour n.m. 你好，早安，日安
madame n.f. 夫人
comment adv. 如何，怎样
Comment allez-vous? 您身体好吗？
je pron. 我
Je vais bien. 我很好。
bien adv. 好；很
merci interj. 谢谢
vous pron. 您；你们
moi pron. 我
aussi adv. 也
bonsoir n.m. 晚上好
Ça va? 行吗？身体好吗？
s'appeler v.pr. 名叫，称呼

Notes（注释）

1. 主语人称代词

je	我	nous	我们
tu	你	vous	您，你们
il	他，它	ils	他们，它们
elle	她，它	elles	她们，它们

Je m'appelle LI Na. 我叫李娜。

Je vais bien. 我很好。

2. 重读人称代词

moi	我	nous	我们
toi	你	vous	您，你们
lui	他，它	eux	他们，它们
elle	她，它	elles	她们，它们

Moi aussi，je vais bien. 我也很好。

Je m'appelle Marie. Et vous? 我叫玛丽。您呢？(您叫什么名字？)

3. 法语字母

A a　B b　C c　D d　E e　F f　G g

H h　I i　J j　K k　L l　M m　N n

O o　P p　Q q　R r　S s　T t　U u

V v　W w　X x　Y y　Z z

* 法语字母共有26个，其中a，e，i，o，u，y是元音字母，其他为辅音字母。另外，法语还有一些特殊的拼写符号，加在字母上方或下方，表示字母的发音。这些符号是：

"ˋ"开音符，如：è à ù　père，déjà，où

"ˊ"闭音符，如：é　été，élève

"ˆ"长音符，如：â ê û î ô　âne，même，sûr，île，ôter

"¨"分音符，如：ë ï　Noël，naïf，maïs

4. 法语音素

法语共有35个音素，其中有15个元音，3个半元音（也叫半辅音），17个辅音。

元音（voyelle）：

[a] [e] [ɛ] [i] [ɔ] [o] [u] [y]

[ə] [œ] [ø] [ɑ̃] [ɔ̃] [ɛ̃] [œ̃]

半元音（semi-voyelle）：

[w] [j] [ɥ]

辅音（consonne）：

[b] [p] [d] [t] [s] [f] [l] [m] [n]

[r] [v] [ʒ] [ʃ] [z] [g] [k] [ɲ]

法语与法国

一、法语

1. 法语的起源

人称“法语千年”，法语起源并发展至今，已走过千年历程。

法语属印欧语系拉丁语族，又称罗曼语族（langues romaines），与意大利语、葡萄牙语、西班牙语、罗马尼亚语等语言均属同一语族，这些语言都是古拉丁语的延续。

历史上强大的古罗马帝国使用的语言是拉丁语（le latin），他们长期穷兵黩武，在不断扩大他们版图的同时也将其语言带到被其征服的土地上。

公元前58年—公元前51年，罗马帝国的军队征服了法国祖先居住的高卢地区（la Gaule），拉丁语随着军队、商人广为传播。在古罗马人未征服高卢之前，当时境内的居民是高卢人（Gaulois），他们使用的语言属凯尔特语族，即我们常说的高卢语，高卢语与拉丁语同属印欧语系，但和拉丁语相差悬殊。恺撒将军征服了高卢（现在的法国）之后，拉丁语渐渐深入民间，代替了高卢语和法国各地的方言，但高卢地区的拉丁语仍或多或少受到了高卢语的影响，逐渐形成当时百姓的口头语言——民间拉丁语（le latin populaire），而书面拉丁语只为法语提供了一些词汇和构词词素。

公元5世纪，欧洲日耳曼部落入侵高卢，西哥德人、勃艮第人接踵而来，最后法兰克人占据了整个高卢的大部分地区，他们使用的语言是印欧语系的日耳曼语。日耳曼语的词汇与发音不可避免地被融入高卢地区的语言中，现代法语里还保存着一部分日耳曼语中关于战争、法规以及一些日常使用的词，尤其以战争词汇居多，如guerre（战争），orgueil（骄傲），maréchal（元帅）等。

公元8世纪中叶，高卢地区原来的民间语言已经完全变为一种新的语言，经过长时期各种语言的不断渗透，其语音的变化非常明显，古法语开始产生。高卢境内流行的古法语，由于流传地域不同，也有很多的区别，主要可以分为南北两种，南部的语言叫做奥克语，北方的语言叫做奥易语。

公元842年，秃子查理宣布《斯特拉斯堡誓词》，被认为是法语正式形成的标志。

公元12世纪，由于在地理上，尤其是在政治上占据了重要的地位，法兰西岛方言占据了优势。直到16世纪（1539年），法语才正式可以书之成文，应用于公私文件。

现代法语随着日新月异的世界一体化进程的加剧，每时每刻都产生着新的发展与变化。法语本身各种构词手段得到了充分的发展和完善，在许多新兴领域，法语都使用着自己创造的术语，法语已经完全可以依靠自己的构词机制不断丰富其词汇宝库。

2. 法语国家

全世界有40多个国家和地区讲法语，讲法语的人数已超过2亿。

法语作为官方语言的国家：

（1）欧洲

■ 法国 France

官方语言：法语

法兰西共和国是位于欧洲西部的一个半议会制半总统制国家，现为法兰西第五共和国，与比利时、卢森堡、德国、瑞士、意大利、摩纳哥、安道尔、西班牙接壤，隔英吉利海峡与英国隔海相望。人口有65，821，885人，面积有551，602平方公里。

■ 瑞士 Suisse

官方语言：法语、德语、意大利语。

瑞士是一个位于欧洲中部的联邦制国家，与德国、法国、意大利、奥地利及列支敦士登接壤。人口有 7，739，100人，面积有41，284平方公里。

■ 比利时 Belgique

官方语言：法语、荷兰语、德语

位于欧洲西北部，东与德国接壤，北与荷兰比邻，南与法国交界，西临北海。人口大约有10，665，867人，面积有30，528平方公里。

■ 卢森堡 Luxembourg

官方语言：法语、德语和卢森堡语

位于欧洲西北部，东邻德国，南毗法国，西部和北部与比利时接壤。人口有502，202人，面积有2，586.3平方公里。

■ 摩纳哥 Monaco

官方语言：法语

摩纳哥是位于欧洲的一个城邦国家，居民以法籍为主，也是世界第二小的国家（仅次于梵蒂冈）。摩纳哥地处法国南部，除了靠地中海的南部海岸线之外，全境北、西、东三面皆由法国包围。人口有32，796人（2008年），面积有1.98平方公里。

（2）北美

■ 魁北克（加拿大）（Québec，Canada）

魁北克省（Québec）是加拿大面积最大的省，总面积为1，542，056平方公里（面积约为法国的三倍），人口约有7，903，001人，80%的人口为法国后裔，是北美地区的法国文化中心。魁北克官方语言为法语，北美讲法语的人主要集中在此。首府魁北克市，最大城市蒙特利尔。

■ 海地 Haïti

西印度群岛上的岛国。位于拉丁美洲加勒比海北部伊斯帕尼奥拉岛（即海地岛）的西部。面积约27，797平方公里，人口约有9，719，932人。

■ 瓦努阿图 Vanuatu

位于南太平洋西部，属美拉尼西亚群岛，由83个岛屿（其中68个岛屿有人居住）组成。面积12，190平方公里，人口约224，564人。

（3）非洲：非洲的法语有着很浓的地方口音

科特迪瓦 Côte d'Ivoire　乍得 Tchad　卢旺达 Rwanda

塞内加尔 Sénégal　多哥 Togo　加蓬 Gabon（法语、英语）

几内亚 Guinée　马里 Mali　布基纳法索 Burkina Faso

尼日尔 Niger　喀麦隆 Cameroun　贝宁 Bénin

塞舌尔 Seychelles　布隆迪 Burundi　中非 Centrafrique

吉布提 Djibouti　马达加斯加 Madagascar　科摩罗 Comores

刚果（金）Congo（Démocratique）　刚果（布）Congo（Brasseville）

（4）通用法语的国家和地区

突尼斯 Tunisie（非洲）　摩洛哥 Maroc（非洲）

阿尔及利亚 Algérie（非洲）　毛里求斯 Maurice（非洲）

毛里塔尼亚 Mauritanie（非洲）　安道尔 Andorre（欧洲）

留尼汪 Réunion（法国海外省）（非洲）

瓜德罗普 Guadeloupe（法国海外省）（美洲）

马提尼克 Martinique（法国海外省）（美洲）

马约特 Mayotte（法国海外省）（非洲）

法属圭亚那 Guyane française（法国海外省）（美洲）

法属波利尼西亚 Polynésie française（法国海外领地）（大洋州）

新喀里多尼亚 Nouvelle Calédonie（法国海外领地）（大洋州）

瓦利斯和富图纳 Wallis-et-Futuna（法国海外领地）（大洋州）

圣皮埃尔和密克隆（法）Saint-Pierre-et-Miquelon（美洲）

3. 法语语言的魅力

法语是一种非常美丽的语言，它的语调听起来就像流水一样。至今仍有许多作家视法文为可与古代最好语言媲美、用语表达最崇高理想的语言。

法语是世界上流传最广的语言之一。法语在几个世纪中都是欧洲贵族语言，贵族曾以讲法语为荣。17和18世纪，法语是欧洲外交和上流社会的通用语言，于18世纪末、19世纪初达到最辉煌的时期，当时的法国文明就等于欧洲文明，而法文也真正成为全欧各国文人阶级的国际语言。当今世界，现代法语仍保有相当程度的优势，在国际交流中继续发挥着重要的作用。

法语不仅美丽，而且非常严谨。其一：法语词类共有11种，每种词类又分有细的类别和各种形式；其二：法语句法结构十分严谨，有性数配合、时态统一、词语搭配、主属协调等多种规则，每种语法现象都有具体明确的严格规定，凡此种种使得法语成为世界范围内运用最广泛的重要的国际语言之一。

- 法语是联合国6种官方语言之一，法语还和英语一并被选作联合国秘书处的工作语言。联合国将英语定为第一发言语言，法语为第一书写语言。
- 法语是欧盟、非盟、国际法庭和奥林匹克委员会、世贸组织等国际组织机构的官方语言之一。

法语有坚实的根基，优雅的外表，严谨的结构以及丰富的材料，这些便是法语语言的重要特点，也是它赖以生存发展、立足于世界语言之林的中流砥柱。

二、法国

法国（La France），全称为法兰西共和国，现在是法兰西第五共和国。法国是联合国安理会五大常任理事国之一，对安理会议案拥有否决权。法国亦是欧盟和北约创始会员国之一，八国集团之一和欧洲四大经济体之一，亦是《申根公约》的成员国。首都巴黎是全球领先的世界级城市之一。

- 法国拥有世界著名的名胜古迹。卢浮宫博物馆、巴黎圣母院、被誉为世界上最美丽大街的香榭丽舍大街、埃菲尔铁塔——巴黎的标志建筑、凯旋门、美丽的塞纳河。世界知名城市排名榜上，巴黎始终居于榜首。

● 法国拥有世界闻名的葡萄酒。西南部城市波尔多酿酒历史悠久，其葡萄酒驰名于世，特等“波尔多红葡萄酒”位列世界葡萄酒“皇后”。

● 法国的时装在世界上享有盛誉。选料丰富、优异，设计大胆，制作技术高超，使其一直引导世界时装潮流。巴黎有2000家时装店，老板们的口号是：“时装不卖第二件”，在大街上，几乎看不到两个妇女穿着一模一样的服装。

● 名牌化妆品与香水

爱马仕（Thierry HERMES）、纪梵希（Hubert de Givenchy）、娇兰（Guerlain）、兰蔻（Lancôme）、香奈儿（Chanel）、迪奥（Christian Dior）、欧莱雅（L'Oréal）、碧欧泉（BIOTHERM）、薇姿（Vichy）等等。

■ 国旗：Le Drapeau tricolore或Le Drapeau bleu-blanc-rouge

法国国旗是一面从左至右蓝、白、红色垂直排列的三色旗。三色分别象征自由、平等、博爱。

三色旗曾是法国大革命时期巴黎国民自卫队队旗。白色代表国王，蓝、红色代表巴黎市民，是王室和巴黎资产阶级联盟的象征。1946年宪法确认其为国旗。

■ 国歌：《马赛曲》（La Marseillaise）

1792年4月24日，法国国歌《马赛曲》创作于斯特拉斯堡。它最初的名字叫做《莱茵军战歌》，作者鲁日·德·李尔只是一名业余音乐家。

1795年7月14日，《马赛曲》成为法国国歌。从1880年开始，7月14日举行国庆游行时，法国人都要奏响《马赛曲》。

■ 国徽

法国没有正式国徽，但传统上采用大革命时期的纹章作为国家的标志。纹章为椭圆形，上绘有大革命时期流行的标志之一——束棒，这是古罗马高级执法官用的权标，是权威的象征。

■ 国花：鸢尾花

法国人把鸢尾作为国花，其意有三种说法。一说是象征古代法国王室的权力。相传，在法兰克王国的第一任国王克洛维（481—511年）洗礼的时候，五帝赐给了他一件礼物——鸢尾花。二说是宗教上的象征。根据基督教的教义，上帝虽然只有一个，但却是圣父、圣子、圣灵三位一体。三说是法国人民用鸢尾花表示光明和自由，象征民族纯洁、庄严和光明磊落。

■ 国鸟：公鸡（Le Coq）

法国人民喜爱公鸡，不仅是由于它的观赏价值和经济价值，更主要的是喜欢它那勇敢、顽强的性格。

法国人的祖先是高卢人。在拉丁语中，“高卢”就是“公鸡”的意思。法国和高卢鸡的历史渊源甚至可以上溯到2000年前的古罗马时期，因此公鸡的象征已融入了法兰西民族文化。法国人普遍把高卢鸡视为勇敢的象征。

■ 国庆日：7月14日

1789年7月14日，巴黎人民攻占了象征封建统治的巴士底狱，推翻了君主政权。1880年，7月14日被正式确立为法国的国庆日，法国人每年都要隆重纪念这个象征自由和革命的日子。

■ 国家格言

自由（Liberté）、平等（Égalité）、博爱（Fraternité）是法兰西共和国的国家格言。此格言首先出现于法国革命，并在1946和1958年被写进法国宪法中，现已成为法国精神的代表。

■ 代表法兰西共和国的寓意形象

一位通常戴一顶弗里吉亚帽的妇女——“玛丽雅娜”。这虽未写入宪法，但在国家印玺、硬币和邮票或其他政府行动和责任的标记上，都有她的形象；从1999年起，凡省、部级或使馆发出的带抬头信件、小册子、表格、广告和信息载体都必须有此标记。

■ 人口

截至2011年1月1日，法国本土和海外省的人口总数估计为6502.7万，如将海外领地统计在内，人口总数达到约6582万。居民中81.4%的人信奉天主教，6.89%的人信奉伊斯兰教，其他人信新教、犹太教、佛教等宗教。

■ 货币：欧元

2002年1月1日起，法国使用欧元，之前使用的货币是法郎。

■ 自然地理

疆域：

法国位于欧洲西部，面积有551，602平方公里，领土呈对称的六边形，与比利时、卢森堡、瑞士、德国、意大利、西班牙、安道尔、摩纳哥接壤，西北隔英吉利海峡与英国相望，濒临北海、英吉利海峡、大西洋和地中海四大海域，地中海上的科西嘉岛是法国最大的岛屿。

地势：

东南高西北低，向大西洋敞开。东部是阿尔卑斯山地和侏罗山地；中南部为中央高原；西南边境有比利牛斯山脉；中央高原和比利牛斯山地间的西南地区为阿基坦盆地；北部是巴黎盆地；西北部为阿莫里坎丘陵。平原占总面积的三分之二。

山脉：

有阿尔卑斯山脉、比利牛斯山脉、汝拉山脉等。法意边境的勃朗峰海拔4810米，为西欧最高峰。

河流与岛屿：

卢瓦尔河（1010公里）、罗讷河（812公里）、塞纳河（776公里）、马恩河（525公里）。地中海上的科西嘉岛是法国最大的岛屿。

气候：

西部属温带海洋性气候，南部属地中海式气候，中部和东部属温带大陆性气候。

矿产与森林：

铁、煤、铝土储量较丰富，还有铅、锌、铀、钾盐等。森林覆盖率26.4%。

■ 行政区划

由上至下分为大区、省和市镇。省下设专区和县，但不是行政区域。县是司法和选举单位。法国本土共划22个大区、96个省、5个海外省、4个海外领地、4个具有特殊地位的地方行政区。

复习与思考题：

1. 法语属于哪一语系？汉语属于哪一语系？
2. 简述法语的起源与发展。
3. 魁北克法语为什么与法国法语不同？不同之处是什么？
4. 介绍一下法国的地理位置。
5. 法国与欧洲其他大国相比，其优、劣势在哪里？
6. 简述一下当代法国在世界上的地位及作用。

Leçon deux

Phonétique（语音）

Ⅰ. 音素（phonème）

1. 元音（voyelle）

[ə]	e 1. 单音节词末 2. 在词首开音节 3. 辅辅e辅	je me ce demain semaine cela vendredi mercredi
[ɔ]	o	tort comme école
[o]	ô au eau o 1. 在词末开音节中 2. 在［z］前	tôt faute peau dos stylo minot pose rose dose
[u]	ou où oû	tour où voûter
[y]	u û	lune mûr sûr

2. 辅音（consonne）

[d]	d	date aide dire
[t]	t	tête thé tour
[f]	ph f	fut phare Philippe
[v]	v	vive vue villa
[r]	r	rire sûr murmurer

Ⅱ. 语音知识

1. [t] 在词末或在辅音前一般要送气。

2. 字母h在词中一般不发音，如：thé [te]，souhaiter [swɛte]。但h在词首时有两种不同的情况：

(1) 哑音h：当词首字母是哑音h时，前面的词和它之间可以有联诵或省音，如：une heure [ynœ:r]，l'heure [lœ:r]。

(2) 嘘音h：当词首字母是嘘音h时，前面的词和它之间不能有联诵和省音，如：le héros [ləero]，deux héros [døero]。

3. 字母h与字母p，c组合读ph [f]，ch [ʃ]。

4. 在词末重读闭音节中，紧挨在 [v] [r] 音前的元音要读长音，如：vive [vi:v]，rire [ri:r]。

5. 联诵

在同一节奏组中，如果前一词以不发音的辅音字母结尾，后一词以元音字母开始，这时前一词词尾的辅音字母要发音，并与后一词词首的元音拼读，构成一个音节，这种现象叫联诵。例如：une élève [y-ne-lɛ: v]，quel homme [kɛ-lɔm]，C'est exact. [sɛ-tɛg-zakt]，Comment allez-vous? [kɔ-mã-ta-le-vu]。

Ⅲ. Exercices de phonétique（语音练习）

[ə] venir tenir devenir semer mener semaine

[o] dos peau faute nôtre pose oser

[ɔ] mort lors photo dort tort volume

[u] mou tout sourire fou route voûter

[y] mur sus lutte dus future lune

[d] dater dette dormir douter délà deviner

[t] tâter tête tarte tabès tabelle taper

[f] fête naïf fable phare fabuler façade

[v] vive vélo vital vus valser vouloir

[r] rare rire rue roulet roder rabais

Conversation（会话）

— Qui est-ce?

— C'est Philippe.

— Qu'est-ce qu'il fait?

— Il est élève.

— Qui êtes-vous?

— Je suis Paul.

— Qu'est-ce que vous faites?

— Je suis soldat.

— Qu'est-ce que c'est?

— C'est un stylo.

— Et là, ce sont des livres?

— Oui, ce sont mes livres.

Vocabulaire（词汇）

qui pron. 谁

être v. 是，在

il est 他是

faire v.t. 做，干

soldat n.m. 士兵，战士

stylo n.m. 钢笔

livre n.m. 书

ce pron. 这个，那个

c'est 这是

élève n. 学生

Qu'est-ce qu'il fait? 他是干什么的?

Qu'est-ce que c'est? 这是什么?

ce sont 这些是

Qu'est-ce que vous faites? 您是干什么的?

Comptons（数词）

un 一	deux 二	trois 三	quatre 四	cinq 五
six 六	sept 七	huit 八	neuf 九	dix 十

Notes（注释）

1．名词的性和数

（1）法语名词都有阴、阳性之分。通常表示人和动物的词按其自然性别来分，表示物品的名词的性则是约定俗成的，如：une table（桌子），un cahier（本子）。

（2）名词变成复数时，通常在词末加s，如：une rue → des rues，un soldat → des soldats。

2. 不定冠词：不定冠词用在不确指的或初次提到的名词前，表示该名词的性和数。

阳性	阴性	复数
un	une	des

Qu'est-ce que c'est? C'est un livre. 这是什么？这是一本书。

Ce sont des livres. 这些是书。

3．省音：少数以元音字母a和e结尾的单音节词，常和下一词的词首元音合成一个音节，省去词末元音字母a和e，这叫做省音。省去的元音字母用省文撇“ ' ”代替，如：c'est = ce + est，l'ami = le + ami。

4. 疑问句

（1）句子词序不变，句末语调上升，这样的形式一般用于口语，如：

Ça va?

Tu vas bien?

（2）主谓倒装，二者之间加连字符“ - ”，如：

Qui êtes-vous?

Qui est-ce?

（3）陈述句前加est-ce que，如：

Est-ce que c'est votre stylo?

Qu'est-ce qu'il fait?

5. 动词être和faire的直陈式现在时变位

être（是，在）

je suis	nous sommes
tu es	vous êtes
il est	ils sont
elle est	elles sont

faire（做，干）

je fais	nous faisons
tu fais	vous faites
il fait	ils font
elle fait	elles font

法国人

一、法国人的起源

考古学家在法国境内发现据圣经所说“诺亚时代大洪水”以前被人加工和琢磨过的光滑圆形的卵石，之后，又发现了一些可以证明人类在此存在的最古老证据——石器工具，似乎起源于250万年前。到了100万年前，这里的原始人已开始以打猎为生。考古学家在比利牛斯山的一个岩洞中发现了距今40—50万年前法国远祖的部分头骨化石。之后的挖掘发现层出不穷，到了公元前约3000年，法国这片土地上的人仍生活于史前阶段。散布于法国境内布列塔尼的著名史前巨石建筑群距今已有超过5000年的历史。

凯尔特人（Celte）是上古欧洲一个由共同语言和文化传统凝合起来的松散组群，他们于公元前1000年至公元前800年侵入现在的法国境内，部族中的一支——高卢人逐渐在西欧定居下来，由此也给予了法国第一个名称：高卢。

公元前1世纪中叶，尤利乌斯·恺撒征服了整个高卢，高卢人之所以被罗马人打败，是因为他们独立性太强，当时的高卢境内有一百来个部族，但彼此都不和睦，任何一方都不接受其他部族的指挥。之后的高卢地区随着罗马帝国的衰败，又遭日耳曼人、法兰克人、甚至匈奴人（东亚蒙古骑士）等部族的入侵，现代法国人的发展史可以称为高卢地区各部族融合、发展的人种进化史。

法国人的祖先高卢人充满活力、足智多谋、又喜胜好斗而且独立性强，经过漫长的历史长河的淘洗，现代法国人仍不负前人的努力，形成了一个复杂而充满活力的族群，他们虽千差万别、内心敏感，但从不负浪漫、优雅之称谓。

二、法国人的特征

1. 法国的人种

法国本土白人（包括少数民族）由北欧型、阿尔卑斯型和地中海型结合而成。北欧型多分布于北部地区，西北沿海多为凯尔特亚型的深色素类型，而东部是中欧亚型。阿尔卑斯型分布于全国各地，中部和东部山区是标准的阿尔卑斯型，与瑞士人种相似。西部地区多为色素较深的类型，其特征介于凯尔特亚型与伊比利亚种之间。地中海型分布于南部沿海，相对而言普罗旺斯人与意大利种族特点相似，而郎格多克人更近似西班牙人。

就人口比例而言，因为统计困难，大体估计：北欧型占40%~50%，地中海型占15%~20%，阿尔卑斯型占30%~40%。

2. 法国人的外貌特征

● 头发

法国东部金发人较多，除了金发，法国人大部分是深棕色头发，尤其是北部地区几乎遍地棕色或灰色的头发，南部沿海棕色头发的比例也要比其他地中海人种分布区高。棕色头发几乎成了法国人的外貌标志。

● 眼睛

法国人的眼睛颜色是五花八门的，但最多的还是黑眼睛和蓝眼睛，各占三分之一，除此之外还有绿色、灰色、黄色、棕色、褐色。

● 肤色

绝大部分地区都是标准欧洲人的白皮肤，只有少量暗白肤色混杂。

● 身体素质

法国人个子不太高，在欧洲属中等个儿，无法与德国人相比。但是，古高卢人是很高的，在罗马、希腊人面前拥有压倒性的高度优势，可惜没人知道是什么让法国人“变矮”了。除去身高，法国人的身体素质还是不错的，从足球场上就可以看出，法国球员的速度很快，与北欧相仿，对抗性要强于南欧国家与东欧国家，法国球员的柔韧性是得天独厚首屈一指的。

3. 法国人的性格特征

简单来讲，法国人崇尚工作是工作、生活是生活的格言。这就是法国既充满着古典与现代相交融的浪漫气息、又能始终屹立在世界强国之林的原因所在。

- 爱好社交

法国人爱好社交，善于交际。对于法国人来说社交是人生的重要内容，没有社交活动的生活是难以想象的。因为他们深知通过社交，人们可以沟通心灵，建立深厚友谊，取得支持与帮助，还可以互通信息，共享资源，对取得事业成功大有获益。法国人特别爱好音乐、舞蹈，即使他们明天要奔赴战场，今天也要参加跳舞晚会，大家欢乐一番。

- 诙谐幽默

法国人诙谐幽默天性浪漫。他们在人际交往中大都爽朗热情，善于雄辩，高谈阔论，好开玩笑。他们交谈时经常带肢体语言，如耸耸肩，用手势来表达某种意思。他们在同人交谈时，喜欢相互站得近一些，认为这样显得亲切。

- 信守约定

在法国，要办事必须得先和对方预约，对方同意给你一个“约会”的日子后，双方会对即将讨论的问题事先做一番认真思考，之后双方共同遵守约定。和法国人谈生意，一定要守时，否则不会被原谅。如遇临时性时间更改，要及时通知对方并致歉，同时另立约会时间。

- 独立肯干

法国人大都着重于依赖自己的力量，很少考虑集体的力量，个人的办事权限也很大。法国人组织结构单纯，从下级管理职位到上级管理职位大约只有二三级，所以在工作中每个法国人所担任的工作范围很广，要精通好几个专业，一个人可以应付很多工作。因此，法国人总是在不同领域内不断地给自己充电，因为他必须能干，必须做到一人顶几人用。

- 注重礼节

法国人看似为人冷淡，但礼仪上的事从不含糊，每天为了以示礼貌，和对方握手的次数很多。如法国人进入房间时，他要同屋子里的每个人一一握手问安；离开时，还要同众人一一握手告别。

- 珍视友情

法国人喜欢聊天，也非常健谈，但要和法国人建立友好关系，需要做出长时间的努力。在非正式场合，法国人一般闲聊关于社会新闻或文化等方面的话题，以创造富于情感的气氛。一旦友好关系建立，法国人会成为容易共事的伙伴，会热忱地交往，互邀共享美酒佳肴。

- 自尊心强，偏爱“国货”

法国的时装、美食和艺术是世人有口皆碑的，在此影响之下，法国人拥有极强的民族自尊心和民族自豪感，在他们看来，世间的一切都是法国最棒。与法国人交谈时，他们不希望讲英文，如能讲几句法语，一定会使对方热情有加。

4. 浪漫的法国人

提起法国，人们的第一联想就是浪漫：塞纳河边的散步，香榭丽舍林荫下的低徊，酒吧里的慢酌，咖啡馆里的细语……，法国式的浪漫无一例外地与鲜花、香水、拥吻、对美好生活的追求、对大自然的热爱紧紧联系在一起。只有你真正到了法国，才会发现其实法国人的这些浪漫表达体现了他们对优雅、精致、舒适生活的追求。

- 香吻

法国人见面行吻面礼，但各地区吻的次数不等。大多数地方吻两次，男士之间一般不行吻面礼，他们只要握手就行了。女士只有在不认识的情况下才握手，否则一天中第一次见面和道别时都要吻对方。

- 鲜花

鲜花与其说是点缀，不如说是生活的一部分。集市上，大街上，超市里，随处可见卖花的店面或摊位。走在路上，常常可见怀抱花束的男男女女，面露微笑，眼含温柔。法国人喜爱花，生活中离不开花，特别是探亲访友，应约赴会时，总要带上一束美丽的鲜花，人们在拜访或参加晚宴的前夕，总是送鲜花给主人。

- 香氛

作为世界上最大的香水生产国，法国人的香水消费量也位居世界第一。他们对用香的讲究已达到无与伦比的地步。男人、女人、年轻人、老年人，每个人都想让自己的味道与众不同，个性张扬。对香氛的追求已在不经意中变成了对生活的实实在在的享受。

- 讲究搭配

法国人对于衣饰的讲究，在世界上是最为有名的。所谓“巴黎式样”，在世人耳中即与时尚、流行含意相同。对于穿着打扮，法国人认为重在搭配是否得体。在选择发型、手袋、帽子、鞋子、手表、眼镜时，都十分强调要使之与自己的着装相协调，相一致。

日常生活中的一些琐事也是如此。比如请客吃饭，讲究的家庭会端上色彩雅致、做工精细的餐具，餐巾与桌布是成套的，刀、叉、勺、盘、碗也是搭配得完美无缺。每个家庭几乎都备有烛台，蜡烛有高矮胖瘦，各色各样，完全随心情而用。

● 生活的热忱

法国人不仅热爱他们的工作，对工作以外的生活也投入着满腔的热忱。法国人最喜欢的活动是在家修修弄弄，自己动手做东西，做家具，改善家里的装饰，进行或小或大的修理。法国人很讲究家的温馨感和个性的追求。

● 嗜好度假

法国人总是尽情享受绚丽多彩的人生，珍惜上帝赋予的每一个美好瞬间。每周五天工作制和数不清的节假日为法国人的浪漫提供了必备的条件。法国人最大的嗜好是外出度假，即使两三天的短假他们也常出门踏青。

蔚蓝的大海始终是法国人的第一选择。每到夏天，不计其数的男女老少纷纷涌向南部地中海风光绮丽、碧波荡漾的“蓝色海岸”，忘情地享受那里的海水、沙滩和阳光，并以浑身上下晒出一层古铜色而骄傲不已，成为向人炫耀富有和时尚的资本。

无论是“蓝色海岸”的阳光大海，阿尔卑斯山的俊美巅峰，还是那牛羊成群的牧场和无数的古堡、绿地，法国人无处不在；至于周游世界，无论欧洲诸国、非洲大陆、美洲群岛以及亚洲的中国、印度，到处都可看到他们逍遥的身影。

其实，法国人的浪漫无处不在。在街上行走，随时可以见到激情拥吻的年轻情侣，他们那种旁若无人的忘我情景只会引人羡慕；也常常看到发色苍苍的老夫妇携手挽臂，踯躅而行，那自然又是另一种让人感动的浪漫；甚至商店橱窗竖立的身穿情侣装的模特情侣，超市货架上一排排精心摆置、颜色协调的用品，街头广告牌上匠心独具、创意无限、令人浮想联翩的广告，还有街角那家橱窗和内部装饰一周一变换的小小点心店以及那一款款小巧精致、点缀鲜艳水果的甜点，目之所及，无处不映现着他们在不经意中流露出来的优雅。

浪漫已经渗透于法国人生活中的一点一滴。它是一种优雅，一种从容。在法国人的眼中，浪漫已不是为了达到某种情调的追求，而是融于生活的每一时刻，每个方面，是一种现实的生活方式。

三、法国人的权利

1. 度假的权利

法国人民太懂得生活与享受，更了解休息与工作的关系，在他们看来，休假是神圣不可侵犯的。他们起码将工作与休假同等对待，甚至认为休假比工作还重要。

法国人极爱度假，法国的假日也极多。一年中，休假的日子多，工作的日子少。除了周末两天休息日以外，每年还有11天的法定假日（元旦、五一、国庆、两次世界大战停战日以及6个宗教节日），外加5周带薪年休，总共140天。除此之外，每个员工每年还有12天的职业培训假。似乎是嫌这么多天的休息日不够，法国人还引进了一个“搭桥”的概念。具体说来，如果法定假日与周末休息日只差一天，比如7月14日国庆节是星期四，那么星期五就称为“桥”，与星期六、日搭上一起休息。一般说来，一年当中赶上三四个“桥”是不鲜见的。中小学的假期就更多了：9月初开学以后，10月底开始万圣节两周假期，接着圣诞、新年3周假期，然后2月份寒假和4月份春假各3周，马上就到夏天大假期了。

在法国，夏天大假期是神圣不可侵犯的。按照劳动法规定，5周的年休原则上应该在每年5月1日到10月30日之间，实际上大部分人选择七、八、九阳光最充沛的3个月去度假。上到经理老板，下至普通工人，都要出去度假，每年暑假期间法国大约有50%的企业关门停业。如果老板要求雇员在法定年休时间以外休假（即每年11月1日到次年4月30日），那么雇员有权享受额外的2天休假。在这5周带薪年休的时间里，如果赶上法定假日，年休自动延长1天。如果年休中间赶上有“桥”，年休是否相应延长则要看工会与雇主之间的协议。如果是女工，家里又有一个15岁以下的孩子要照看，那么母亲就可以将年休时间延长2天，两个孩子延长4天，依此类推。

2. 罢工的权利

法国，在大多数人的想象中应该浓缩成这几个代名词——美食、时装、香水。近距离观察这个梦幻国度之后，才会发现充斥法国日常生活的还有罢工。

法国是一个高福利国家，人们每周只需工作35个小时，每年还有5周带薪假期。从20世纪60年代开始，法国就实行了最低工资制度，并根据物价上涨幅度至少每年加薪一次。即便如此，法国人仍然喜欢罢工。法国人有句顺口溜：“春天工作，夏天度假，秋天罢工，冬天过节。”法国人的这个顺口溜深刻地描绘出法国人对罢工的习以为常。法国人认为与休假一样，罢工也是劳动者的权利。

法国人为什么要罢工？许多法国人说，这是法国老百姓的最后一项基本权利。工业化后，在法国社会经济生活中，资金、土地和劳动三大要素供给中，劳动提供者的权益最小，罢工成为调节劳资关系及社会各利益集团关系的重要手段。在法国，最有名的工会组织有劳工总联合会（CGT）和工人力量总工会（FO），它们分布在社会各阶层、各行业之中，甚至法国外交部官员、治安警察均是这些组织的成员。这些工会组织，特别是其在国有交通部门，如铁路和航空等敏感部门，确有气吞山河、左右全法国社会的能力。记不清楚多少次因增加工资、提高工作待遇等要求，法国交通部门的工会组织让全法国瘫痪。

9月份放假归来，法国就进入了罢工的高峰季节，因为此时是法国国民议会复会讨论下一年财政预算的时候。为了争取更多的福利，一些公共机构就开始组织罢工，从而向政府和国会施加压力，希望能在预算中多分一杯羹。罢工无外乎是要求增加工资、减少劳动时间。法国罢工的主体主要分为两大部分：在公共部门上班的人和在私营企业或机构上班的人。前者包括公务员以及在医院、铁路和邮局等公共机构里工作的人，大约占到法国所有劳动人口的1/3。这些人基本不会轻易丢掉饭碗，最爱罢工的正是这些人。银行、邮局、电力公司、航空、铁路、地铁、公共汽车的职员罢工是最常见的，但其他行业比如教师、医护人员、记者和国家公务员也会罢工。特别是航空公司，国内航线罢，国际航线也罢，不是飞行员罢工，就是技师罢工，空姐乃至地勤人员也不例外。

罢工文化在法国如此盛行不是没有原因的。这种文化是一种根深蒂固的传统，从法国大革命开始的历史惯性使得法国人一旦觉得权利受到侵犯，就有勇气上街为自己呐喊。此外，法国人追求个性解放的生活态度更是其罢工文化的社会基础。

尽管频繁的罢工给法国人的日常生活带来很大影响，但民众对罢工者往往持同情或者保持中立的态度，很少有人抱怨。因为在法国人看来，罢工是宪法赋予的一项基本权利。此外，在法国人眼里，罢工还是法国利益调节机制的特色，除议会辩论外，街头的力量展示同样十分重要。

在法国，罢工参与者不会因为没有上班受到惩罚，这也是罢工能“一呼百应”的原因。罢工者利用参与罢工的机会，表达自己的诉求，并相互交流，顺便结识新朋友，看看热闹或者展示一下自己的“搞怪表现欲”，可谓一举多得。

游行群众与警察之间发生肢体摩擦的情况基本上不会出现，在罢工游行中，警察虽荷枪实弹，手拿盾牌，但这只为了起震慑作用。实际上，如果警察不这样做，罢工组织者还会不高兴，因为这可能表明政府对他们的罢工不够重视。

注释：

▲公元前3000年，中东地区文书出现，开始了有文字记载的历史时期。

▲凯尔特人是上古欧洲一个由共同语言和文化传统凝合起来的松散组群，属印欧语系部族，我们应该把他们称为古代型民族集团，这种族群不完全等同于现代的民族，当今欧洲已不存在一个完整的凯尔特单一民族，只有作为古凯尔特人遗裔的、依然操印欧语系凯尔特语族各种方言的多个新型民族，如爱尔兰人、盖尔人、威尔士人、布列塔尼人等。

▲尤利乌斯 · 恺撒

全名盖乌斯·尤利乌斯·恺撒即恺撒大帝（公元前102年—公元前44年），罗马共和国（今地中海沿岸等地区）末期杰出的军事统帅、政治家。

恺撒出身贵族，历任财务官、祭司长、大法官、执政官、监察官、独裁官等职。公元前60年与庞培、克拉苏秘密结成前三头同盟，随后出任高卢总督，花了八年时间征服了高卢全境（大约是现在的法国），还袭击了日耳曼和不列颠。公元前49年，他率军占领罗马，打败庞培，集大权于一身，实行独裁统治并制定了《儒略历》。

公元前44年，恺撒遭以布鲁图所领导的元老院成员暗杀身亡，享年58岁。恺撒死后，其甥孙及养子屋大维击败安东尼开创罗马帝国并成为第一位帝国皇帝。

复习与思考题：

1. 简述法国人的特点。
2. 法国人的性格特征中令你受到触动的地方是什么？为什么？
3. 您认为法国人浪漫吗？
4. 什么叫做“搭桥”？
5. 法国人如何看待假期？
6. 你对法国人的罢工有什么看法？

Leçon trois

Phonétique（语音）

Ⅰ. 音素（phonème）

1. 元音（voyelle）

[œ]	eu œu	douleur œuvre sœur
[ø]	eu œu 1. 在词末开音节中 2. 在［z］前	deux vœu ceux pêcheuse vendeuse sérieuse
[ã]	an am en em	maman champ lent décembre
[ɔ̃]	on om	bonjour montons bon

2. 辅音（consonne）

[k]	k c 1. 在 a，o，u 前 2. 在辅音字母前 3. 在词末 qu q在词末	kilo kaki kabir cabinet corbeau culture classe claire cycle sac sec pic que qui chaque coq cinq
[g]	g在a，o，u前和辅音字母前 gu在e，i，y前	gare gorge gouverner guide guerre baguette
[ʃ]	ch	chanson acheter chanel
[ʒ]	j g在e，i，y 前	je jouet déjà général gilet gymnase

Ⅱ. 语音知识

1. [k] 在词末或在辅音前一般要送气。

2. 在以 [r] [v] [z] [ʒ] [vr] 结尾的重读闭音节中，紧接在这些音前的元音要读长音，如：sur [syːr]，vive [viːv]，valise [valiːz]，sage [saːʒ]，livre [liːvr]。

3. 连音

代词主语后面的动词如果是以元音或哑音“h”开始，那么它们必须连音，如：il est [ilɛ]；elle est [ɛlɛ]；il a [ila]。

4. 清辅音和浊辅音

[p]，[t]，[k]，[f]，[s]，[ʃ] 是清辅音，发音时声带不振动。

[b]，[d]，[g]，[v]，[z]，[ʒ] 是浊辅音，发音时声带要振动。

5. 鼻化元音

发音时气流同时从口腔和鼻腔外出的元音叫做鼻化元音，其符号为“~”。鼻化元音的构成形式是元音字母加n或m。

6. 法语的基本语调

一般说来，法语句子在句首不能有重音，声调逐渐上升，最后在句末下降，句中不能有突然的升降。

Il va à l'école.

Je suis étudiant.

在包含两个以上节奏组的、较长的肯定句中，语调一般是先升后降。

J'habite à Shenyang avec ma mère.

Il étudie le français à l'Université du Liaoning.

Ⅲ. Exercices de phonétique（语音练习）

[œ] heure peur cœur fleur beurre mœurs

[ø] deux ceux eux veut tisseuse heureux

[ɑ̃] parlant content temps champ fente membre

[ɔ̃] son donc bon oncle sombre longtemps

[k] kilo car comment mec cause manque

[g] gomme gorge guerre gâteau bague guérir

[ʃ] chaleur chasser cherche choux hacher changer

[ʒ] jour jeune soja âge giselle gens

Conversation（会话）

— Etes-vous Français?

— Oui，je suis Français.

— Est-il Japonais?

— Non，il est Chinois.

— Quel âge avez-vous?

— J'ai vingt ans.

— Quel âge a votre frère?

— Il a dix ans.

— Quelle heure est-il?

— Il est deux heures.

— A quelle heure commence le cours?

— Il commence à huit heures.

Vocabulaire（词汇）

Français，e n. 法国人

Japonais，e n. 日本人

Chinois，e n. 中国人

quel，le adj. 什么样的，哪一类的

âge n.m. 年龄，年纪

avoir v.t. 有

an n.m. 岁，年

votre adj. 您的，你们的

frère n.m. 兄弟

heure n.f. 小时，点钟

commencer v.i. v.t. 开始

huit adj. 八

Comptons（数词）

onze 十一 douze 十二 treize 十三 quatorze 十四 quinze 十五

seize 十六 dix-sept 十七 dix-huit 十八 dix-neuf 十九 vingt 二十

Notes（注释）

1. 表示身份、职业、国籍的名词在作表语时，冠词一般要省略，如：Je suis Chinois. Il est professeur.

2. 法语名词分普通名词和专有名词。普通名词指一般人和事物，如：un étudiant，une revue；专有名词指特定的人和事物，如：Paris，Lyon，Paul。专有名词的第一个字母要大写。

3. 法国人的名字一般分为两部分：名和姓。习惯上名在前，姓在后。名和姓的第一个字母要大写，或姓全部大写。

如：Patrick THEVENOUX，François Mitterrand

4. 动词变位：动词用在句中时要按照语式、时态、人称等改变形式，这种变化叫做动词变位。法语动词分为三组，第一组是以-er结尾的规则动词（如aimer，travailler）；第二组是以-ir结尾的规则动词（如finir，grossir），第三组是不规则动词（如avoir，être）。

5. 动词avoir（第三组不规则动词）的直陈式现在时变位

avoir（有）

j'ai	nous avons
tu as	vous avez
il a	ils ont
elle a	elles ont

法国礼仪

礼仪是在人际交往中，以一定的、约定俗成的程序方式来表现的律己敬人的过程，涉及穿着、交往、沟通、情商等内容。从个人修养的角度来看，礼仪可以说是一个人内在修养和素质的外在表现。从交际的角度来看，礼仪可以说是人际交往中适用的一种艺术、一种交际方式或交际方法，是人际交往中约定俗成的示人以尊重、友好的习惯做法。从传播的角度来看，礼仪可以说是在人际交往中进行相互沟通的技巧。

对一个人来说，礼仪是一个人的思想道德水平、文化修养、交际能力的外在表现，对一个社会来说，礼仪是一个国家社会文明程序、道德风尚和生活习惯的展现。

一、法国生活礼仪

礼仪的作用不容忽视，面临着世界一体化格局之下的现代人必须认真对待和学习，否则在社会上免不了到处碰壁吃亏，届时悔之晚矣，因为我们相信没有人希望在无礼的行为背后引发他人的七言八语。礼节是不妨碍他人的美德，是恭敬他人的善行，也是自己行万事的通行证，是要通达践履的。那么，来到法国，我们将如何融入这个中世纪时就已举世闻名的西方礼仪之邦呢？下面是生活在法国的礼仪建议：

1. 做客

● 到法国朋友家去，一定要事先约好。临时有事去，也要电话通知，得到允许后才能前去。若想带别人去，一定要先征得主人的同意。

● 到朋友家做客，不要提前到，以免造成主人未准备好的尴尬局面。晚到十分钟是允许的。

● 礼尚往来，来而不往非礼也。要带点用包装纸包好的小礼品，或准备回请。如果你与你要去的那家人很熟，你可以带一份甜点或者一瓶葡萄酒。如果你同他们不太熟，那就送一盒巧克力或鲜花。你也可以第二天让人送去鲜花。

● 进餐时不要弄出声响，无论是嘴还是餐具。

● 席间主人讲话或与邻座交谈时，要注意倾听，暂停进食，更不要满口饭菜说话。

2. 请客

● 白天请人较随便，甚至吃快餐或喝杯咖啡都可。晚上邀请朋友时要了解对方是否已婚或有对象，若是，应一并邀请。

● 晚餐较丰盛。但也不要准备过多，以吃饱、稍有剩余为宜。正式宴请要有菜单和座位卡。选菜要注意客人的爱好和禁忌，尊重各人的禁忌和习惯。每道菜先让与女士与贵宾，自己最后拿。不要过分殷勤劝食。

● 无论主、客，不劝酒，可举杯示意。不酗酒，喝自己酒量的三分之一较为妥当。

● 席间主人注意不要冷场。同时要注意低声，不要高谈阔论、大声喧哗。

● 谈话时，不要用食指指着对方。别人讲话时，要注意倾听，注视对方的眼睛。

3. **着装**

法国年轻一代多穿牛仔裤，老年妇女多穿裙，当代人着装日趋多样化，但仍应注意场合的不同。建议：

● 平时外出着装比较随便，但整洁是必要的。

● 出席重要场合，如会议、宴会，要着套装、正装。

● 去法国大剧院、歌剧院观看演出，讲究的妇女应穿长裙等晚礼服，男士西装革履，一般着正装亦可。

4. **称呼**

● 称呼对方名和姓加上夫人、小姐、先生或职称。也可只称姓，不称名。

● 亲朋好友之间互呼名，不加姓。

● 对老师称某某夫人，某某先生，不叫某某老师。

● 一般互称"您"。亲朋好友间互称"你"，同学之间熟悉后也相互称呼"你"。

5. **握手**

● 法国通行握手礼，不论见面、分手都要与会见时在场的有关人士握手。注意不要交叉握手。

● 男女见面时，女士先伸手握，男士要待女士伸手后再握；若女士无意，则应点头致意。若戴着手套，男士应取下，女士则不必。

● 在法国，有相当多的阿拉伯人。他们有自己的习俗，要小心谨慎，注意尊重。有些人保持男女授受不亲的观点，特别是虔诚的伊斯兰教徒，男人不愿与女人握手，女人更不能与不熟识的男人握手，会被认为是大不敬。

6. **介绍**

● 人们总是把年纪最轻的人介绍给年纪最大的人，把男士介绍给女士，把年轻姑娘或者已经不太年轻的未婚女子介绍给已婚女子，即使后者是最年轻的也需如此。

● 介绍时，大家应该站立着。女士在介绍时完全可以坐着不站起来，除非被介绍给一位上年纪的妇女或重要人物。

7. **约会**

● 重要约会一般须在一两周以前提出，并说明主题。

• 如有同去的人，要提前通报。

• 重要约会可给对方两个时间进行选择。

• 要按时到达指定地点。如果预知迟到超过一刻钟以上，就一定要通知对方。迟到要表示歉意，并说明原因。

8. **打电话**

• 早九点前、晚十点后尽量不要给他人打电话，以免打搅对方休息。

• 接听电话时，要先报自己的姓名。给别人打电话时，听清对方姓名后，要先问候，然后报自己姓名，再讲正题。

• 手机的使用：在公共场所打电话或接电话时，不要大声说话，尽可能降低声音，以免影响周围的人。在和别人面对面交谈或与他人共同进餐时，电话铃响，礼貌的做法是拒接，或者告诉致电者一会儿回打过去。

9. **不要询问个人隐私**

西方人在风俗习惯、社会生活、衣食住行、文化背景、民族意识等许多方面与中国人不同，他们在交谈时有很多忌讳。

• 不问收入：当今社会，一个人的收入往往是他个人实力的标志，问其收入实际上是问他能力如何，这是不合适的。

• 不问年龄：尤其是对女士，她们最不愿别人问起她们的年龄，她们总是保密，因为她们总希望自己年轻。另外现代市场经济条件下，竞争比较激烈，一个人的年龄实际上也是个人的资本。

• 不问住址：西方人不愿告诉别人自己的住址，留给别人地址就意味着要邀请别人到家里做客。

• 不问职业：在西方人眼里，随便询问别人职业，就是闲得无聊，或者是有意揭人“老底”，涉及个人隐私就会被人讨厌。

• 不问婚姻：婚姻状况如何纯属个人隐私，西方人最忌讳这一点，起码被看做没教养、没礼貌，除非熟人之间不介意。

• 房租、信仰、经历、衣物价格、投票、体重等等都是西方人所忌讳的，不能随便询问，更不能窥探。

10. **行路**

• 注意礼让，女士优先。

• 靠右行走，特别在狭窄的地方、楼梯、自动电梯上，不要并排，挡住通道。

● 碰了人说声“对不起”；被人碰了，别人说“对不起”时，要说声“没关系”。

● 不要随地吐痰，有痰轻轻吐在纸巾里，扔到垃圾箱内；若没有垃圾箱，也应将废纸先放在包里。

11. 乘车

● 朋友开车，不要让他右边的位置空着，应坐在他旁边的位置即副驾驶的位置并系好安全带。但从安全出发，小孩、孕妇不能坐在副驾驶的位置上。

● 若自己开车，一定要遵守交通规则。不超速、不斗气。法国人执行右侧通行的法规，严格遵守右优先的规定。

● 若乘公交车，要主动出示乘车证明。法国很多公交线路实行招呼停车规则，乘坐公交车，到站下车前要按铃示意司机有人要下车，否则如果站上无人等车，司机会直接把乘客拉到下一站。乘车时注意礼让，要让老幼妇孺先上车和就座。

12. 邻里

● 远亲不如近邻。新到一处，适当拜会左邻右舍。

● 平常见面打招呼。节日时要有选择地送张贺卡。

● 即使是熟人，串门前也要先打招呼后再去，至少先敲门。

● 深夜不要扰民。若有聚会或其他事可能影响邻居，一定要事先打招呼，事后表示歉意。

● 遇有纠纷，不要吵架，找有关方面按法规办事。

二、法国餐桌礼仪

1. 就餐环境布置以及餐具摆放

法式正餐，无论在饭店、还是在宴请人家中，吃饭时餐厅的气氛及装饰是相当讲究的，餐厅一定要事先精心布置，插上鲜花，晚间则打上柔和的灯光，餐桌铺上烫好的桌布和餐巾布，再摆上精美的瓷制餐具。

旧时王族都用金制刀叉，现在讲究的人家也要摆上银制刀叉。吃什么样的菜用什么样的刀叉，是很有研究的，盘子的两边左右各摆三至四副刀叉，那是最为讲究的一种，一般情况摆上一、两副刀叉就够了。一般的规矩是每上一道菜先从最外面的刀叉用起，随用随撤。勺也有几种，大勺只用于喝汤或公用，小勺又有甜食和咖啡之分，后者较前者小一号。

餐具、酒具的配合使用都是一丝不苟的，因为在法国吃食与饮品配搭也同样是一种艺术。所以，讲究人家水杯质地是水晶的，杯子还有大中小三号。酒杯摆放视各家情况一至三只不等。一般为两只，包括酒杯和水杯，有三只的就考虑到红、白葡萄酒了。大号杯子用于喝水，其他用于红、白葡萄酒。遇有重大场合，饭后要开香槟酒，又是另一只香槟杯。

2. 饭店就餐

在西方，去饭店吃饭一般都要事先预约，在预约时，有几点要特别注意说清楚，首先要说明人数和时间。如果是生日或其他特别的日子，可以告知宴会的目的和预算。在预定时间到达，是基本的礼貌。男士西装、领带，女士着装要讲究，打扮要正式、庄重、漂亮。时间太早（中午11点或下午5点半就到达西餐厅）、匆匆吃完就走、在餐桌上大谈生意、衣着不讲究、主菜吃得太慢影响下一道菜或只点开胃菜不点主菜和甜点都是不礼貌的行为。如宴请客人，一般都不带小孩。由主人或邀请人安排座次，其基本原则是男女宾客穿插坐。席间以交谈为主，总有些广泛的话题，有趣的故事，以不涉及个人话题，谈天说地为乐。

3. 就座与餐具使用

就座时要端正，手肘不要放在桌面上，不可跷足，身体与餐桌的距离以便于使用餐具为佳。餐台上已摆好的餐具不要随意摆弄。将餐巾对折轻轻放在膝上，不要像幼儿那样将餐巾系在脖子上。

使用刀叉进餐时，从外侧往内侧取用刀叉，要左手持叉，右手持刀；切东西时左手拿叉按住食物，右手执刀将其锯切成小块，然后用叉子送入口中。使用刀时，刀刃不可向外。进餐中放下刀叉时，应摆成“八”字形，分别放在餐盘边上。刀刃朝向自身，表示还要继续吃。每吃完一道菜，将刀叉并拢而不是交叉放在盘中。餐间谈话过程中，可以拿着刀叉，无需放下。不用刀时，也可以用右手持叉，但若需要做手势时，应放下刀叉，千万不可手执刀叉在空中挥舞摇晃，也不要一手拿刀或叉，而另一支手拿餐巾擦嘴，也不可一手拿酒杯，另一支手拿叉取菜。任何时候，都不可将刀叉的一端放在盘上，另一端放在桌上。

● 进餐

入座后，主人招呼，即开始进餐。

取菜时，不要盛得过多。盘中食物吃完后，如不够，可以再取。如由服务人员分菜，需增添时，待服务生送上时再取。如果有本人不能吃或不爱吃的菜肴，当服务生上菜或主人夹菜时，不要拒绝，可取少量放在盘内，并表示“谢谢，够了”。对不合口味的菜，勿显露出难堪的表情。

吃东西要文雅。每次送入口中的食物不宜过多，在咀嚼时不要说话，更不可主动与人谈话。闭嘴咀嚼，喝汤不要啜，吃东西不要发出声音。如汤、菜太热，可稍待凉后再吃，切勿用嘴吹。嘴内的鱼刺、骨头不要直接外吐，用餐巾掩嘴，用手取出，或轻轻吐在叉上，放在菜盘内。吃剩的菜，用过的餐具牙签，都应放在盘内，勿置桌上。剔牙时，尽量不要在餐桌上进行，或用手或餐巾遮口。

● 喝汤

不能端盘喝汤。先用汤匙由后往前将汤舀起，汤匙的底部放在下唇的位置将汤送入口中，汤匙与嘴部呈45°角较好，身体的上半部略微前倾。盘中的汤剩下不多时，可用手指将盘略微抬高。如果汤用有握环的碗装，可直接拿住握环端起来喝。

● 喝茶、喝咖啡

喝茶、喝咖啡，如愿加牛奶、白糖，可自取加入杯中，用小茶匙搅拌后，茶匙仍放回小碟内，通常牛奶、白糖均用单独器皿盛放。喝时右手拿杯把，左手端小碟。喝咖啡时会往咖啡中加液体咖啡伴侣，如果不愿意浪费可将少许咖啡倒入盛装咖啡伴侣的杯盘中搅拌，并再次倒入咖啡杯中搅拌即可，切忌误将剩下的咖啡伴侣直接喝下。

● 用手吃

如果你不知道该不该用手拿着吃，就跟着主人做。记住：食物用浅盘上来时，吃前先放入自己的盘子。下面是一些可以用手拿着吃的食物：带芯的玉米、肋骨、带壳的蛤蚌和牡蛎、龙虾、三明治、干蛋糕、小甜饼、某些水果、脆熏肉、蛙腿、鸡翅和排骨、土豆条或炸薯片、小萝卜、橄榄等。

● 喝酒姿势

酒类服务通常是由服务员负责将少量倒入酒杯中，让客人鉴别一下品质是否优良，如客人喝一小口，并回答Bon，那么侍者会来倒酒。这时，客人不要动手去拿酒杯，而应把酒杯放在桌上由侍者去倒。正确的握杯姿势是用手指握杯脚，以避免手的温度使酒温增高，用大拇指、中指和食指握住杯脚，小指放在杯子的底台固定。喝酒时绝对不能吸着喝而要倾斜酒杯，像是将酒放在舌头上似的喝。轻轻摇动酒杯让酒与空气接触以增加酒味的醇香，但不要猛烈摇晃杯子。此外，一饮而尽、边喝边透过酒杯看人、拿着酒杯边说话边喝酒、吃东西时喝酒、口红印在酒杯沿上等，都是失礼的行为。不要用手指擦杯沿上的口红印，用面巾纸擦较好。

三、送花礼仪

在法国这个浪漫的国度里，无论是城市、乡村、家里还是外面，花是不可或缺的，色彩是鲜艳丰富的。浪漫随意不等于没有礼仪，单是送花，就很有讲究，很有规矩。

1. 在什么情况下送花？

● 在感谢一顿晚餐、一次晚会、一个举动或特别关注的时候。

● 去看一位住院的朋友或一位年轻产妇的时候。注意要选择气味清香的花，并确保医院允许的情况下。

● 由于动作笨拙或说话不得体而需道歉，可以转送或亲手送花。

● 为了表达爱情，任何时候，不管送多少，花总是受欢迎的。

● 结婚时，根据传统新郎送一束鲜花给新娘。

● 如要装饰客房、接待室，布置鸡尾酒会等等，在这些情况下，严格意义上说，人们是不送花的，但一束沁人心脾的鲜花还是令人赏心悦目的。

● 法国人送花的支数不能是双数，男人不能送红玫瑰给已婚女子。

● 送菊花表示对死者的哀悼。法国人认为杜鹃花、纸花不吉利，因此绝不能作为礼物相送。

2. 鲜花的寓意

法国人把每一种鲜花都赋予了一定的含义，所以选花时要格外小心。

玫瑰花表示爱情；

秋海棠表示忧虑；

兰花表示虔诚；

郁金香表示爱慕之情；

报春花表示初恋；

水仙花表示冷酷无情；

金盏花表示悲伤；

雏菊花表示我只想见到你；

百合花表示尊敬；

大丽花表示感激；

金合欢表示信赖；

紫丁香表示我的心属于你；

白丁香表示我们相爱吧；
倒挂金种表示心里的热忱；
龙头花表示自信；
石竹表示幻想；
牡丹表示害羞；
白茶花表示你轻视我的爱情；
红茶花表示我觉得你最美丽。

复习与思考题：

1. 你对法国餐桌礼仪有什么看法。
2. 浅谈中法送花礼仪异同。
3. 浅谈中法两国隐私问题异同。
4. 法国人际交往中除握手礼之外，还有哪些礼仪？
5. 了解一下法国社会生活中其他方面的礼仪。
6. 简述中法生活礼仪的共同点与不同点。

Leçon quatre

Phonétique（语音）

Ⅰ. 音素（phonème）

1. 元音（voyelle）

[œ̃]	un um	lundi parfum chacun
[ɛ̃]	in im ain aim ein yn ym	institut simple main faim plein syndicat sympathique

2. 辅音（consonne）

[ɲ]	gn	gagner magnétophone compagnon
[s]	s ç c在e, i, y前 x在少数词中	sa salle ses ça façade cesse ici cyme six dix
[z]	z s在两个元音字母之间 x在个别词中	zéro onze zone vase usine rose dixième sixième

3. 半元音（semi-voyelle）

[j]	i y 在元音前 -il 在元音后，并在词尾 ill 在元音后	cahier il y a lumière travail soleil travailler
[w]	ou在元音前 w	oui louer nouer watt whisky week-end
[ɥ]	u + 元音	huit lui suivre

Ⅱ. 语音知识

1. x的读法

（1）一般读［ks］或［gz］，如：texte［tɛkst］，exact［ɛgzakt］。

（2）在少数词中读［s］，如：six［sis］，dix［dis］。

（3）在联诵中以及少数词中读［z］，如：six élève［sizelɛv］，dixième［dizjɛm］

2. y的读法

y一般读［i］，如：style［stil］；但在元音前要读［j］，如：cahier［kaje］。当y在两个元音字母之间时则等于i + i，如：voyage（voi + iage），moyen（moi + ien）。

3. 辅音群

某个辅音与［l］或［r］相连便构成辅音群，如：pr br cr gr tr dr fr vr pl bl fl gl cl等。划分音节时它们不能分开，看成一个整体。mercredi［mɛr-krə-di］

4. - tion读 "sjɔ̃"，如：révolution ［revɔlysjɔ̃］

5. - ien读 "jɛ̃"，如：bien［bjɛ̃］，combien［kɔ̃bjɛ̃］

6. ill在元音后读［j］，辅音后读［ij］，如：travail［travaj］，fille［fij］。

Ⅲ. Exercices de phonétique（语音练习）

［œ̃］ brun humble aucun commun parfum emprunt

［ɛ̃］ jardin cinq pain faim linge symbole

［ɲ］ ligne signe digne peigner campagne champignon

［s］ sa sœur soupe sombre sort Seine

［z］ Asie zigue douze zaïre assise sixième

［j］ miel siller famille fière feuille caillou

［w］ oui louer mouée web watt whisky

［ɥ］ nuit nuage sueur saluer manuel conduire

［gz］ exalter examen exercice inexacte exagérer exaction

［ks］ texte excuse index exclure expier extase

［sjɔ̃］ station action fiction civilisation population fonction

辅音群：cr br dr fr gr pr tr vr cl bl fl gl pl

creuser Bretagne droguer fragile grossir propre travailler

février classe blaguer fleur glace place planer

Aller étudier en France

Je vais aller étudier en France.

我要赴法留学了。

Qu'est-ce que vous voulez apprendre?

Je compte faire des études de philosophie.

您想要在法国学习什么专业?

我打算学哲学。

Dans quelle université allez-vous étudier?

Je me suis inscrit à l'Université de Paris Ⅳ.

您选择去法国哪所大学学习深造?

我已经注册了巴黎四大。

Est-ce que vous connaissez bien cette université?

Oui. Mon ami y étudie la philosophie depuis deux ans.

您了解这所大学吗?

是的，我的一个朋友已经在这所大学学了两年哲学。

Les frais scolaires sont chers en France?

En France, il n'y a pas de frais scolaires, il n'y a que les frais d'inscriptions.

法国的学费贵吗?

法国没有学费，只有注册费。

Quand partez-vous pour la France?

Je vais partir en août.

您何时动身去法国?

我八月份去。

D'abord, je vais faire mes études de licence, et après, de mastère.

首先，我攻读学士学位，然后攻读硕士学位。

Je ne veux pas faire d'études en doctorat.

我不打算攻读博士学位。

Je veux demander une bourse.

我要申请奖学金。

Où habiterez-vous?

J'habiterai dans la cité universitaire.

您在法国住在哪里?

我住在大学城。

Vous parlez bien le français.

Votre prononciation et votre intonation sont très correctes.

Merci.

您的法文说得很好。

您的语音语调都很准确。

谢谢。

Bonne chance!

祝您好运!

Vocabulaire（词汇）

étudier v.t. études n.f. 学习，研究

compter v.t. 打算，想要

dans prép. 在……里

en prép. 在

frais scolaires n.m. pl. 学费

ne...pas adv. 不

quand adv. 何时

août n.m. 八月

licence n.f. 学士学位

demander v.t. 申请，要求

où adv. 哪里

cité universitaire n.f. 大学城

prononciation n.f. 语音

bon，ne adj. 好的，对的

apprendre v.t. 学习，获悉

connaître v.t 认识，了解

s'inscrire v.pr. 注册，登记

il y a 有

cher，ère adj. 昂贵的，亲爱的

ne...que 仅仅，只

partir v.i. 出发，离开

d'abord adv. 首先

vouloir v.t. 想要，愿意

bourse n.f. 奖学金

habiter v.t 居住

parler v.t. 讲……语言，v.i. 谈论

intonation n.f. 语调

chance n.f. 机会，运气

Notes（注释）

Ⅰ. aller+动词原形

1. 构成直陈式最近将来时，表示“马上、立刻、就要”。

Je vais partir. 我马上出发。

Je vais venir. 我马上到。

2. 表示去做某事

Je vais visiter un musée. 我去参观一家博物馆。

Je vais voir mon professeur. 我去看望我的老师。

Ⅱ. 主有形容词

单数		复数	
阳性	阴性		
mon	ma (mon)	mes	我的
ton	ta (ton)	tes	你的
son	sa (son)	ses	他（她，它）的
notre	notre	nos	我们的
votre	votre	vos	您的，你们的
leur	leur	leurs	他（她，它）们的

mon père 我的父亲　leur classe 他们的教室　mes élèves 我的学生们

C'est mon livre. 这是我的书。

Ⅲ. 动词的语式和时态

法语共有六种语式：直陈式、命令式、条件式、不定式、分词式、虚拟式。其中直陈式是含时态最多、使用最广泛的语式。

1. 直陈式现在时的构成

动词分为第一组动词，第二组动词和第三组动词。第一组动词是以-er结尾的原形动词，第二组动词是以-ir结尾的原形动词，第三组动词是aller，être等不规则动词。

第一组动词：以-er结尾的原形动词，如compter。其变位是由动词词根compt-加下列词尾构成-e，-es，-e，-ons，-ez，-ent。

compter（打算）

je compte	nous comptons
tu comptes	vous comptez
il compte	ils comptent
elle compte	elles comptent

第二组动词：以-ir结尾的原形动词，如finir。其变位是由动词词根fin-加下列词尾构成-is，-is，-it，-issons，-issez，-issent。

finir（结束）

je finis	nous finissons
tu finis	vous finissez
il finit	ils finissent
elle finit	elles finissent

第三组动词：是不规则动词，如aller，être等。

aller（去）

je vais	nous allons
tu vas	vous allez
il va	ils vont
elle va	elles vont

2. 直陈式现在时：表示说话时正在进行或正在完成中的动作。

Je compte aller à Beijing. 我打算去北京。

J'étudie le français. 我学习法语。

Il va au cinéma. 他去看电影。

法语读音基本规则表

音素	拼法	说明	举例
[a]	a à â		ma là mât
	e	在 mm前	femme évidemment
[ɛ]	ai aî ei è ê		mai aîné Seine père même
	e	1. 在相同的两个辅音字母前 2. 在闭音节中	pelle elle selle sel merci cerné
	-et	在词末	gilet sachet paquet
[e]	é		été thé élire
	-er, -ez	在词尾	aller aimer venez avez
	-es	在少数单音节词中	les des ces mes
[i]	i î ï		pipe île naïf maïs
	y	在两个辅音之间	système style bicyclette
[ɔ]	o		comme école tort
[o]	ô au eau		tôt faute peau
	o	1. 在词末开音节中 2. 在［z］前	dos stylo lot ose rose poser
[u]	ou où oû		tour où coûter
[y]	u û		lune mûr sûr
[ə]	e	1. 在单音节词末 2. 在词首开音节 3. 辅辅e辅	je me ce demain semaine tenir vendredi mercredi
[œ]	eu œu		douleur œuvre sœur
[ø]	eu œu	1. 在词末开音节中 2. 在［z］前	deux vœux ceux pêcheuse tisseuse sérieuse
[ɑ̃]	an am en em		maman champ lent décembre
[ɔ̃]	on om		bonjour montons chanson
[œ̃]	un um		lundi parfum chacun

续表

音素	拼法	说明	举例
[ɛ̃]	in im ain aim ein yn ym		institut simple main faim plein syndicat sympathique
[b]	b		bas bête battre
[d]	d		date aide dire
[p]	p		papa appel pipe
[t]	t		tête taper terre
[s]	s		sa ses soupe
	ç		ça français
	c	在e，i，y前	ceci cesse ici
	x	在少数词中	six dix
[f]	f		fut finir faut
	ph		Philippe phare photo
[l]	l		la lait pâle
[m]	m		même ma mes
[n]	n		âne mine naît
[r]	r		rire sûr murmurer
[v]	v		vive vue villa
[ʒ]	j		je jouet déjà
	g	在e, i, y 前	général gilet gymnase
[g]	g	在a，o，u前和辅音字母前	gare gorge gouverner glace
	gu	在e，i，y前	baguette guide guerre
[k]	k		kilo kaki
	c	1. 在 a, o, u 前 2. 在辅音字母前 3. 在词末	cabinet corbeau culture classe claire succès sac sec
	qu		que qui quel chaque
	q	在词末	coq cinq
[ʃ]	ch		chanson acheter chanel

续表

音素	拼法	说明	举例
[z]	z		zéro zone
	s	在两个元音字母之间	vase usine
	x	在个别词中	dixième sixième
[ɲ]	gn		gagner compagnon
[w]	ou		oui souhaiter
	w		watt week-end
[ɥ]	u	在元音前	huit lui suivre
[j]	i, y	在元音前	cahier bien lumière
	-il	在元音后，并在词尾	travail soleil
	ill	在元音后	pouiller travailler

法国教育

法国在世界上许多领域的领先地位在很大程度上得益于教育事业的发展。法国教育历史悠久，政府历来重视教育及人才的培养，非常关注教学及国家文凭的质量。法国的教育体制由幼儿教育、初等教育、中等教育及高等教育构成。法国学前及中小学教育均是免费教育，高中仅收书本费，也有收费的私立学校。高等教育制度下有公立学校和私立学校，公立大学每年只需支付注册费（约200 €—300€）。

一、基础教育

法国属于中央集权制的国家，在教育治理上长期实行高度的中央集权制。政府非常重视教育，确立了教育的优先地位，强调公民受教育的权利和机会均等；规定中小学实行学校、家长、学生合同制；设立“国家教学大纲委员会”，定期审查修改教育内容，改革学制，简化考试；加强教师队伍建设，鼓励大学毕业生从教，建立教师培养学院，强调教师接受继续教育的必要性；重视教育改革，重点放在消除教育治理中的官僚主义和加强技术教育上，强调教育、科研与企业发展紧密结合。

近年来，法国借鉴地方分权制国家的教育治理经验，将部分权利下放给地方。地方教育行政分为大区、省和市镇三级治理，大区负责高中和一些专科学校；省负责初中；市镇负责小学和幼儿学校。地方教育行政部门的主要职责是制定中小学的教育规划，分级负责中小学的基建和日常教育经费投入及其日常教学治理。在人事治理上实行减政放权，将中小学教师由国家治理改为由学区治理；赋予小学教师新的职责，教师在教学安排和教学方式上有更大的自主权。其他诸如学制、教学大纲、教材治理等方面也逐步下放权力，有步骤地进行改革，形成了教育治理体制的多样化。

法国中小学实施校长负责制。校长作为学校的一员，既是校长又是任课教师。法国校长同教师一样，均是国家公务员，聘任权在国家，而不在学校，工资直接由国家教育部发放。法国对校长的选拔非常严格，既注重资格，也注重经历，竞聘校长职务的教师必须通过严格的考试和培训。这些措施既保证了校长的质量，又提高了其权威。

法国强调教育治理要统一，教育部垂直治理基础教育。基础教育结构全国统一，小学为五年制，初中为四年制，高中为三年制。初中分为适应阶段、中间阶段和专业定向三个阶段。高中阶段分为确定阶段和最后阶段。

1. 幼儿教育及初级学校（Ecole maternelle et primaire）

儿童自2岁起可以进入幼儿园，一直到5岁。这个阶段被称为学前教育，不是必需的，但大部分孩子都会上幼儿园。

儿童6岁进入小学。法国的小学生以前上课的时间为每周一、二、四、五、和周六上午。1991年，法国教育部决定从新学年开始取消小学生周六上午的课时，实施很久的每周26课时制正式改为每周24课时制。这样小学生们一周只有4天有课，其他时间是自由的。之后教育部还发布法令规定了从新学年开始小学每周24学时的教学分配情况。

小学教育持续5年，由一年级法国人称为预备课程（Le CP—Cours préparatoire），二三年级法国人称为初级课程第一年和第二年（Le CE1—Cours élémentaire1，Le CE2—Cours élémentaire2），四五年级法国人称为中级课程第一年和第二年（Le CM1—Cours moyen1，Le CM2—Cours moyen2）组成。在这五年期间，儿童将学习读、写和算术。他们也会接受一门外语的入门教育，一般来说是英语，也学习新技术，比如计算机。小学班是男女混合班级，一般由一位老师管理，这位老师教授所有学科。

2. 中学（Ecole secondaire）

（1）初中（Collège）

初中从六年级开始持续四年，是中学第一阶段，从六年级到三年级：初中一年级法国人称为六年级（La sixième）、初中二年级法国人称为五年级（La cinquième）、初中三年级法国人称为四年级（La quatrième）、初中四年级法国人称为三年级（La troisième）。初中毕业颁发初中毕业证书，这是教育系统第一份正式的书面证明。之后，孩子们可以选择在普通教育方向（中学毕业会考）继续他们的学业，或选择职业教育方向，后者通过一到两年短期培训发放文凭（CAP 或 BEP）。

尽管法国基础教育是统一治理，但在小学、初中拓宽知识的基础上，高中教学越来越注重学科选择的多样化，共有文科、经济与社会、科学三大类专业和第三产业科学技术、工业科学和技术、实验科学和技术以及医学社会科学四个技术专业供学生选择。

（2）高中（Lycée）

高中是中学第二阶段，高中一年级法国人称为二年级（La seconde）、高中二年级法国人称为一年级（La première）、高中三年级法国人称为毕业班（La terminale）。大多数学生选择继续学习准备中学毕业会考（Bac），通过会考的学生可以获得业士文凭（也称为Bac），它是通向高等教育和进入大学的通行证。法国从高中开始分文、理、经济科。高中毕业会考根据学生的兴趣或能力，提供不同的选择。一些学生选择理科会考（Bac S），也有学生选择经济类会考（Bac Es），还有一些学生选择文科会考（Bac L）。学生在选择会考方向的同时自然而然地确定了他们未来接受高等教育的方向。会考各科考试在6月举行，高中毕业会考的各科目考试属全国统考，也就是说法国全部考点的试题是统一的。

二、高等教育

法国的高等教育历史悠久，体制完善，学位种类齐全。不同类型的学校有不同的教学目标，其课程设置和入学条件也各不相同。众多公立、私立学校各有千秋，公立学校由国家资助，学费低廉的近乎于免费。

进入法国大学没有全国性的统一高考，高中毕业会考的成绩一般情况即可作为各高校的录取依据，另有部分大学需要独立设置招生考试。

大学教育（Université）的入学条件：招收持有法国高中会考证书或同等学历的学生，学生向校方递交申请材料，学校根据候选人材料择优录取。（注：欧盟成员国外其他国家高中毕业证书一般不能等同于法国高中会考证书，因而外国学生入学条件限于获得本国大学录取通知书者、本国大学在校生或毕业生。）

法国主要高等教育机构分为综合大学（Université）和高等专业学院（Grande école）。

1. 综合大学（Université）

法国共有九十所综合大学，其中三所设在海外属地，在校学生总数为150万左右，约占高等教育在学人数的74%。法国综合大学为广大学生提供一种宽泛的培养选择，并于2004年开始实行与国际接轨的LMD教育制度，此教育制度下的法国大学学生入学条件与原来相同，但将教育阶段整合为如下三阶段：第一阶段三年，毕业后获大学基础文凭，即学士文凭（Licence）；第二阶段两年，毕业后获硕士学位（Mastère）；第三阶段三年，毕业后可获博士学位（Doctorat）。每个阶段结束，成绩合格，都能得到国家授予的文凭。每个文凭并不意味着学生可以自动进入更高阶段的学习，但学生可以据此进入同阶段的其他相关学科学习。

法国综合大学的专业科系设置齐全，从数学、化学、物理、生物、技术、计算机信息、工学、电子、材料，到文学、语言、艺术、人文科学、法学、经济、管理、健康、体育等等，涵盖所有学科领域，学校提供各个学历层次的培养课程，并可颁发包括学士、硕士、博士学位在内的各类国家文凭。

科研是法国综合大学的有机组成部分：全法综合大学共设有315个博士研究生院，它们与1200多家由大学和研究机构组成的联合研究实验室一起，共同承担在读博士研究生的培养任务。法国综合大学的博士研究生院历来注重国际开放，法国大学有四分之一的博士论文由外国留学生递交答辩。

法国的综合大学善于与时俱进，通过发展技术专业和设置职业文凭，满足现代世界的需要。除了传统的教学与研究单位（UFR）之外，还设立各类承担专门课程培养的专门学院，以适应教育需求的演变。

■ 综合大学通常所设的专门学院包括：

1. 大学工程师学院：颁发将近50%的法国工程师文凭。

2. 大学技术学院（IUT）：承担25个以上专业的技师培养课程。

3. 大学职业学院（IUP）：承担21个专业从Bac+1直至硕士水平的完整职业化课程培养。

4. 大学企业行政管理学院（IAE）：承担企业行政管理人才的培养。

5. 政治学院（IEP）：承担政治学与企业经济方面的人才培养。

6. 法国新闻学院（IFP）、信息与传播高等研究学院（CELSA）：承担新闻与传播专业人才的培养。

此外，法国的医学、药学和牙科学院也从属于综合大学，他们与医学院合作，组织实施特殊学制课程教学。

法国综合大学的法律性质保证学校享有行政、财务、教学与学术方面的自主权，但是综合大学所授予的文凭，均属国家文凭，无论由哪所大学颁发，都具有同等的价值。

欲申请法国第一阶段学习的非欧盟成员国国籍学生，需通过法国使馆的法语考试。法国大学接受取得本国国内大学录取资格的各国高中毕业生赴法攻读本科；本国国内大学在校生可去法国大学插班学习，大专和本科毕业生可去法国攻读硕士学位。

■ 索邦大学

巴黎索邦大学也就是巴黎第四大学，是法国最著名的综合大学，它是全法国最大的教授人文科学、社会科学和人类学的大学，这也是这所大学最主要的教学方向。巴黎索邦大学位于法国巴黎市区，它的前身是原巴黎大学的语言和人文学院，巴黎大学创立于9世纪，最初附属于巴黎圣母院，1180年法王路易七世正式授予其“大学”称号，与意大利的博洛尼亚大学并称世界最古老的大学，被誉为“欧洲大学之母”。欧洲各主要大学的建立模式均受此二校影响。罗伯尔·德·索邦于1253年将其扩展成为一所著名的综合大学，学校发展过程中不仅荣誉与危机并存，期间曾经历过许多艰难曲折，而且还屡遭火灾之害。1789年法国大革命爆发后，拿破仑实行教育改革，以“帝国大学”对法国所有大学教育机构包括巴黎大学作出中央集权式的管辖。1968年原巴黎大学分为13所新的学校，巴黎索邦大学是其中之一，如今这13所大学统称为巴黎大学。

巴黎索邦大学拥有世界上最大的校园和历史悠久的著名建筑，巴黎塞纳河的左岸拉丁区正是因索邦大学的人文艺术气息而闻名全球。

19世纪，整个法国只有巴黎大学教授文学。巴黎索邦大学在原巴黎大学文学与社会科学学院的基础上发展起来，因此她以文学语言及人文学科见长，是全法国最大的文学和社会科学的大学。大学现有学生25000多人，其中留学生4000余人。学校有教员840多人，教授220人。学校教授古法语、古拉丁语和古希腊语等各种古语言课程，此外还有音乐学院、艺术史、考古、地理专业等等，范围十分广泛。

2002年被法国政府定为“雨果年”，以此来纪念这位19世纪法兰西民族的文学巨匠诞辰200周年。巴黎索邦大学校园里的雨果雕像，就是以雨果的文学成就来象征索邦大学对法国文学发展的贡献。

巴黎索邦大学的法国文学学院主要教授欧洲的古语言和文学史，同时也研究从古至今的欧洲著名作家。

2010年世界QS人文艺术学科大学排名，巴黎索邦大学（巴黎四大）列第13位，是前15位里唯一的非英语系国家大学。

索邦名人：

玛丽·居里（Marie Curie），物理学者，1903年诺贝尔物理奖得主，1911年诺贝尔化学奖得主。

皮埃尔·居里（Pierre Curie），物理学者，1903年诺贝尔物理奖得主。（玛丽·居里的丈夫）

伊雷娜·约里奥·居里（Irène Joliot-Curie），居里夫人之女，物理学者，1935年诺贝尔化学奖得主。

弗雷德里克·约里奥·居里（Frédéric Joliot-Curie），伊雷娜·约里奥·居里的丈夫，物理学者，1935年诺贝尔化学奖得主。

儒尔斯·亨利·庞加莱（Jules Henri Poincaré），物理、数学家。

西蒙·波伏娃（Simone de Beauvoir），存在主义作家。

2. 高等专业学院（Grande école）

法国现有300多所高等专业学院，又称“大学校”。在法国，“大学校”是综合大学以外其他各种高等专科院校（不含短期高等教育机构在内）的总称，是法国特有的精英教育体系。“大学校”始终保持“少而精”的传统，一般规模不大，但声誉很高，许多高级官员、学者、工程师、企业管理人员都毕业于此类学院，位于法国高等教育象牙塔的顶端，为中学的高材生所瞩目。

法国的“大学校”有其特殊的地位。高等专业学院旨在为政府机关、工业界、服务业培养工程师、高级管理人员及行政人员。其中一大批隶属于政府各部门，专门负责培训工程师、教师及行政人员。工程师、技术学院教授或中央公务机构干部中“大学校”毕业的毕业生都占有相当大的比例。企业界欲雇用中高级干部亦极欢迎拥有技术学院文凭的毕业生。其中著名的有法国国立行政学院

(ENA)，培养国家干部；巴黎综合工科学校（EP），培养工程师和科学家；巴黎高等商业学校（HEC），培养金融贸易类的精英；巴黎高等师范学校（ENS），培养未来的教师。

高等专业学院属于长期学制，为期5年。入学条件：入学要求严格，校方通过候选人的法国中学会考成绩与申请材料择优录取，被选拔的学生需在2年预科班学习后（或通过综合大学1~2年的学习），参加国家统一考试，被录取者继续学习3年，落选者可进入综合大学第一阶段学习。高等专业学院的毕业生一般都被授予“工程师”或其他专业资格证书，获得此类证书的学生也可转入大学进行第三阶段的学习。

■ 法国最著名的高等专业学院

1. 国家高等电信学校（ENST）
2. 巴黎综合工科学校（EP）
3. 巴黎国家高等矿业学校（ENSMP）
4. 巴黎国立高等化学学院（ENSCP）
5. 国家高等艺术学校（ENSAM）
6. 巴黎·格里尼翁国家农艺学院（INA-P-G）
7. 国家农村工程、河泊森林学校（ENGREF）
8. 政治研究学院（IEP）
9. 法国国立行政学院（ENA）
10. 巴黎高等师范学校（ENS）
11. 国家桥梁河堤学校（ENPC）

复习与思考题：

1. 中法基础教育阶段的差异是什么？
2. 如何看待没有高考制度的法国？
3. 法国高等教育还分为短期制教育，都有哪些？
4. 什么是法国的“大学校”？
5. 简述巴黎大学的由来。
6. 中国的教育制度如何？

Leçon cinq

Dans une famille française

Bonjour Madame, je suis très content de vous revoir.

Moi aussi, comment allez-vous?

Très bien, merci! Ce sont des fleurs pour vous.

Quelles belles fleurs! Merci beaucoup!

您好，女士，很高兴再次见到您。

我也很高兴，您好吗?

很好，谢谢！这些花送给您。

这些花真漂亮！非常感谢！

Vous êtes seule à la maison?

Oui, mon mari et mes enfants sont sortis.

您一个人在家吗?

是的，我丈夫和孩子出去了。

Combien êtes-vous dans votre famille?

Nous sommes quatre dans notre famille: mon mari, mon fils, ma fille et moi.

您家里有几口人?

我们家有四口人：我的丈夫、儿子、女儿和我。

Mon mari travaille dans une université. Il est professeur de droit.

我丈夫在一所大学里工作。他教授法律。

Mon fils est avocat.

我儿子是律师。

Ma fille est encore petite. Elle est au lycée.

我的女儿还很小。她在读高中。

Moi，je suis déjà à la retraite.

我已经退休了。

Vous avez une famille heureuse.

您有一个幸福的家庭。

Votre maison est grande et claire.

您家房子很大，而且宽敞、明亮。

Combien de pièces y a-t-il?

Il y a six pièces：une bibliothèque，une cuisine，un salon et trois chambres.

您家有几个房间？

有六个房间：一间书房、一间厨房、一间会客厅以及三间卧室。

Asseyez-vous，s'il vous plaît.

Voilà，c'est votre café.

Merci，ça sent bon.

您请坐。

这是给您的咖啡。

这咖啡真香。

Vocabulaire（词汇）

content，e adj. 高兴的，快乐的

revoir v.t. 再看见

fleur n.f. 花

maison n.f. 房子，家

seul，e adj. 单独的

mari n.m. 丈夫

enfant n. 孩子

sortir v.i. 出去

combien adv. 多少

fille n.f. 女儿

travailler v.i. 工作

droit n.m. 法律

fils n.m. 儿子

avocat，e n. 律师

petit，e adj. 小的，年幼的

encore adv. 还，又，再

lycée n.m. 高中

déjà adv. 已经

retraite n.f. 退休

heureux，se adj. 幸福的

clair，e adj. 明亮的

pièce n.f. 房间

chambre n.f 卧室

voilà prép. 这是，那是

grand，e adj. 大的

cuisine n.f. 厨房，烹饪

s'asseoir v.pr. 坐，坐下

bon，ne adj. 好的，香的

Notes（注释）

I. 动词

法语中把动词分为两大类：及物动词和不及物动词。及物动词包括直接及物动词和间接及物动词。

1. 及物动词

可以带宾语的动词叫及物动词。

（1）直接及物动词：直接及物动词后直接加宾语，不需要介词引导，如：avoir（有），étudier（学习）。

J'ai un livre. 我有一本书。

J'étudie le français. 我学习法语。

（2）间接及物动词：间接及物动词和其宾语之间要用介词，如：profiter（利用），parler（谈论）。

Je dois bien profiter de cette semaine. 我要好好利用这个星期。

Il parle de la politique. 他在谈政治。

2. 不及物动词

不能带宾语的动词叫不及物动词。这类动词没有直接宾语，也没有间接宾语，但可以有状语，如：travailler，aller。

Je travaille à l'Université du Liaoning. 我在辽宁大学工作。

Je vais à Beijing. 我去北京。

3. 系词

后面加表语的动词叫系词。表语主要是形容词和名词。系词有être, devenir, vivre等。

Je suis professeur. 我是教师。

Elle devient mon amie. 她成为我的朋友。

Il vit heureux. 他生活很幸福。

4. 代词式动词

和自反代词（me，te，se，nous，vous，se）一起使用的动词叫做代词式动词（或代动词）。自反代词表示自反意义、相互意义、被动意义、绝对意义。

Comment vous appelez-vous? 您叫什么名字?

Je m'appelle Li Hua. 我叫李华。

Nous nous parlons. 我们相互说话。

Ces légumes se vendent bien. 这些蔬菜卖得很好。

Notre maison se trouve au centre de la ville. 我们家位于城市中心。

Ⅱ. 定冠词

1. 词形

阳性	阴性	复数
le（l'）	la（l'）	les

注：（1）定冠词le和la在以元音或哑音h开头的名词前，一般要省音，如：l'étudiant.

（2）定冠词le，les遇到介词à和de时要缩合。

à + le = au，à + les = aux，de + le = du，de + les = des

2. 用法

（1）用在上文中已经提到过的人或事物的名词前。

C'est une valise. La valise est bleue. 这是一个箱子，箱子是蓝色的。

Les légumes sont très frais. 这些蔬菜很新鲜。

（2）用来表示说话双方都熟知的人或众所周知的事物。

Prêtez-moi le vélo. 请把自行车借给我。

Je laisse la clé sur la table. 我把钥匙放在桌子上。

（3）用在有限定成分的名词前。

C'est le livre du professeur Wang. 这是王老师的书。

Je lis le roman de Xiao Li. 我在读小李的小说。

（4）用在表示独一无二的人或事物的名词前。

Le soleil est rouge. 太阳红。

Le chef de classe est malade. 班长病了。

（5）用在表示总体概念的名词前。

J'aime le café. 我喜欢喝咖啡。

Les enfants aiment bouger. 孩子们好动。

Ⅲ. 动词变位

1. 动词sentir（第三组规则动词）的直陈式现在时变位

sentir（发出气味）

je sens	nous sentons
tu sens	vous sentez
il sent	ils sentent
elle sent	elles sentent

2. 代动词s'appeler，se trouver的直陈式现在时变位

s'appeler（名叫）

je m'appelle	nous nous appelons
tu t'appelles	vous vous appelez
il s'appelle	ils s'appellent
elle s'appelle	elles s'appellent

se trouver（位于，处于）

je me trouve	nous nous trouvons
tu te trouves	vous vous trouvez
il se trouve	ils se trouvent
elle se trouve	elles se trouvent

法国家庭

家庭是以婚姻和血缘关系为基础的一种基本的社会生活组织形式，是人类社会最古老、最重要的组成部分，也是人类历史发展的必然产物。在任何国家，家

庭都是重要的社会单位。人生于家庭，长于家庭，很多技能、观念、处事方法都形成于家庭之中，因此家庭对人与人以及人与社会的关系势必产生不可忽视的影响和作用。

家庭作为最小的社会单位，是整个社会的缩影。一个民族对待家庭的态度从某种程度上说反映出这个民族的世界观、价值观和文化观，民族间的交流正是民族文化的交流。人类社会的发展正是一个将不同文化相融合，去伪存真、与时俱进、保留精华的过程。

一、家庭文化

现代法语中表示家庭的famille这个词最初是从拉丁文familia转借过来的，还有一个与它同词根的单词famulus（奴隶）。恩格斯在他的那部关于家庭起源的名著中说过："Familia这个词，起初并不是表示现代人的那种脉脉温情同家庭相结合的理想；在罗马人那里，它起初甚至不是指夫妻及其子女，而是指奴隶。Famulus的意思是指一个家庭的奴隶，而familia则是指属于一个人的全体奴隶。"

随着奴隶的解放，私有制的日渐发展，"家庭"一词的内涵也不断演变。从罗马帝国时代起，罗马奴隶制下的家长制大家庭出现了衰落的趋势，建立在亲缘关系基础之上的自然家庭逐渐变得重要。直到18世纪中、后期，西方语言中"家庭"一词所指逐渐地从长久以来沿袭下来的包括同住的佣人在内的住户，转变为只包括共同生活的亲族群体的现代意义上的家庭。

二、法国的家庭结构

历史上的法国家庭格局，尤其是在法国乡下，一对夫妇和他们的孩子们、他们的父母、往往也会包括他们的祖父母，几代人共同居住在一栋房子里，通常婚姻由父母（主要是父亲做主）包办。从20世纪初开始，法国家庭模式开始发生变化，最突出的特点就是法式大家庭的消失。

1. 传统家庭结构逐渐弱化

在漫漫历史长河中，家庭结构已经发生过相当大的演变。到了现代社会，从传统家庭结构中延续下来的主要有三种：核心家庭、主干家庭和扩大家庭。由一对夫妇加上儿女这样两代人组成的家庭叫核心家庭；由父母和一对已婚子女组成的家庭叫做主干家庭；由父母和两对或两对以上已婚子女所组成的家庭，或者是兄弟姐妹婚后不分家的家庭就是扩大家庭。战后法国家庭发生了重要变化，法国人为之忠诚的中心从原来的“大家庭”转移到了小的“核心家庭”。在乡村地区，随着年轻人向城市的流动，传统的农民大家庭失去了原来的影响；上流阶层也同样如此。总体上，由父母和未婚子女构成的核心家庭仍占主导地位，但是主干家庭却微乎其微，传统的扩大家庭数量锐减，出现了家庭数目逐渐增加、家庭规模小型化的趋势。根据法国全国统计及经济研究所对法国家庭结构所做的调查，法国家庭平均人口数目在1968年是3人，近40年后，在2006年已减少到2.3人，这已成为法国最重要的家庭模式，人们称之为“现代家庭的传统模式。”

20世纪60年代末以来，家庭模式发生深刻改变，应社会发展而产生新型的家庭结构，表现在结婚率下降、离婚率上升、出生率下降、同居人数上升、“单身家庭”增多、“单亲家庭”增多、“重组家庭”增多。

2. 新型家庭结构日益发展

随着时代的发展，社会的变化，法国人的家庭观念越来越淡薄，造成不少的社会问题。目前法国社会有一个现象备受人们关注，就是法国年轻人只谈恋爱不结婚。或许是由于社会压力日趋严重，思维观念逐渐多元，法国年轻人中间流行只谈恋爱不结婚，或是同居而不结婚，也有一大部分就算是结了婚也不要后代。

第二次世界大战刚结束时，每年有42万多法国人举行婚礼，婚后，每对夫妇平均生育2.5个孩子。90%的法国人为已婚者，而离婚率仅为10%。20世纪70年代起发生了迅速的演变，结婚率明显下降，结婚的平均年龄也发生了改变，70年代初，男子接近24.5岁，女子为22.4岁。现在，初婚平均年龄越来越晚：男性为36岁（2005年为31岁），女性为33岁（2005年为29岁）。据统计，法国是欧洲结婚率最低的国家，法国人对婚姻相当谨慎。因为现代法国社会传统观念日益丧失，家庭很不稳定，所以很多法国人不愿意结婚，而更多地选择同居。这些观念意识，其根源之一是法国家庭观念的淡薄和现行社会制度的缺陷。

另一个备受人们关注的现象是不断上升的离婚率。70年代开始整个欧洲的离婚曲线就像脱缰的野马一样升了上来，法国也不例外，1/3的夫妻最后都走向了离婚，这一数字在巴黎大区甚至达到了1/2。在人口普查中列为“独身”即单独居住的男女数量激增，合法确立婚姻关系的人数减少，离婚的数字却不断增加，这些可以被看成是对合法婚姻模式稳定性的一种否定。

法国90%的夫妇在婚前都共同生活过，这理应降低离婚率。但事实上法国人离婚离得越来越快，十年间婚姻维持的平均时间从8年降低到了4年。

短暂婚姻的原因首先是人们对婚姻关系质量的要求越来越高，然而婚后的生活与同居时的生活没什么不同，过高的期待值反而导致了婚姻的加速灭亡。其次，法国人的独立性很强，崇尚“自由而浪漫”的爱情，而婚姻的本质就是一纸契约，它强调的是一份承诺，代表从此双方对对方的幸福都负有责任。可以说婚姻内在的这种约束性与法国人固有的个性是相抵触的，从而导致婚姻的寿命普遍缩短。

另外，社会对离婚的接受也使得离婚变得越来越容易。以往离了婚的人不为社会所容，因为他们的离婚行为损害了社会对爱情保有的浪漫的观念。但现在大部分人认为，日子过得好就过下去，过不好就离，没什么大不了的，因此宽容的社会环境也助长了离婚风气。

由夫妻二人基于婚姻关系所组成的父母及孩子的传统家庭模式虽从未被质疑，当今却不再是社会上唯一的家庭组织模式。目前法国出现了大量的单身家庭、单亲家庭、重组家庭、自由组合（同居）家庭、同居民事协约家庭、丁克家庭等等。

3. 新型家庭结构类型

● 单身家庭

法国现有830万的成年人是单身，这个数字是40年前的两倍，如果加上单亲家庭、离婚、寡居或单身但与父母同住等人士，单身大军的数字就要高达1800万，约占全国人口的35%。在大城市中，几乎每三户人就有一户是单身，单身独居已成为主流生活方式之一，全球已经进入单身时代。这种现象在大城市尤为普遍，在巴黎，一半的住户是一个人独居。在这些独居人口中，当然有许多是老年人（通常是一些寡妇），然而也有许多单身的人和离婚的人，他们中一些是自愿选择这种生活，有一些却是出于无奈。

单身的男性数量与单身的女性数量几乎相等，但他们并不属于同样的社会阶层。通常，单身男性受教育程度不高，属于中等偏下阶层。普通农夫很难找到妻子。单身女性则通常受过高等教育。

● 单亲家庭

由于离婚率的增加，曾经在很长一段时间里都只占有很小比例的单亲家庭的数目显著增加。到1999年法国已有150万单亲家庭，是60年代的二倍，近1/5的家庭是单亲家庭，全国15%的孩子（240万）生活在单亲家庭里。2006年，约有220万法国未成年人生活在单亲家庭中，其中190万与他们的母亲一起生活，另外30万居住在父亲家里，约占所有法国未成年人的8.8%。

● 重组家庭

单亲家庭不断出现伴随着重组家庭数目的增加，因为单亲通常只是短暂情况，很年轻就离婚的家长会在一定的时间之后重新与新的伴侣开始新的共同生活。当父母重新找到配偶之后，孩子一般会和自己的继父（母）住在一起。2006年法国大约有58万重组家庭，占到拥有一个以上未成年人子女家庭总量的7.7%。

● 自由结合（同居）家庭

法国结婚率的降低并不意味着以夫妇方式生活的人群的减少。许多人以夫妇方式生活在一起，但不去政府申请结婚、不履行婚姻的义务。

在法国社会中同居人群占有不小的比重。2000年法国同居登记的人数为2万多对，2011年迅速上升到21万多对。与此同时，法国结婚人数从2000年的30多万对减少到2011年的24万多对，另外，还有许多同居者没有办理同居登记，因此法国同居者的比例已经远远超过了结婚者。

法国家庭中还存在着由于夫妻感情淡漠而引发的“夫妻分居”现象。从外表看，夫妻仍旧是夫妻，双方共同承担着比如子女教育等家庭的义务与责任，内里却又各自为政，互不干涉对方的心灵一隅，双方互相体谅、互相尊重实行家庭“分居”，这种现象在西方越来越普遍。由于夫妻“分居”在西方社会中逐渐广泛化，这必然引发另一种社会现象的兴起，那就是“分居”之后，人们的“同居”生活。人皆重感情，之前的感情无法维持，那么“同居”成为人们情感所系的“新巢”，“同居”已经成为西方人生活中真实存在的一部分。

● 同居民事协约（PACS）家庭

在法国有一种特殊的家庭组织方式——签署同居民事协约。这是一种合法同居模式，签订协议的是两个想要合法生活在一起的成年人（可以是同性），这就填补了法律上关于保护未婚伴侣（包括同性伴侣）权利这方面的空白，也使得同性恋者虽然不能依法结婚，却依然可以依法共同生活，为这一特殊群体提供了法律保障空间。

始创于1999年并不断得到完善的PACS，在很多方面（如社会身份、双方财产、一方过世）对同居双方的权利和义务进行了规定。1999年到2009年依法注册的PACS已经超过700 000，1/2的合法夫妇是PACS签订者，而且这一数字正在更加快速地上升。

● 丁克家庭

丁克家庭是指那些具有生育能力而选择不生育的家庭，除了主动不生育，也可能是由于主观或者客观原因而被动选择不生育的家庭。这也是导致法国出生率下降的原因之一。

选择丁克家庭的理由：

· 觉得世界太乱，社会竞争太残酷，不希望孩子也来受苦、重蹈覆辙。

· 职场竞争激烈而又必须把握，不希望放弃长期努力的事业成果。

· 希望自由选择适合自己的生活方式，两人世界快乐足矣。

· 对于婚姻稳定还没有十足的把握，所以暂时不想要孩子。

· 觉得人生的快乐多种多样，没有儿女承欢的天伦之乐一样也有别的幸福。

· 不认为人生的价值仅仅是养育后代。

· 不喜欢孩子。

· 女方畏惧分娩的疼痛，所以不想要孩子。

三、法国家庭补贴政策

第二次世界大战结束后的1945年到1950年间，法国经历了被人们称作"婴儿潮"的时期。但自1950年以来，出生率几乎不断地下降。尤其是20世纪70年代起，家庭结构迅速演变，出现了结婚率下降、离婚率骤增、新型家庭诞生的局面，导致出生率急剧下降。

法国属于"人口增殖率最低的国家"，1977年法国人口自然增殖率只有0.39%，属于世界上人口增殖率极低的国家。为了克服人口衰退，法国采取了一些措施鼓励生育。2011年法国用在各项家庭政策上的支出占到GDP的5%。

第一、鼓励生育的补贴政策

目前，妇女生育1个孩子每月可领到177欧元津贴，直至孩子长到3岁；3年内若生第二胎，孩子6岁前每月津贴达600欧元；如生第三胎，政府会负责孩子到18岁，每月津贴为900欧元。据估计，法国两个孩子以上的多子女家庭仅占现有家庭总数的1/5，而他们获得的各种家庭补助金却占家庭补助基金总额的50%多。正因为法国较早实行了鼓励生育的家庭政策，在欧洲经济遭遇危机的情况下，法国每位女性平均生育2.01个孩子，远远高于欧洲邻国女性平均生育1.5个孩子的生育水平。根据法国经济研究与统计所的人口统计数据，2011年1月1日法国人口总数第一次超过6500万，比30年前多了1000万。

第二、促进儿童早期发展的补贴政策

法国政府非常重视3岁以下儿童的权利促进和保护。为了鼓励母亲自己抚养子女，法国政府对亲自抚养自己子女的家庭给予补贴。比如，母亲从怀孕7个月开始就可以休产假，生第一、第二个孩子，有18周的产假，生第三个孩子有24周的产假；父亲也可以休两周的陪产假；母亲如果选择在家照顾孩子，除生育津贴外，每个月还可以再领取300欧元，直到这个孩子年满3岁为止。同时，法国政府还给日益增多的单亲家庭发放单亲家庭补贴。据统计，目前法国大概有240万3岁以下的儿童，由其父母特别是母亲照看的比例大约占到45%。另外，为了确保孩子们都能受到普及教育，法国政府对3~6岁幼儿实行免费教育制度；对6~18岁青少年发放入学津贴，不管他们是在公立学校还是在私立学校就读。

第三、贫困家庭补贴

法国政府于2009年开始实施就业团结收入制度，类似我国的最低生活保障制度。这一制度来源于1989年建立的最低收入社会救济金。当公民家庭收入低于这一标准时，由政府提供补助，使其家庭收入达到规定标准。目前就业团结收入的标准为单人户410欧元/月、二人户620欧元/月。目前，法国每年约有80万个家庭、360万人领取就业团结收入80多亿欧元。

第四、老年人的补贴政策

法国人口老龄化程度已经超过20%，男女平均寿命分别达到78.1岁和84.8岁，成为欧盟国家中紧随西班牙之后的长寿国。为了积极应对人口老龄化，法国政府一方面激励有劳动能力者继续工作，延长退休年龄，实行弹性退休制度，设法推迟整体社会“衰老”期。另一方面，对老龄人口实行个性化养老补贴。对60岁以上的有部分生活自理能力的老人，政府根据评估的失能等级发放相应的照顾补贴。具体方式为：政府与多个社会服务公司签订协议，受益人可以从中选择，但服务费用除政府负担外，个人也需缴纳一部分，政府资助部分由全国养老保险基金管理局及其分支机构承担。目前，该计划共使110多万人受益。

四、法国的家庭代际关系

1. 老人的赡养

中西方文化的不同，对“孝”的理解也不同。在西方，“孝”的家庭意义仅表现为对父母的尊敬，法国人强调独立，强调在家庭成员之间彼此平等。孩子离开父母之后，重要的节日整个家庭会聚在一起，但平时便是各自独立的生活。我们不能说法国人亲情观念淡薄，因为他们也同样会为病重的父母担心，只是由于在不同的文化背景下，人们对行动的认知不同，表达情感的方式不同而已。

值得注意的一点是：由于法国离婚率高，单亲家庭和重组家庭数量很大，致使很多孩子无法与亲生父母同时生活，这也是法国代际关系的一种表现形式。

2. **子女的抚养**

法国有子女的家庭对孩子的态度与中国有很大区别，父母经常用鼓励性的语言来表达对子女的赞赏，他们会挤出时间与子女交流，聆听孩子的心声，加强心灵沟通，关注孩子的心理需要。法国家庭中父母与子女之间强调自由、平等、友爱。每一个家庭成员，不分男女长幼都平等地享有主人的地位和权利。法国的孩子不会受到像中国孩子受到的那么多管束，他们通常有更多的空间按照个人喜好发展。他们的家庭教育在很大程度上是孩子的个人意愿，大人只起引导和帮助的作用，随着孩子的成长，个人特长和潜能的逐步发挥，随着对社会的认识加深，随着个人爱好兴趣的改变，个人目标随时可以修改。

与中国父母按照既定的模式来培养子女相比，法国父母更重视为子女提供一个可以与之抗争的成长环境，并培养他们坚韧的个性和良好的品行，根据社会的变化和子女身心的特征不断地调节和选择自己的培养观念和方式。相比中国儿童，法国儿童的成长氛围更加轻松，更有利于培养孩子独立自主的能力。

复习与思考题：

1. 介绍一下法国新型家庭结构类型。
2. 你对《同居民事协约（PACS）家庭》有什么看法？
3. 法国鼓励生育孩子，而中国实行计划生育，为什么？
4. 中法家庭代际关系有什么不同？
5. 你认为婚生子女与非婚生子女在中法两国人眼中是否一样？
6. 从心理角度分析，重组家庭是否有利儿童成长？
7. 你倾向哪种家庭结构的生活？

Leçon six

Présidents de la 5e République française

Connaissez-vous Charles de Gaulle?

Oui, bien sûr, il est le premier président de la 5e République française.

您了解夏尔·戴高乐吗? 、

当然，他是法兰西第五共和国的第一任总统。

Il est un grand personnage, il est aimé de tous les Français.

他是个伟人，法国人都很爱戴他。

Le général de Gaulle a sauvé la France pendant la Seconde Guerre Mondiale.

戴高乐将军在第二次世界大战期间拯救了法国。

Les Chinois, nous le respectons aussi.

我们中国人也很敬佩他。

Il est l'ami des Chinois.

他是中国人民的朋友。

Les Chinois ne l'oublieront jamais.

中国人民永远不会忘记他。

C'est lui qui a reconnu, le premier, la République populaire de Chine dans le monde occidental.

Oui, c'est vrai.

戴高乐将军是西方国家中第一位承认中华人民共和国的人。

是的，千真万确。

Pouvez-vous me dire qui est le président actuel de la France?

C'est François Hollande.

您能说一下现任的法国总统是谁吗？

是弗朗索瓦·奥朗德。

Quand a-t-on fondé la cinquième République française?

En 1958.

法兰西第五共和国何时建立的？

1958年。

Il y a en tout combien de présidents dans la 5e République française?

Il y a sept présidents.

法兰西第五共和国共有几位总统？

共有7位总统。

Georges Pompidou est le 2e président de la 5e République.

乔治·蓬皮杜是第五共和国第二任总统。

Je respecte aussi le président François Mitterrand.

Il est le 4e président de la 5e République.

我也同样尊敬弗朗索瓦·密特朗总统。

他是第五共和国第四任总统。

Vocabulaire（词汇）

président n.m. 总统
bien sûr adv. 当然
personnage n.m. 人物
général n.m. 将军
sauver v.t. 拯救，挽救
respecter v.t. 尊敬
Chinois，e n. 中国人
ne...jamais adv. 永远不，绝不
Chine n.f. 中国
monde n.m. 世界
pouvoir v.t. 能够
connaître v.t. 认识，知道
république n.f. 共和国
aimer v.t. 热爱，喜欢
pendant prép. 在……期间
guerre n.f. 战争
ami，e n. 朋友
oublier v.t. 忘记
reconnaître v.t. 承认
populaire adj. 人民的
occidental，e adj. 西方的
dire v.t. 说，告诉

actuel, le adj. 现在的，目前的　　fonder v.t. 建立，设立

en tout loc.adv. 总之，一共

Notes（注释）

I. 直陈式复合过去时

1. 构成：助动词avoir或être（直陈式现在时）+ 过去分词。

大部分的动词在复合时态中用avoir作助动词，但一些表示移动或状态变化的不及物动词用être作助动词，如：

aller 去，走	venir来，来到
entrer 进入，进去	sortir出去，出来
arriver 到达	partir出发
rentrer 回来，回去	retourner返回
monter 上去	descendre下来

2. 过去分词的构成

第一组动词：去词尾-er，加é：aimer — aimé

j'ai aimé	nous avons aimé
tu as aimé	vous avez aimé
il a aimé	ils ont aimé

第二组动词：去词尾-ir，加i：finir — fini

j'ai fini	nous avons fini
tu as fini	vous avez fini
il a fini	ils ont fini

部分不规则动词的过去分词（第三组动词）：

不定式	过去分词
avoir	eu
être	été
faire	fait
connaître	connu
savoir	su
voir	vu
sortir	sorti
prendre	pris

3. 用法：复合过去时表示与现在有联系的、已经完成的、过去的动作，一般译作“已经、曾经、过、了”等。

Il est sorti. 他出去了。

Il a travaillé tout l’après-midi. 他工作了整个下午。

Je suis allé aux Etats-Unis. 我去过美国。

J’ai été en France. 我曾在法国呆过。

Ⅱ. 直陈式简单将来时

1. 构成：在动词不定式后面加下列词尾-ai，-as，-a，-ons，-ez，-ont构成，但以-re结尾的动词，先去掉词尾的e，然后再加上述词尾。

aimer	finir	lire
j’aimerai	je finirai	je lirai
tu aimeras	tu finiras	tu liras
il aimera	il finira	il lira
nous aimerons	nous finirons	nous lirons
vous aimerez	vous finirez	vous lirez
ils aimeront	ils finiront	ils liront

部分不规则动词的特殊形式（第三组动词）：

être – je serai	avoir – j'aurai
aller – j'irai	faire – je ferai
venir – je viendrai	voir – je verrai
pouvoir – je pourrai	vouloir – je voudrai
savoir – je saurai	devoir – je devrai

2. 用法：简单将来时表示将要发生的行为和状态。

Je partirai demain. 我将明天出发。

Je viendrai avec mon ami. 我会和我的朋友一起来。

Vous verrez beaucoup de choses intéressantes. 您将看到很多有趣的事情。

Les Chinois ne l'oublieront jamais. 中国人民永远都不会忘记他。

Ⅲ. 动词**connaître**，**pouvoir**的直陈式现在时变位

connaître（认识，了解）

je connais	nous connaissons
tu connais	vous connaissez
il connaît	ils connaissent
elle connaît	elles connaissent

pouvoir（能够）

je peux	nous pouvons
tu peux	vous pouvez
il peut	ils peuvent
elle peut	elles peuvent

法兰西第五共和国与总统

一、法兰西第五共和国

法兰西第五共和国是现时的法兰西共和国政府，1958年9月通过新宪法，第五共和国成立。

历史背景：

公元前1500年，凯尔特族的高卢人从莱茵河谷地向南方和西方迁移，定居在现在的法国和北意大利处。公元前625年，爱奥尼亚的希腊人在今日的马赛地区建立了一处贸易殖民地，繁荣了几个世纪。公元前123年罗马人开始征服高卢，直到公元前54年恺撒完成了征服历程，此后的500年间，高卢人在罗马人的统治下逐渐罗马化。

罗马衰败后，日耳曼人开始入侵高卢。5世纪末萨利安族的法兰克人占领了罗马亚尔河流域北部，西哥德人控制阿奎丹和普罗旺斯地区，勃艮地人居于隆河谷地。6世纪时，梅罗文加王朝领导下的法兰克人成为高卢的盟主。8世纪大权落入查理大帝所建的加洛林王朝之手，他在9世纪初已统治了大部分的西欧地区。他死后，帝国开始分裂，公元843年以后，查理统治的西部地区被称为法兰西。公元987年，加洛林王朝的末代国王去世，卡佩被选为法兰西国王。最初并不强盛的卡佩王朝延续到公元1328年，其版图包括除法兰德斯、布列塔尼、勃艮地和阿奎丹以外的大部分法国国土。

1328年王位落入瓦卢瓦的查理之手。15世纪末，瓦卢瓦王朝的版图，已与今日法国国界相差不多。16世纪基督教传遍法国，引起一系列宗教和平民战争。波旁家族的新徒那瓦尔法尔王国亨利四世取得王位，他极力恢复和平，休养生息，其后经过主教大臣A·黎塞留和J·马扎然的整顿，到路易十四亲政时，法国专制王权进入极盛时期。

18世纪，频繁的战争削弱了法国的势力，君主专制制度开始走向没落。1789年7月14日，巴黎人民捣毁了巴士底狱，爆发了资产阶级大革命，发表了人权及公民权宣言，打出“自由、平等、博爱”的资产阶级口号。

1792年建立了第一共和国。1804年，拿破仑称帝建立了第一帝国。拿破仑执政期间，进行了重大改革，他所颁布的民法法典，一直沿用至今。1815年拿破仑统治结束。

1848年建立了第二共和国。1852年路易·波拿巴称帝，建立第二帝国。普法战争期间（1870—1871年），法军屡战屡败，1871年3月28日国民议会首脑梯也尔与普鲁士签订了和平条约，激起了处在贫苦中的巴黎市民的愤怒，同日起义建立了巴黎公社。4月21日梯也尔残酷镇压起义，将公社社员屠杀殆尽。这就是世界历史上的第一次无产阶级革命。

第三共和国建立于1875年，1940年德国法西斯侵占法国，第三共和国覆灭。法国人民在戴高乐将军的领导下，建立了反法西斯民族阵线。

第四共和国成立于1946年。在第二次世界大战中，法国经济遭到严重破坏。战后在美国的援助下，经济很快得到恢复并迅速发展。1958年戴高乐当政，成立了第五共和国。

二、法兰西第五共和国政治体制

一个独特的政治体制：半总统制半议会制的单一的民主共和制。

1. 总统和国民议会各自的职责和权力

1958年建立的法兰西第五共和国是戴高乐将军所希望的共和国，它的建立在现代民主生活历史中是个特例，它是议会制模式和总统制模式的结合，法国因而成为一个半总统制的共和国。

第五共和国替代了以弱势总统和强势议会以及不稳定的政府为标志的第三、第四共和国（源于对拿破仑君主制和帝制形成的“个人权力”的不信任），1958年的宪法赋予共和国总统史无前例的权力和国家机构运行中的绝对作用。

自1962年起，总统由法国人民直接普选产生，总统是法兰西人民的代表，国家的卫士，负责“保卫国家领土完整”和“国家的连续性”，因而总统凌驾于各党派之上，可以直接组织全民公决。总统还是政府当局的最高领导，他确定政策大方向交由政府和总理执行，总理由总统从议会内占多数席位的党派中选定。总统可以解散国民议会，而国民议会不得推翻总统，只能监督政府。国民议会的会议日程由政府安排。

2. 总统——政府“发动机”

在戴高乐将军、乔治·蓬皮杜、吉斯卡尔·德斯坦、弗朗索瓦·密特朗和雅克·希拉克执政期间，法国总统成了真正的政府执政的发动机。只有在“共治”期间（1986至1988年和1993至1995年的密特朗政府，1997至2002年的希拉克政府)，议会中反对党占多数时总统的影响力才有所减弱，从多数党中产生的总理领导下的政府是总统阵营的对立面。

在国际舞台上，总统代表法兰西，是法兰西的最高代表。总统议定、批准并监督遵守各项条约，这是总统与政府协调，在国防与外交中的主要职责（总统的“保留领域”）。总统任命法国驻各国大使，并接受各国驻法国大使递交的国书。总统是三军统帅，也是唯一的军队总负责人。

3. 国民议会

法国议会由国民议会和参议院组成。国民议会共有577个席位，议员通过直接普选产生；参议院共有321个席位，参议员由地方各级议会议员和海外法国人组成的“大选民”选举团间接选举产生。议会现在的使命是投票通过法律法规、批准国家预算和社会保障（疾病、养老、工伤等）预算、监督政府行为（通过各咨询委员会，特别是调查委员会)，与政府分享法案提议权。法律文本均在两院相继进行审议。法律文本可以修改（修正)，在两院投票表决时，只有在每个议院都获得多数赞成票时方可通过。如文本最终仍有争议，国民议会享有最终决定权。

自2000年9月24日全民公决之后，法国总统的任期由七年缩短为五年，可连选连任。

三、法兰西第五共和国历任总统

1. 戴高乐总统（总统任期：1959年1月8日—1969年4月28日）

夏尔·戴高乐，法兰西第五共和国第一位总统。1890年11月22日出生于法国里尔的一个天主教爱国主义家庭。1912年毕业于圣西尔军事专科学校，被授予少尉军衔，而后到驻阿腊斯的第33步兵团任少尉军官。1914年参加一战，三次负伤。在凡尔登战役中戴高乐中弹昏死在阵地上，贝当将军把他列入“阵亡”名单，追授一枚最高荣誉十字勋章。等到戴高乐醒过来后，他成了德国的俘虏，直到1918年11月德国战败投降，他才重获自由。

战后，戴高乐应募去波兰同俄国红军作战。1921年4月，他与饼干制造商旺德鲁的女儿伊冯娜结婚，后来生育了3个儿女。第三个孩子即将出生的时候，戴高乐夫人被汽车撞倒受了惊吓，因此生下来的这个女儿是个白痴，取名安娜。

1921年10月，戴高乐回国，先后在圣西尔军校当战争史讲师，在法国军事学院学习，在特列尔的猎兵第19营当营长，在东地中海地区参谋总部和国防部总秘书处任职。1937年底，他晋升上校，任坦克团团长。20世纪30年代，戴高乐发表了一系列军事理论著述，竭力主张在法国组建有高度机动性的机械化部队，成立常备的装甲部队，可惜这些战略思想没有被法国军事统率机关重视和采纳。直到第二次世界大战爆发后，德国的机械化部队绕过马其诺防线，突袭法国西北部时，戴高乐才仓促受命组建一个装甲师，并被提升为准将，但为时已晚，法军一溃千里。1940年6月5日，总理雷诺改组政府，任命戴高乐为国防和陆军部次长。但这时，投降派在政府中占了上风，当德军逼近巴黎时，他们不组织抵抗，向德国宣布无条件投降。

身为国防和陆军部次长的戴高乐，坚决主张把法国政府迁往法属北非，同法西斯德国血战到底，但没得到支持。6月17日，戴高乐趁送英国的斯皮尔斯将军回伦敦之际，乘飞机抵达伦敦。第二天下午6时，戴高乐在英国广播公司的播音室对法国发表广播演说，号召法国人民抵抗纳粹德国的侵略，并号召已经在英国领土上和将来可能来到英国领土上的持有武器或没有武器的法国官兵、一切军人、工厂的工程师和技术工人与他取得联系。这是一个伟大的历史性时刻，它标志着由戴高乐领导的反对法西斯侵略和维护民族独立的“自由法国”运动开始了。而就在这时，他被维希政府军事法庭以叛国罪判处死刑。

戴高乐义无反顾地举起了抵抗的旗帜，着手把流落在国外的散兵游勇集合并组织起来，建立起一支7000人的武装部队，并开始引起国际重视。1943年他把自由法国总部从伦敦迁到阿尔及尔，就任法国民族解放委员会主席。法国共产党领导的游击队和其他抵抗力量统一为“自由法国”武装力量，拥有50万战士，在法国国内开展了艰苦卓绝的反侵略斗争。戴高乐设法和国内的“法国内地军”取得联系，并且千方百计地把最高领导权掌握在自己手里。

1944年8月26日，戴高乐凯旋巴黎。当他来到凯旋门时，欢迎的人们挤满了星形广场和香榭丽舍大街。他不时举起手臂向含泪欢呼的巴黎人民致意。9月，他的政府迁回巴黎，他当选为临时政府总理，着手重建满目疮痍的祖国。一年过去了，戴高乐深感“多党制”对法国是一场灾难，对三个政党组成的联合政府更为不满。1946年1月，他突然辞职下野。他确信，目前的第四共和国很快就会垮台，法国人民将大声疾呼地召唤他重掌政权。

早在1937年，戴高乐夫妇就在科隆贝买下了一处房产，因为那里绿树成荫，气候宜人，对他们的白痴女儿安娜的健康有好处。在野期间，戴高乐一面撰写回忆录，一面注视着法国政局的发展。

法兰西第四共和国政府频频更迭，政局动荡，1958年5月，法属阿尔及尔爆发起义，军队开始干预政治，有引起内战的危险。戴高乐感到时势要求他再度出山，5月15日，长期沉默的戴高乐发表声明说他已经做好了接管共和国权力的准备。6月1日，戴高乐就任总理，12月21日，被选为法国总统，新宪法授予总统更多的权力，法国从此进入第五共和国时期。第二年，他让阿尔及利亚人自决，1962年3月18日，埃维昂协议的签订标志着阿尔及利亚战争结束。

在外交上戴高乐坚持独立自主的对外政策，退出受美国控制的北大西洋公约，推动欧洲联合起来与美国抗衡，并独立发展法国的国防和核武器，努力保持和加强法国的大国地位。1964年1月，法国不顾美国和它的大多数盟国只承认台湾的国民党政府这一状况，宣布同中华人民共和国建立外交关系，成为与新中国建立大使级外交关系的第一个西方大国。

1965年12月，戴高乐再次连任总统。1967年国内形势急剧恶化，失业增长率急剧上升，工厂关闭或开工不足，工人和职员纷纷举行示威和罢工。1968年5月，法国突然爆发大规模的学生和工人运动，戴高乐的威信急剧下降。1969年4月27日，戴高乐将地方区域改革方案和参议院改革方案交给公民投票表决，想以此获得选民的支持，结果使他大失所望，52%的选民反对他的改革方案，戴高乐当即宣布下野。

79岁的戴高乐下野以后，拒绝享受离任总统的薪俸和住房，再次回到科隆贝家中撰写回忆录，他把大部分时间都花在建立他这座最后的文字纪念碑上。戴高乐没能把回忆录写完，于1970年11月9日因心脏病突发猝然逝世。蓬皮杜总统于次日向法国人民发表广播讲话："戴高乐将军逝世了，法国失去了亲人。1940年，戴高乐将军拯救了我们的荣誉。1944年，他领导我们走向解放和胜利。1958年，他把我们从内战的威胁中救了出来，他使今天的法国有了自己的制度、独立和国际地位。……让我们向法国保证，我们决不辜负我们所得到的教诲，愿戴高乐将军永远活在全国人民的心中。"

1952年，戴高乐曾立下遗嘱，表示拒绝国葬。在科隆贝教堂，他的遗体在家人、自由法国的几位战友和村民的陪同下被运往小教堂。戴高乐将军被安葬在他的女儿安娜的墓地旁边，墓碑上只刻有"夏尔·戴高乐1890—1970"字样。11月12日，政府在巴黎圣母院举办了官方追悼仪式，在场的有政府首脑和许多国外知名人士。

2. 蓬皮杜总统（总统任期：1969年6月20日—1974年4月2日）

乔治·让·蓬皮杜，法兰西第五共和国第二位总统。1911年7月5日生于法国中部康塔勒省蒙布迪夫市一小学教员家庭。1934年毕业于巴黎高等师范学校，1935—1944年在马赛和巴黎当中学教师。1944年8月巴黎解放后结识戴高乐，出任临时政府总理办公室专员，从此两人交往甚笃。1946—1954年任最高行政法院审查官，曾积极资助法兰西人民联盟。1948年3月起兼任戴高乐私人办公室主任。1954年2月起在罗特希尔银行供职，1956—1962年任总经理。1958年6月戴高乐再度出任总理，蓬皮杜任办公厅主任，参加制订第五共和国宪法，1959—1962年任宪法委员会成员。1961年2月作为戴高乐密使去瑞士同阿尔及利亚临时政府代表谈判，签订埃维昂协议，阿尔及利亚危机得以解决。1962年4月，蓬皮杜出任总理。1968年法国发生以学生运动为开端的“五月风暴”，蓬皮杜出面与各方代表谈判，未得到戴高乐支持，被迫于7月辞职。1969年4月戴高乐辞职，6月15日蓬皮杜当选总统，对内沿用第五共和国政治体制，大力发展经济，对外继续奉行维护民族独立政策，在个别重大问题上改变戴高乐立场，如同意接纳英国参加欧洲共同市场。1973年9月蓬皮杜访问中国，1974年4月2日因白血病在巴黎去世。

3. 德斯坦总统（总统任期：1974年5月19日—1981年5月19日）

瓦莱里·吉斯卡尔·德斯坦，法兰西第五共和国第三位总统。1926年2月2日德斯坦生于德国的科布伦茨市，毕业于巴黎综合工科学校和法国国立行政学院，1944年入伍，在戴高乐的第二装甲师立过战功。

1952年德斯坦任财政部财务助理稽核，1954年任财务稽核，1955年任总理办公室副主任，1956年至1986年间多次当选为国民议会议员，1959年任财政国务秘书，1962年当选为共和党领袖，1962年至1966年任经济和财政部长，1966年创立“独立共和人士全国联合会”（简称“独立共和党”）并任党主席。

1967年至1968年德斯坦任国民议会财政、经济和计划委员会主席，在1969年戴高乐举行的公民投票中投反对票。戴高乐下台后，他支持蓬皮杜竞选总统。蓬皮杜当选后，德斯坦重新入阁，1969年至1974年他出任经济和财政部长，1970年任经济发展和合作组织委员会主席。1974年至1981年德斯坦任总统。1975年他倡导召开西方国家首脑经济会议，1978年7月与德国总理施密特联合制定出建立欧洲货币体系计划，1987年4月为国民议会外交委员会主席，1988年6月至1996年3月任法国民主联盟主席，2002年2月任欧洲制宪委员会主席，负责筹备修订欧盟第一部宪法。

2002年12月14日，国际卡尔奖委员会在德国西部城市亚琛宣布，将2003年度国际卡尔奖授予德斯坦以表彰他及其领导的委员会在筹备制订欧盟宪法方面所做的工作。

德斯坦还是中法合作的推动者，他曾多次率领法国企业家代表团来京参加中法经济研讨会。

4. 密特朗总统（总统任期：1981年5月19日—1995年5月17日）

弗朗索瓦·密特朗，法兰西第五共和国第四位总统。1916年10月26日生于法国西部的夏朗德省雅尔纳克市，曾先后在巴黎大学攻读法律、文学及政治学，毕业后当过记者和律师，二次大战期间应征入伍，1940年在作战中受伤被俘，被囚于德国集中营18个月，1942年越狱成功，潜回祖国参加反纳粹抵抗运动，1944年他在戴高乐领导的流亡政府中任战俘、流放者及难民事务秘书长。

法国光复后，密特朗参加了临时政府第一届内阁，1946年至1958年、1962年当选为国民议会议员，1947年至1958年他曾参加11届内阁，先后担任退伍军人部长、总理办公厅新闻国务秘书，海外领地部长、国务部长、内政部长、司法部长等职。密特朗曾先后担任民主社会抵抗联盟、民主和社会主义左翼联盟、共和制度大会党的主席，1971年他所领导的共和制度大会党与几个社会主义小组合并组成社会党，并任第一书记到1981年，1972年至1981年任社会党国际副主席，1981年5月当选法国总统。密特朗是法兰西第五共和国成立二十三年来首次当选总统的社会党人，1988年5月连选连任法国总统，1995年5月卸任。

密特朗在政治方面主张限制总统权限，扩大议会作用，实行多党制；在经济上主张在不消灭私有制的基础上，通过国有化、计划化和“自治管理”等措施，对法国经济实行渐进式结构改革；对外政策上赞成西欧联合，主张加强法国军事力量，同时也强调裁军和缓和。

1996年1月8日，密特朗因前列腺癌医治无效在巴黎去世，享年79岁。同年12月9日，法国巴黎新建的国家图书馆以他的名字命名为“弗朗索瓦·密特朗国家图书馆”。

密特朗重视发展法国同中国的关系，他积极支持法中建交，为促进两国人民的友谊，做了许多有益的工作，他曾于1961年、1981年和1983年三次访问中国。

5. 希拉克总统（总统任期：1995年5月17日—2007年5月16日）

雅克·希拉克，法兰西第五共和国第五位总统。1932年11月29日生于法国首都巴黎科雷兹镇的一个富豪家庭，独生子，其父曾为法国商业银行总管。希拉克早年毕业于巴黎政治学院和法国国家行政学院，1967年他当选为国民议会议员，后多次当选，1967年至1974年他先后担任就业国务秘书、财经国务秘书、总理府负责与议会联系的部长级代表、农业和农村发展部长、内政部长等职。1974年希拉克出任法国总理。1976年辞去总理职务后，他组建保卫共和联盟并任主席。1977年至1995年他3次连任巴黎市长，在此期间，他于1986年至1988年再次担任政府总理。1995年5月希拉克当选法国总统，2002年5月连选连任。

希拉克曾于1978年和1991年分别以巴黎市长和法国前总理身份访华，1997年5月和2000年10月以法国总统身份访华，2004年10月，希拉克对中国进行国事访问，并出席“法国文化年”开幕活动，2006年10月和2009年4月再次访问中国。

希拉克喜爱文学，主要著作有《希望的闪现》、《一个新法兰西》、《所有人的法兰西》、《我为和平而战》、《我为法国而战》和《每一步都应当有目标》等。希拉克熟悉并喜爱东方文化和中国艺术。

2011年12月15日，希拉克因挪用公款、滥用职权等罪名被司法机关判处两年有期徒刑、缓期执行。

6. 萨科齐总统（总统任期：2007年5月16日—2012年5月15日）

尼古拉·萨科齐，法兰西第五共和国第六位总统。1955年1月28日出生于法国巴黎，父亲是匈牙利移民，母亲是法国人。他曾先后在巴黎第十大学和巴黎政治学院学习，获法律硕士学位，并曾担任律师。

萨科齐很早就参与政治，政坛经历丰富，1977年年仅22岁的他就开始踏入仕途，1983年28岁的他当选为巴黎郊区讷伊市市长，成为法国历史上最年轻的市长，1988年任保卫共和联盟全国书记，1991年至1993年任该党副总书记，1993年至1995年担任预算部长兼政府发言人，1998年至1999年任保卫共和联盟总书记，2002年5月任内政部长。2004年11月28日，他当选为执政党法国人民运动联盟主席，2004年4月任国务部长、经济、财政和工业部长，2005年5月再次出任内政部长。2007年5月6日，萨科齐当选为法兰西第五共和国第六任总统，5月6日正式就职，任期5年。

萨科齐个性鲜明，以“直言敢干”的作风著称，在任内政部长期间，他提出“国内治安法”草案，对当时严重困扰法国的社会治安问题，进行了大刀阔斧的整治，使全国范围内的社会治安得到加强。在主管经济工作期间，他推行的经济措施也颇有成效，使法国的经济在一定程度上出现积极复苏。由于务实和干练的工作作风以及突出的政绩，萨科齐成为法国政坛独树一帜的人物。

2009年8月26日，法国总统萨科齐在巴黎召开的法国驻外使节年度会议上，阐述了法国外交在未来一段时间内的新目标。他在二十国集团匹兹堡金融峰会上提出应将推行金融体系改革、重建国际社会新秩序、气候问题、核能利用以及对非关系列为重点。

7. 奥朗德总统（总统任期：2012年5月15日—至今）

弗朗索瓦·奥朗德，法兰西第五共和国第七位总统。1954年8月12日出生于法国北部城市鲁昂，他曾就读于巴黎高等商学院、巴黎政治学院和法国国立行政学院，主修经济和法律。奥朗德1979年正式加入社会党，27岁成为法国总统府经济顾问，34岁当选国民议会议员，2001年当选科雷兹省省会蒂勒市市长，2008年当选科雷兹省议会主席。1997年至2008年，奥朗德任法国最大反对党社会党第一书记，是社会党任期最长的第一书记。

2011年11月16日，奥朗德赢得党内初选，成为社会党2012年总统候选人。在竞选中，他提出“改变就是现在”的竞选口号，主张“变革”，通过增加就业岗位、提高收入、扶持中小企业和对富人增税来吸引选民。他反对金融业过度控制经济，主张打击市场投机行为。他还表示，将对欧盟新签署的“财政契约”提出重新谈判，主张欧盟征收金融交易税，并承诺将引导欧洲重返加速增长和扩大就业的道路。2012年5月，奥朗德当选总统，15日就职。

复习与思考题：

1. 请介绍一下第五共和国的历任总统。
2. 你如何看待戴高乐？
3. 你认为一个国家首脑的私生活与他的政治地位之间有关联吗？
4. 谈谈西方社会的三权分立制度。
5. 法国总统选举如何进行？
6. 你更喜欢哪位法国总统？原因是什么？

Leçon sept

Monuments historiques

La France est un beau pays.

法国是一个美丽的国度。

Il y a beaucoup de touristes chaque jour.

法国每天都有很多的游客。

On peut voir des monuments historiques très connus.

游客们在法国可以欣赏到十分著名的历史名胜。

Regardez là-bas，c'est la Seine. C'est un très beau fleuve.

看那边，那是塞纳河，是一条非常美丽的河流。

En face de nous，c'est la Tour Eiffel，c'est un symbole de la France.

我们面前耸立的是埃菲尔铁塔，它是法国的象征。

Qu'est-ce que c'est ?

C'est la Statue de la Liberté.

那是什么?

是自由女神像。

Quand allons-nous visiter le Louvre?

Nous allons le visiter cet après-midi.

我们什么时候参观卢浮宫?

今天下午我们去参观这家博物馆。

Il y a plein de peintures très connues dans le Louvre.

卢浮宫里有许多知名画作。

Aujourd'hui, je vois Notre-Dame de Paris de mes propres yeux, comme c'est beau !

今天我亲眼看到了巴黎圣母院，真漂亮。

L'Arc de Triomphe est situé au centre de la Place Charles de Gaulle.

凯旋门座落在夏尔·戴高乐广场的中心。

Prenons des photos devant l'Arc de Triomphe.

我们在凯旋门前拍照留念吧。

Les Champs-Elysées, c'est une des plus belles avenues du monde.

香榭丽舍大街是世界上最美丽的街道之一。

Allons voir la Place de la Concorde.

我们去看看协和广场吧。

Demain nous allons visiter Versailles.

明天我们去参观凡尔赛宫。

Je voudrais aussi aller voir Fontainebleau.

我非常想去看看枫丹白露宫。

Nous allons le voir après-demain.

我们后天去。

C'est formidable!

好极了!

Vocabulaire（词汇）

pays n.m. 国家

chaque jour 每天

fleuve n.m. 河流

symbole n.m. 象征

liberté n.f. 自由

après-midi n.m. 下午

plein de loc. adv. 许多

voir v.t. 看到，看见

yeux n.m. pl. 眼睛

situé, e adj. 坐落的，位于的

touriste n. 旅游者

monuments historiques 名胜古迹

en face de loc. prép. 面对

statue n.f. 雕像

visiter v.t. 参观

peinture n.f. 画，绘画

aujourd'hui adv. 今天

propre adj. 自己的

comme adv. 多么，怎样

centre n.m. 中心

place n.f. 广场，地方
photo n.f. 照片
avenue n.f. 大街，林荫大道
après-demain adv. 后天
prendre v.t. 照相，吃，喝
devant prép. 在……前面
demain adv. 明天
formidable adj. 好极了的

Notes（注释）

I. 命令式

1. 构成：命令式只有第二人称单数、复数和第一人称复数。由动词直陈式现在时去掉主语构成，但-er结尾的动词第二人称单数的命令式词末去掉s。

travailler（工作）

直陈式	命令式
tu travailles vous travaillez nous travaillons	travaille travaillez travaillons

aller（去）

直陈式	命令式
tu vas vous allez nous allons	va allez allons

注意：être和avoir命令式是特殊的。

être ：sois，soyez，soyons

avoir ：aie，ayez，ayons

2. 用法：命令式表示命令、禁止、请求、建议、愿望等。

Sois prudent！要谨慎！

Ne restez pas ici！请不要待在这儿！

Travaillons bien！我们好好工作吧！

Viens manger！来吃饭吧！

Regardez là-bas，c'est la Seine. 看那边，那是塞纳河。

Allons voir la Place de la Concorde. 我们去看看协和广场吧。

Ⅱ. 不定式

不定式是动词的原形。它是动词的名词形式，它同时具有动词和名词的作用。在句中可以作主语、表语、宾语、补语、状语等。

Je propose d'aller voir le film «Amélie». 我建议去看电影《爱美丽》。

Je préfère aller au cinéma. 我更喜欢去看电影。

J'ai envie de travailler avec vous. 我很渴望和您一起工作。

Voyager dans ce pays beau et immense，c'est mon rêve. 在这个美丽而广阔的国家里旅游是我的愿望。

Demain nous allons visiter Versailles. 明天我们去参观凡尔赛宫。

Ⅲ. 品质形容词

法语形容词有几类，品质形容词是最重要的一种。品质形容词是专门用来修饰名词品质的形容词。品质形容词有性和数的变化，其性和数的变化应和所修饰的名词一致，如：

un ciel bleu 蓝色的天空　　une veste bleue 蓝色的上衣

deux vestes bleues 两件蓝色的上衣　des pantalons bleus 几条蓝色的裤子

C'est un livre français. 这是一本法语书。

C'est une belle fille. 这是一个漂亮的姑娘。

C'est une classe agréable. 这是一间很舒适的教室。

Le ciel est bleu. 天空蔚蓝。

作形容语的形容词一般放在名词后。但少数常用的单音节和双音节形容词放在名词前，如：grand（大的），petit（小的），beau（美丽的），jeune（年轻的），joli（漂亮的）等。

une grande table 一张大桌子　　un petit garçon 一个小男孩

une jeune fille 一个小姑娘　　un joli marbre 一张漂亮的大理石

Ⅳ. 动词voir的直陈式现在时变位

voir（看见，看到）

je vois	nous voyons
tu vois	vous voyez
il voit	ils voient
elle voit	elles voient

游在法国

法国是欧洲浪漫的中心，它的悠久历史、具有丰富文化内涵的名胜古迹及乡野风光吸引着世界各地的旅游者。风情万种的花都巴黎，美丽迷人的蓝色海岸，阿尔卑斯山的滑雪场等都是令人神往的旅游胜地。

一、巴黎Paris

两千多年前的巴黎是塞纳河中间“西岱”岛上的一个小渔村，岛上的主人是古代高卢部族的“巴黎希人”。公元前1世纪，罗马人开始在此定居并逐渐将其发展成为一座城市，名为“吕堤兹”。公元3—4世纪时，为纪念此地最早的主人“巴黎希人”，将该城命名为“巴黎”。公元6世纪初，巴黎开始成为法国的王都。10世纪末，卡佩国王在此建造皇宫。13世纪时的巴黎已发展到塞纳河两岸，教堂、建筑比比皆是，成为当时西方的政治文化中心。18—19世纪，巴黎不断扩大，吞并了周围的一些村庄，拿破仑三世时，巴黎开辟了一些宽阔的街道，修建了许多园林和公园，巴黎开始逐步形成今日的样子。

巴黎素有“世界花都”之称。这座美丽的城市不仅是法国的政治、文化、经济和交通中心，而且是著名的旅游胜地。巴黎有70多个博物馆，众多的名胜古迹、教堂广场，若要细细品味，3个月也不够，真可谓“巴黎处处是风景”。

巴黎主要名胜古迹：

- 埃菲尔铁塔Tour Eiffel

埃菲尔铁塔是一座于1889年建成位于法国巴黎战神广场上的镂空结构铁

塔，高300米，天线高24米，总高324米，相当于100层楼高。1884年，为了迎接世界博览会在巴黎举行和纪念法国大革命100周年，法国政府决定修建一座永久性纪念建筑，居斯塔夫·埃菲尔设计的铁塔被选中，建成后铁塔就以埃菲尔的名字命名。铁塔从地面到塔顶装有电梯和1711级阶梯，共分四层，每层有一个平台，下面三层平台可供游览，观赏巴黎全城迷人的景色。第四层平台海拔300米，设气象站，顶部架有天线，为巴黎电视中心。铁塔设计新颖独特，是世界建筑史上的技术杰作，因而成为法国和巴黎的一个重要景点和突出标志。浪漫的巴黎人还给铁塔取了一个美丽的名字——云中牧女。

- 巴黎凯旋门Arc de Triomphe

凯旋门坐落在巴黎市中心戴高乐广场中央，是拿破仑为纪念他在奥斯特利茨战役中大败奥俄联军的功绩，于1806年2月下令兴建的，1836年建成。它是欧洲100多座凯旋门中最大的一座，为巴黎四大代表建筑之一，是法国政府重点保护的名胜古迹，高50米，宽45米，厚约22米，门墙上的石雕描绘的是拿破仑在1792—1815年的战争历史，拱门右边是路德所雕的《马赛曲》。每年7月14日法国国庆，都会在凯旋门举行盛大隆重的国庆献礼，引得成千上万的游客到此观赏。凯旋门内的无名战士墓，埋葬了一位在第一次世界大战中牺牲的无名法国士兵，1921年至今，纪念的火焰和鲜花从未中断过。

- 巴黎圣母院Cathédrale Notre Dame de Paris

圣母院的法文名“Notre Dame”原意为“我们的女士”，这位女士是指耶稣的母亲圣母玛丽亚。

巴黎圣母院大教堂是一座位于法国巴黎市中心西岱岛上的教堂建筑，也是天主教巴黎总教区的主教座堂，始建于1163年，整座教堂历时180多年，在1345年全部建成，属哥特式建筑形式，是法兰西岛地区的哥特式教堂群里面，非常具有关键代表意义的一座。另有小说、电影、音乐剧等以此为名，其中最具盛名的是法国文学史上最伟大的作家之一，法国浪漫主义文学运动的领袖维克多·雨果（Victor Hugo）撰写的一部浪漫主义长篇小说《巴黎圣母院》。

- 卢浮宫Musée du Louvre

卢浮宫是世界上最古老、最大、最著名的博物馆之一，与英国大英博物馆、美国纽约大都会艺术博物馆并称为世界三大博物馆。卢浮宫位于法国巴黎市中心塞纳河北岸（右岸），始建于1204年，历经800多年扩建、重修达到今天的规模。卢浮宫占地面积（含草坪）约为45公顷，建筑物占地面积为4.8公顷，全长

680米。它的整体建筑呈“U”形，分为新、老两部分，老的建于路易十四时期，新的建于拿破仑时代，宫前的透明金字塔形玻璃入口，是美籍华人建筑大师贝聿铭设计的。卢浮宫同时也是法国历史上最悠久的王宫，公元1204年始建时只是菲利普二世皇宫的城堡，查理五世时期，卢浮宫被作为皇宫。

卢浮宫博物馆现共分希腊罗马艺术馆、埃及艺术馆、东方艺术馆、绘画馆、雕刻馆和装饰艺术馆6个部分，其中最著名的镇宫三宝是“维纳斯”雕像、“胜利女神”石雕和“蒙娜丽莎”油画。

● 香榭丽舍大街（爱丽舍田园大街）Avenue des Champs-Elysées

香榭丽舍大街（爱丽舍田园大街）是巴黎城中一条著名的大街，法国人形容她为“世界上最美丽的大街”。爱丽舍田园大街取名自希腊神话“神话中的仙景”之意，法文Avenue des Champs-Elysées，其中Champs（香）意为田园，Elysées（爱丽舍）之意为“极乐世界”或“乐土”。因此，有人戏称这条街是“围墙”加“乐土”的大街。

香榭丽舍大街东起巴黎的协和广场西至星形广场（即戴高乐广场），地势西高东低，全长约1800米，宽100米，有两道8线行车的大马路。东段是条约700米长的林荫大道，以自然风光为主，两侧是平坦的英式草坪，绿树成行、莺往燕来、鸟语花香、恬静安宁，是闹市中一块不可多得的清幽之处；西段是长约1200米的高级商业区，街道两旁布满了法国和世界各地的大公司、大银行、航空公司、电影院、奢侈品商店、高档饭店、世界一流的服装店、香水店。每年的法国国庆都在这条大街上庆祝。

● 塞纳河La Seine

塞纳河是法国北部大河，全长780公里，是法国境内第二大河，包括支流在内的流域总面积为78 700平方公里，它是欧洲具有历史意义的大河之一。自中世纪初期以来，它就一直是巴黎之河，巴黎是在该河一些主要渡口上建立起来的，河流与城市的相互依存关系是紧密而不可分离的。

塞纳河的两岸，都种植着繁茂的梧桐树，从船上看过去，蓊蓊郁郁。树林的后面，就是庄严的建筑群。河北岸（右岸）的大小皇宫，河南岸（左岸）的拉丁区，河西面的埃菲尔铁塔，还有位于河东段西岱岛上的巴黎圣母院等，都以富有鲜明个性的建筑形态，展现出了它们所共有的华美风格。在游船的一个转弯处，好似半岛的地形上，还矗立着一座举着火炬的自由女神像，造型与美国纽约的那座一模一样，纽约的那座就是当时法国民众送给美国民众的礼物，但巴黎的这座比纽约的那座矮小许多。塞纳河上共有36座桥，每座桥的造型都很有特点，其中最壮观最金碧辉煌的是亚历山大三世桥。巴黎最古老的桥有三座：玛力桥、王桥和新桥，这三座桥都是17世纪前修建的，新桥建于1606年，是巴黎塞纳河上最古老的桥。

● 协和广场Place de la Concorde

巴黎协和广场位于巴黎市中心、塞纳河北岸，香榭丽舍大街东端，是法国最著名的广场和世界上最美丽的广场之一。站在广场的中心放眼宽广的香榭丽舍大街，您可以一眼望到路尽头的凯旋门，还可看到左右两边著名的国民议会大厦波旁宫和马德莱娜教堂。

广场始建于1757年，是根据著名建筑师卡布里埃尔的设计而建造的。因广场中心曾塑有路易十五骑像，1763年曾命名为“路易十五广场”，大革命时期又被改名为“革命广场”，1795年又将其改称为“协和广场”，后经名建筑师希托弗主持整修，最终于1840年形成了现在的规模。广场呈八角形，中央矗立着埃及方尖碑，是埃及总督赠送给查理五世的，在广场的四面八方分别矗立着代表19世纪法国最大的八个城市的雕像，协和广场上还有两个场景宏大的喷泉，以及一些装饰华丽的纪念碑。

说起“协和广场”这个名字，有着一段并不和谐，甚至是血腥的历史。协和广场一直像个上演真实历史剧目的大舞台，过去，人们曾来这里观看大革命的恐怖屠杀。现在，人们来这里则是为了感受历史发展，体味都市变迁。

● 凡尔赛宫Château de Versailles

凡尔赛宫位于巴黎西南部，17世纪由路易十四下令修建。宫殿西面是一座风格独特的法兰西式大花园，风景秀丽，其中轴线长达3公里，大小道路都是笔直的，被称为“跑马者的花园”。凡尔赛宫及其园林堪称法国古建筑的杰出代表，其宫殿外观宏伟壮观，内部陈设及装潢也富有艺术魅力，200多间大殿小厅金碧辉煌，豪华非常，墙面多由五彩大理石镶制，或用锦缎裱糊，宫室里吊着各种巨型水晶灯，晶莹璀璨，主要宫殿的墙壁和天花板上布满壁画和天顶画，题材主要是神话故事和国王战绩。自1682年法王路易十四宣布将法兰西宫廷从巴黎迁往凡尔赛开始，直至1789年路易十六被法国大革命中的巴黎民众挟至巴黎城内，后被推上断头台斩首，凡尔赛宫作为法兰西宫廷长达107年。1833年凡尔赛宫被作为国家历史博物馆，1980年被列入世界文化和自然遗产名录。

● 枫丹白露宫Fontainebleau

枫丹白露宫及其花园，位于巴黎东南部、塞纳河左岸的枫丹白露镇，距巴黎约60公里，修建于1137年，是法国国王居住、野餐和狩猎的行宫，也是法国最大的王宫之一。"枫丹白露（fontainebleau）"由"fontaine belle eau"演变而来，"fontaine belle eau"的法文原意为"美丽的泉水"，当地泉水清冽，风景优美，气候宜人，枫丹白露宫就坐落在170平方公里的森林内。枫丹白露宫中有一座中国馆，里面陈列着中国明清时期的绘画、金玉首饰、牙雕、玉雕等上千件艺术珍品，在西方博物馆中，收藏和展览圆明园珍宝最多最好的就是枫丹白露宫。

● 巴士底狱遗址（Place de la Bastille）

位于巴黎市区东部、塞纳河右岸，这里曾是公元1369—1382年建立的一座军事堡垒。"巴士底"一词的法文原意是"城堡"，建成初期是军事城堡，目的是在百年战争期间防御英国人的进攻。14世纪末被改为王家监狱，专门关押政治犯，巴士底要塞便成了法国专制王朝的象征，也就有了后来"巴士底狱"的名字。1789年7月14日，它被反对法国王室专制的奋起反抗的巴黎市民所摧毁，在其旧址上建成了巴士底广场，广场中心建起一座纪念七月革命的烈士碑。1880年6月，法国将7月14日巴黎人民攻占巴士底狱这一天定为法国国庆日。

巴士底狱占地面积约2670平方米，有8座高约100英尺的塔楼，塔楼间由高24米宽3米的城墙相连，城墙上还配有15门重炮，城堡四周被一道宽26米深8米的壕沟所围，只有一个吊桥与外界连接。

二、外省

人们常说巴黎不能代表整个法国，除去欣赏巴黎大区（Grand Paris）的旖旎风光之外，还可以去领略一下法国其他地方的别样风情。

1. 里昂Lyon

里昂是法国继巴黎之后第二大都市区和经济文化中心，位于法国的东南部，是座历史悠久的古老城市，1998年被联合国教科文组织列为世界人文遗产城市。里昂旧城的中心布满了中世纪的建筑和教堂，这就使它获得了"拥有一颗粉红心脏"之城的美称。

里昂主要名胜古迹：

● 白莱果广场Place Bellecour

里昂的城市中心是一度被称为皇家广场的巨型白莱果广场，这里曾是19世纪中期里昂纺织工人暴动的重要舞台，一座高大威武的路易十四骑马雕像是广场上最重要的点缀。白莱果广场的地面全部由红土铺成，这个色调同里昂旧城建筑的红屋顶及其他温暖的色调极为和谐。广场周围是19世纪初建造的四五层楼房，花店、咖啡座、餐馆林立，是市民的最佳休憩场所。

● 老城区 Vieux Lyon

里昂老城的旧街区保存着许多15到17世纪的古色苍然旧宅居，橙红色调鲜艳醒目。沿着狭窄的街巷信步走去，几百年前的建筑物和这一带凝重的空气混合起来，令人感受到浓厚的古老气氛，仿佛置身于中世纪。许多哥特式、文艺复兴式及古典式的房屋彼此相连，使人感到时代变迁下里昂久远的历史传统。

● 圣让首席大教堂 Primatiale St-Jean

徘徊旧街区，在索恩河畔可以看到斑驳古老的圣让首席大教堂，这座教堂并不算特别宏伟，但却以资格老、地位高著称，它已有近千年历史，兼具罗曼和哥特式风格。据说，里昂大主教享有首席大主教的地位，因而他的座堂冠以首席大教堂的名称。这里曾目睹过教皇约翰二十二世加冕的典礼，也曾欢庆过法王亨利四世与王后玛丽·德·美第奇的盛大婚典。

● 富尔山圣母院 Basilique Notre-Dame

大教堂西边的富尔山丘上耸立着一座被视为里昂标志的圣母院，可利用登山缆车或沿陡峭斜坡步行上山。教堂建于19世纪，外观由拜占庭和中世纪风格融合而成，以大理石装饰，玻璃闪耀着五彩斑斓的花纹，内有精美的镶嵌画和壁画。右边相连的圣母礼拜堂塔顶上的玛丽亚塑像在阳光下金光闪闪。站在教堂左侧的平台上可俯瞰里昂景色，一望无际的红瓦屋顶，恰似一片红云。

● 高卢—罗马文化博物馆 Musée de la Civilisation gallo-romaine

圣母院南边不远，便是高卢—罗马文化博物馆，它依山势而建，极富创造力，设计充满巧思，入口处设在五楼，每经一朝代，便下一层楼。一路蜿蜒下来，便走过了历史的长河。镇馆之宝是1528年发现的克劳狄青铜板，上面铭刻着公元48年罗马皇帝克劳狄一世在元老院的演说，其他艺术品有战车车轮、青铜海神塑像等。从博物馆的窗户望出去是两座罗马露天剧场，这种借景手法使人恍如置身于罗马时代，两千年前的里昂即以这一大一小两座剧场为中心，周围有城墙围绕，是一座山丘上的都市，气吞山河的凯撒大帝就是以这里作为征服高卢的基地。

2. 马赛 Marseille

马赛是法国最大的海港，城市人口123万，该市三面被石灰岩山丘所环抱，景色秀丽，气候宜人。马赛东南濒地中海，水深港阔，无急流险滩，万吨级轮可畅通无阻；西部有罗讷河及平坦河谷与北欧联系，地理位置得天独厚。马赛港由马赛、拉韦拉、福斯和罗纳圣路易四大港区组成，年货运量1亿吨，为法国对外贸易最大门户。马赛也是法国的一个重要工业中心，船舶维护工业相当发达，能修理世界上最大的船只——80万吨级的油轮。

马赛几乎可以说是法国历史最悠久的城市，它始建于公元前6世纪，公元前1世纪并入罗马版图，后衰落几近绝迹，10世纪再度兴起。1832年马赛港口吞吐量已仅次于英国伦敦和利物浦，成为当时世界第三大港。1792年法国大革命期间，马赛人高唱《莱茵河战歌》进军巴黎，激昂的歌声鼓舞着人们为自由而战，这首歌后来成为法国国歌，被称为《马赛曲》。第二次世界大战期间，聚集在港内的法国军舰拒绝向纳粹德国屈服，全部壮烈自沉，马赛又一次震撼了世界。

建于全城高地上的查理中央车站是一座同时附有地铁的现代化车站，人们从中央车站可以眺望整个马赛城市全貌，高地正面48米高山丘上的白色教堂是加德圣母院，塔顶有高10米的守护神像，这里是马赛著名的朝圣地。高地近处是停泊着游艇和船只的旧港，远处是漂浮着伊福岛的地中海，从旧港码头至伊夫岛有游船，岛上矗立着法国名作家大仲马在他的小说《基度山伯爵》里曾着力描写的伊夫古堡（Château d'If）。从旧港延伸出去的大街叫卡努比埃尔大街，沿着这条街朝与旧港反方向看，便会看到建有美术馆等设施的一片葱绿中的隆夏宫（Palais Longchamp）。

走下车站宽阔的大理石台阶，继续朝雅典大街（bd.d'Athènes）步行5分钟，便来到伽农比尔大街。如果是圣诞节前，在这条大街的左边会摆出一些可爱的圣诞玩偶（以五彩黏土塑成的基督诞生像），向右拐沿着商店林立的大街走下去，便是旧港，空气中飘浮着潮水的香气。

3. 法国蓝色海岸地区（Côte d'Azur）

法国蓝色海岸地区是指法国滨海阿尔卑斯省（les Alpes-Maritimes）和摩纳哥（Monaco）王国的总称，位于法国东南部的边境地带，毗邻意大利，得天独厚的地理位置使这个地区呈现出了两种截然不同的地貌特征，海洋与山脉共存，景致独特，是世界上最具魅力的沿地中海风景地带。这里的气候宜人，一年之中阳光普照的日子超过三百天，是没有淡旺季之分的旅游胜地。白雪覆盖的阿尔卑斯山峰与婀娜多姿、蜿蜒曲折的地中海海岸线遥相呼应，形成了蓝天、雪山、碧海的独特美妙景观，法国地中海式的文化元素更是这里吸引游人的另一大亮点。

线路上的主要城市：

- 尼斯Nice

尼斯是法国第五大城市和第二大旅游胜地。尼斯狂欢节被称为世界三大狂欢节之一，每年二三月份，这里会举行近三周的狂欢活动，包括花车游行、放烟火、化装舞会等。

- 戛纳Cannes

依偎在青山脚下和地中海之滨的小城戛纳，白色的楼房与蓝色的大海及排排高大翠绿的棕榈树构成一派绚丽的南国风光。每年这里的戛纳电影节是全世界电影界的一大盛事。

- 马赛Marseille

南方重镇马赛气候宜人，景色秀丽，城市内有很多教堂和博物馆。

- 格拉斯Grasse

“香水之都”格拉斯是一年四季盛开着蔷薇、合欢草等香料花草的城镇，许多顶级香水大师都是在这里诞生的。

- 在尼斯与戛纳之间坐落着众多像滨海卡涅、圣保罗·德旺斯、比奥特、瓦洛里斯这样的小村镇。那里的美景及特有的风光吸引了众多的艺术家，像毕加索、雷诺阿、马蒂斯都曾经在这个蔚蓝海岸地区生活过，优美的自然景观触发了他们的灵感，在此创作了许多不朽的名作。

4. 普罗旺斯Provence——薰衣草园

普罗旺斯是法国东南部的一个地区，被划入普罗旺斯－阿尔卑斯－蓝色海岸大区。普罗旺斯毗邻地中海，和意大利接壤。普罗旺斯是欧洲的“骑士之城”，自古就以靓丽的阳光和蔚蓝的天空，迷人的地中海和心醉的薰衣草令世人惊艳。普罗旺斯境内有艾克斯（Aix-en-Provence）、马赛等名城，并出产优质葡萄酒。此地区物产丰饶、阳光明媚、风景优美，从古希腊、古罗马时代起就吸引着无数游人。

被世人称为世界十大结婚旅行圣地之首的普罗旺斯是世界闻名的薰衣草故乡、旅游胜地，是中世纪重要文学体裁骑士抒情诗的发源地。从年初2月的柠檬节到7、8月的艺术节，从歌剧节到薰衣草节，四时呼应着山城无拘无束的岁月。这股自由的色彩蛊惑着艺术家创作的灵感，塞尚、梵高、莫奈、毕加索、夏卡尔等人均在普罗旺斯展开艺术生命的新阶段。蔚蓝海岸的享乐主义风气，也吸引了美国作家费兹杰罗、英国作家劳伦斯、法国作家赫胥黎等人前来朝圣。当然，还囊括了将普罗旺斯介绍给世人、推向巅峰的英国人彼得·梅尔和他的《山居岁月》，在梅尔的笔下“普罗旺斯”已不再是一个单纯的地域名称，更代表了一种简单无忧、轻松慵懒的生活方式。

普罗旺斯最迷人的便是薰衣草庄园，一年四季都有不同的景观。欣赏薰衣草的最佳时节是5~10月，初夏时节一头扎进薰衣草节，与普罗旺斯的男女老少在紫色香草中围圈跳舞，或者到千泉之乡艾克斯做个SPA，好好宠爱自己。普罗旺斯的美食更加不能错过，好好地啜一口葡萄酒，尝一口鲜味芝士，你会明白，为什么那么多人愿意留在普罗旺斯！

复习与思考题：

1. “蓝色海岸”的地理位置在哪里？
2. 您要去法国，首先参观的是什么？为什么？
3. 卢浮宫“三宝”是什么？
4. 简述法国凯旋门的由来。
5. 介绍一下本文中没有提及的法国名胜古迹。
6. 协和广场有着一段并不和谐，甚至是血腥的历史，请举例说明这段历史。

Leçon huit

Fêtes françaises

Quelle est la fête la plus importante en France?

C'est Noël.

法国最重要的节日是什么?

是圣诞节。

Bonne fête!

节日快乐!

Joyeux Noël!

圣诞节快乐!

Quelles sont les autres fêtes principales en France?

法国有哪些重要节日?

Le Nouvel An est une des grandes fêtes dans une année. Tout le monde espère que l'année suivante sera meilleure que l'année précédente.

新年是一年中最盛大的节日之一。所有人都祝愿一年比一年好。

Bonne année!

新年快乐!

Pâques est la plus importante fête chrétienne.

复活节是基督教中最重要的节日。

Aujourd'hui, c'est la fête de la Saint-Valentin. Le jour de la Saint-Valentin est considéré dans de nombreux pays comme la fête des amoureux et de l'amitié.

今天是情人节。情人节被世界上许多国家看做是用来庆祝爱情与友情的节日。

Comment passez-vous la fête de la Saint-Valentin?

Les amoureux s'offrent des cadeaux comme des roses ou des chocolats.

你们怎么过情人节?

情人们互送玫瑰花或巧克力。

Qu'est-ce qu'on fait pendant la Fête nationale?

Le 14 juillet, on organise un défilé des troupes sur les Champs-Élysées de Paris. Partout en France, il y a des bals, on danse toute la journée et toute la nuit et il y a de beaux feux d'artifice.

国庆节期间有什么活动吗?

7月14日，巴黎的香榭丽舍大街举行阅兵式。无论白天和晚上，法国到处都是舞会，人们尽情跳舞，还有美丽的烟火。

Quelle est la fête la plus importante en Chine?

La Fête du printemps est la fête la plus importante en Chine. La Fête du printemps est une réunion familiale.

中国最重要的节日是什么?

在中国春节是最重要的节日。春节是家人团聚的日子。

Vocabulaire（词汇）

fête n.f. 节日

Noël n.m. 圣诞节

autre adj. 其他的

année n.f. 年，年度

suivante，e adj. 接下来的,下一个的

précédent，e adj. 前一个的

jour n.m. 天，日

considérer v.t. 认为，看作

amoureux，se n. 情人，情侣

s'offrir v.pr. 互赠

organiser. v.t. 组织，安排

troupe n.f. 群，队

important adj. 重要的，重大的

joyeux，se adj. 快乐的，愉快的

principal，e，-aux adj. 主要的

espérer v.t. 希望

meilleur，e adj. 更好的

chrétien，ne adj. 基督教的

nombreux，se adj. 许多的

amitié n.f. 友情，友谊

passer v.t. 度过

cadeau n.m. 礼物

défilé n.m. 游行队伍

bal n.m. 舞会

danser v.t. 跳舞
nuit n.f. 夜间，黑夜
réunion n.f. 团聚，会议
journée n.f. 白天
feux d'artifice 烟火

Notes（注释）

I. 形容词的比较级和最高级：法语形容词有比较等级，即比较级和最高级。

1. 比较级

构成：较高：plus

同等：aussi + adj.（形容词）que + 比较的第二成分

较低：moins

Il est plus grand que vous. 他比您高。

Il est aussi grand que vous. 他和您一样高。

Il est moins grand que vous. 他没有您高。

注：有时可以把比较的第二成分拿掉，如：

Elle est plus jeune. 她更年轻。

C'est plus rapide. 这更快。

2. 最高级

构成：

表示最高意义：le（la，les）+ plus + adj.（形容词）+ de + 比较的范围

表示最低意义：le（la，les）+ moins + adj.（形容词）+ de + 比较的范围

Il est le plus grand de notre classe. 他在班级里个子最高。

Il est le plus petit de notre classe. 他在班级里个子最矮。

Il est le plus jeune de notre classe. 他在班级里最年轻。

Quelle est la fête la plus importante en France? 法国最重要的节日是什么？

Ⅱ. 介词dans，à，en，sur，sauf，en，pendant的用法

1. dans：在……里，在……内；在……中

Je suis dans la classe. 我在教室里。

Il y a quatre saisons dans une année. 一年有四个季节。

2. à：在……，到……，向……

Je travaille à l'Université du Liaoning. 我在辽宁大学工作。

Je vais à l'école. 我去学校。

3. en：在……时候；在……方面；在……

En été, il fait chaud. 夏天天气很热。

Il va en France. 他去法国。

4. sur：在……上面

Il y a un livre sur la table. 桌子上有一本书。

Le 14 juillet donne lieu à un défilé des troupes sur les Champs-Élysées de Paris.

7月14日，巴黎的香榭丽舍大街举行阅兵式。

5. sauf：除了，除……之外

Nous allons à Beijing sauf mon grand-père. 除了爷爷，我们都去北京。

Je vais à l'école tous les jours sauf le dimanche.

除了星期天，我每天都去学校。

6. en：在，用

Je vais en France. 我去法国。

J'y vais en avion. 我坐飞机去。

7. pendant：在……期间

Qu'est-ce qu'on fait pendant la Fête nationale? 国庆节期间有什么活动吗?

Qu'est-ce que vous faites pendant les vacances? 假期你们干什么?

Ⅲ. 动词s'offrir的直陈式现在时变位

s'offrir（互赠）

je m'offre	nous nous offrons
tu t'offres	vous vous offrez
il s'offre	ils s'offrent
elle s'offre	elles s'offrent

法国主要节日

法国有很多节日，可以分为宗教节日与非宗教节日两大类。这些节日中有11个法定假日，分别是国庆节、圣诞节、元旦、“五一”劳动节、万圣节、圣灵降临节、复活节、耶稣升天节、圣母升天节以及一战停战日和二战停战日。如果假日当天是星期二或星期四，那么这一天可以“搭桥”连上星期一或星期五与双休日连休。

1. 元旦（Nouvel An）：**1月1日**

1月1日是元旦，是新年的第一天。从12月31日除夕起开始，人们吃着团圆饭，喝着香槟酒，载歌载舞，狂欢痛饮。法国人认为除夕时家中的酒如没有喝尽，来年必有厄运，所以豪饮是法国新年的特色之一，酩酊大醉过新年直到1月3日才终止。

对法国人来说，新年与圣诞节不同，新年的“不眠夜”是留给友情的。这一晚，全巴黎最热闹的地方当数著名的香榭丽舍大街。从装饰一新的凯旋门到灯火辉煌的协和广场，整条大道奇灯异彩，令人目不暇接。来自整个大巴黎地区、整个法国甚至是世界各地的人们，特别是年轻人，成群结伙地从四面八方汇集到一起，在音乐、舞蹈、欢乐中等待新年钟声的敲响，所有相识或陌生的人都会相互道一声新年快乐。

除了巴黎的香榭丽舍、埃菲尔铁塔等著名场所，全法国的公共场所，不仅饭店、酒吧高朋满座，各种大小商铺也一样通宵营业。各种类型的大小舞会也是深受年轻人欢迎的娱乐活动，依照惯例，这样的舞会对女孩子一律是免费的。上了年纪的法国人，不会冒着法国冬夜的寒气去凑热闹，他们更倾向于在家中，或是在街头巷尾熟络的酒吧餐馆里，与三五知交好友推杯换盏，情到浓处，腾出场地，一样也能翩然起舞。

2. 三王来朝节（Fête des Rois ou Fête de l'Epiphane）：**1月6日**

1月6日是三王来朝节。这一天，家人和朋友在一起分享国王饼（Galette des rois），为新的一年祈祷。分国王饼时很有气氛，每家每户按人数分，还留出一份，是要送给第一个上门乞讨的人。另外，人们在饼里面放一颗蚕豆，吃到蚕豆的人就成为这一天的国王或王后，所以大家在吃国王饼时都显得很兴奋，期盼着幸运降临在自己头上，一方面可以过把当国王的瘾，另一方面也预示着在新的一年里好事连成。

圣经上记载耶稣基督诞生时，三位国王追随着星光上路，这颗星星指引他们一直到了伯利恒。在一个马厩里找到刚出生的耶稣和他的母亲圣母玛利亚，他们称耶稣为“犹太人的新国王”，三王跪在了耶稣面前以示尊敬。为了纪念这三位圣者，1801年，天主教会决定每年1月6日为三王来朝节。

3. 圣蜡节（Chandeleur）：2月2日

圣蜡节是法国的宗教节日，也是饕餮者的节日，法国人称其为宗教及美食的双重节日，法国人每年通过这个节日来表达对未来生活的憧憬与希望。每年2月2日，法国的母亲们为孩子煎出薄薄的、像太阳一样金光灿灿的鸡蛋饼（crêpe）。当她们抖动煎锅（poêle），将饼抛向空中时，孩子们都瞪大了眼睛，恨不得那饼直接掉到自己嘴里。据说，如果在煎饼时手里握着一枚钱，这一年你就会财运亨通。

2月2日是圣诞节的传统结束的日子，人们在这一天将象征耶稣诞生处的马槽搬走。根据宗教礼拜仪式，圣蜡节是圣母玛利亚行洁净礼，也是带初生耶稣到主堂瞻礼（la purification de la Vierge Marie）的节日。

4. 圣瓦伦丁节（Saint-Valentin）：2月14日

2月14日是圣瓦伦丁节，是情人的节日，有些国家称为情人节。在法国，按照传统男士要送花给女士，情侣们在这一天相互传递表达爱意的柔情蜜语，交换礼物以见证爱情。这一天，也是情侣们带心上人去寻觅一个天堂般城市或有着神话般美妙地带的绝佳机会。

传说公元3世纪，罗马帝国皇帝克劳迪乌斯二世在首都罗马宣布废弃所有的婚姻承诺，当时是出于战争的考虑，使更多无所牵挂的男人可以走上争战的疆场。一名叫瓦伦丁的神父没有遵照这个旨意，继续为相爱的年轻人举行教堂婚礼。事情被告发后，瓦伦丁神父先是被鞭打，然后被石头掷打，最后在公元270年2月14日这天被送上了绞架。14世纪以后，人们开始纪念这个日子。现在，中文译为“情人节”的这个日子，在西方国家里就被称为Valentine’s Day，用以纪念那位为情人做主而牺牲的神父。

5. 狂欢节或嘉年华（Carnaval）：2月或3月

狂欢节开始于封斋前的星期二，法国人把这个日期称为Mardi Gras，Mardi意为星期二，Gras意为肥胖的，连起来的意思就是肥胖的星期二，这是个宗教节日。这天过后就是四旬斋（carême），为了在斋月前好好放松一下，所以有了这个传统节日（在2月或3月视年份而定）。第二天便是行圣灰礼仪的星期三（jeûne du Mercredi des Cendres），即封斋期的第一天，也就是复活节前40天，过去在这40天期间人们不吃肉类，但现在已演变成一个歌舞升平、尽情狂欢的日子。

全世界各地有着花样繁多的嘉年华会，并成为很多城市的标志。但各地庆祝节日的日期并不相同，一般来说大部分国家都在2月中下旬举行庆祝活动，有的地方甚至持续一个多月。各国的嘉年华会都颇具特色，但总的来说，都是以毫无节制的纵酒饮乐著称。在世界的许多城市，都有狂欢游行，人们穿着华丽的装扮，戴着面具尽情跳舞，所以也叫狂欢节。

世界三大狂欢节：巴西里约热内卢狂欢节，2月中旬或下旬开始持续3天；法国尼斯狂欢节，四旬斋的前一天开始持续2周；意大利威尼斯狂欢节，四旬斋的前一天开始持续2周；其中最负盛名的要数巴西的狂欢节。

6. 圣母领报节（Annonciation）：3月25日

亦称“圣母领报瞻礼或天使报喜、受胎告知”，基督教节日之一。

在基督教中，天使向圣母玛利亚告知她将受圣灵感孕而生下圣子即耶稣。基督教中规定3月25日为圣母领报节，即耶稣降生（12月25日）之前九个月。不过因为历法不同，东正教及其他东方教会中这一日子相当于公历4月6日或7日。

7. 复活节（Pâques）：3月22日至4月25日之间的某一天

复活节是来自天主教纪念耶稣复活的节日。

因为古犹太人采用阴历，每年的复活节是在春分（3月21日）后的月圆后的第一个星期日，若月圆当天刚好是星期日，复活节则推迟至下一个星期日。因此，复活节在阳历中可能是3月22日至4月25日之间的某一天，学生们在复活节时要放假两周。在法国及意大利，复活节前三天教堂不鸣钟，直到复活节当天才鸣钟以提醒人们耶稣的重生。根据习俗，复活节前夕，小朋友们会给鸡蛋着色打扮，装满家中的复活节篮子。这些蛋有的是煮熟的水煮蛋，有的则只是空空的蛋壳。今天在法国，传统的鸡蛋做成的复活蛋早已被巧克力蛋取代。

在复活节期间，天主教徒要去做礼拜，其他人则只是以吃巧克力的方式庆祝。伴随着从罗马传回的钟声，孩子们会收到用巧克力或糖制的复活节彩蛋、钟、鱼、雏鸡。复活节羔羊肉、复活节面包是这一天的传统菜肴，另外，四旬斋中被禁食的奶油、乳酪及火腿也都是复活节大餐中最常见的食物。

8. 愚人节（1er avril）：4月1日

愚人节（Poisson d'avril）是西方社会民间传统节日，4月1日，习惯上这一天人们可以随意编造谎言，随意欺骗他人。当人上当受骗的时候，捉弄他的人会大声叫："四月之鱼（Poisson d'avril）"，意为"四月傻瓜"或"上钩的鱼"。

普遍认为愚人节起源于法国。1564年，法国国王查理九世决定采用新改革的纪年法——格里高利历（即目前通用的阳历），以1月1日为一年的开始，改变了过去以4月1日为新年的开端，但一些守旧派反对这种改革，依然按照旧的历法在4月1日这天互送新年礼物，互祝新年快乐。主张改革的人对守旧派的这些做法大加嘲弄，在4月1日给他们送假礼物，邀请他们参加假的聚会。从此，4月1日当天捉弄人的风俗便流传开来。

9. 五一国际劳动节（Fête du Travail）：5月1日

5月1日是国际劳动节，是所有法国人的假日。这天，全国放假一天，所有大、中、小学以及银行、邮局、各大商店、商场等全部停业，全国各工会都要在这天举行大规模的游行。

国际劳动节又称"五一国际劳动节"、"国际示威游行日"，是世界上大多数国家的劳动节，定在每年的五月一日，它是全世界劳动人民共同拥有的节日。1889年7月，由恩格斯领导的第二国际在巴黎举行代表大会。会议通过决议，规定1890年5月1日国际劳动者举行游行，并决定把5月1日这一天定为国际劳动节。

10. 耶稣升天节（Ascension）：5月1日和6月4日之间

又叫"耶稣升天瞻礼"或"主升天节"，这个节日大多是在星期四，是基督教纪念耶稣"升天"的节日，法国人放假一天。

《新约圣经》记载，耶稣于复活后第四十天升天。复活节后第40日（5月1日和6月4日之间）耶稣升天，此传说起源于耶路撒冷教会，约4世纪时开始举行"耶稣升天瞻礼"或"主升天节"。由于历法不同，东正教和其他东方教会仍沿用旧历，节期迟于公历13、14天。

11. 圣灵降临节（Pentecôte）：复活节后第七个星期日

亦译"圣神降临瞻礼"，基督教重大节日之一。教会规定每年复活节后第50日为"圣灵降临节"，又称"五旬节"，即复活节后第七个星期日，该节法国放假两天。

圣灵降临节，复活节后第五十天，即耶稣升天后的第十天，使徒们正聚集于耶路撒冷，圣灵突然从天而降，落在各人身上，于是众使徒力量大增，同别人广传福音，那天，约有二十人信了耶稣。因此，圣灵降临节就是初期基督教会诞生之日，十分重要。使徒们以后遂勇赴各地宣扬耶稣救人的福音，教会最后遂得以扩展至全世界。

12. 第二次世界大战休战纪念日（Victoire 1945 ou Victoire de la Seconde guerre mondiale）

每年5月8日为纪念第二次世界大战停战的假日，在法国的城市和乡村，全民放假一天，政治人物和老兵会在纪念碑前献花。

1945年5月8日，德国无条件投降仪式在柏林近郊的卡尔斯霍尔斯特举行。德军最高统帅部代表凯特尔等3人代表德国正式签署德军无条件投降书，投降书从1945年5月9日零时开始生效，第二次世界大战的欧洲反法西斯战争胜利结束。

13. 母亲节（Fête des Mères）：5月最后一个周日

5月的最后一个星期日是法国的母亲节。孩子们在学校为母亲准备礼物，父亲们则在商店购买较贵重的礼物。

从5月初开始，巴黎的大街小巷就弥漫着浓浓的母亲节气氛。服装店、首饰店、糕点店纷纷推出了母亲节产品；报纸、杂志用大篇幅介绍新颖的母亲节礼物；不少网站举办母亲节诗歌比赛，让子女把对母亲的爱表达出来。送给妈妈的礼物五花八门，有的送妈妈喜欢的首饰，有的送传统的鲜花加巧克力，有的则为父母报了旅行团外出游玩。法国人的母亲节像是一个为全家人举行的生日会，节日这天，出门在外的年轻人回到家中，给他们的母亲带上一些小礼物。妈妈们都怀着喜悦的心情接受孩子们“节日愉快”的美好祝愿，全家人聚在一起享用晚餐，餐毕端出一个为母亲而做的母亲节蛋糕。

母亲节在法国由来已久，1806年，拿破仑决定设立母亲节。1918年6月16日，里昂举行了第一次真正意义上的母亲节庆祝活动。法国首次庆祝母亲节是在1928年，当时的法国总统为此颁布了一项法令，确立母亲节是国家的正式节日。1950年5月24日，当时的法兰西第四共和国总统樊尚·奥里奥尔签署的法案生效，“母亲节”正式成为一个节日。

14. 父亲节（Fête des Pères）：6月第三个周日

父亲节的创立比母亲节稍晚，在6月的第三个星期日，人们送礼物给爸爸。在法国，妈妈往往是家庭的中心，可能由于这个原因，父亲节不如母亲节那么流行。但是建立父亲节的想法很得人心，所以商人和制造商开始看到商机，他们不仅鼓励做儿女的给父亲寄贺卡，而且鼓动他们买领带、袜子之类的小礼品送给父亲，以表达对父亲的敬重。

世界上的第一个父亲节，1910年诞生在美国，父亲节创始人是布鲁斯·多德夫人。

15. 音乐节（Fête de la Musique）：6月21日

6月21日的音乐节是1982年才设立的新节日，其发起者是法国当时的文化部长杰克·朗。每到这一天，所有专业、非专业的音乐人或团体走上街头，向公众免费展示自己的音乐艺术。每逢这天，只要在法国，无论大城小镇，大街小巷，都能见到人们自发组成的乐队在尽情高歌，主要以业余的音乐爱好者和年轻的学生为主。法国音乐节素有“全球唯一一个跨越国界、语言和文字障碍的节日”之称，是一种每个人都可以参加的群众性的活动，这一天无论是职业的音乐人还是非职业的音乐爱好者都可以在街上演出，而且你还可以有幸见到你喜欢的音乐家、著名的歌星、音乐界名人，他们都将在音乐节上免费为人们演唱。这一天，从下午5点开始，地铁全部免票，郊区火车票或全免费或半价。

16. 国庆节（Fête Nationale）：7月14日

7月14日为法国的国庆节，7月14日这天，全国放假一天。节日前夕，家家户户都挂起彩旗，所有建筑物和公共场所都饰以彩灯和花环，街头路口架起一座座饰有红、白、蓝三色布帷的露天舞台，管弦乐队在台上演奏着民间流行乐曲，每个城市都会在大街上和公共场所举办舞会。13、14日晚上，狂欢的人群纷纷拥向街头，脖子上围着红、白、蓝三色彩带，随着音乐跳起欢快的卡马尼奥舞及其他民间舞蹈。为庆祝国庆节，国家或市政府还要组织官方的游行、阅兵活动，最为壮观的要属在香榭丽舍大街上举行的、共和国总统和其他政治要人参与的游行和大规模的阅兵仪式。

1789年7月14日，巴黎人民攻占了象征封建统治的巴士底狱，推翻了君主政权。为了纪念巴黎人民英勇攻占巴士底狱的伟大功绩，法国把7月14日作为自己的国庆节，1880年，7月14日被正式确立为法国的国庆日。法国人每年都要隆重纪念这个象征自由和革命的日子，这一天的夜晚成为欢乐的海洋，法国的标志埃菲尔铁塔为火树银花所映衬。

17. 圣母升天节（Assomption）：8月15日

圣母升天节是天主教、东正教节日之一，又称圣母升天瞻礼、圣母安息节。

在天主教、东正教的教义中，耶稣的母亲玛利亚结束在世的生命之后，灵、体一齐被接进天堂，天主教于公历8月15日举行，东正教于公历8月27日或28日举行。这是关于圣母玛利亚最古老、神圣的节日，一般放假一天。

18. 万圣节或诸圣节（Toussaint）：11月1日

11月1日是万圣节，亦称“诸圣瞻礼节”，基督教节日之一，全国放假一天。法国的民间习俗是在这一天怀念已故的亲人，相当于中国的清明节。法国人传统的万圣节，是一个缅怀逝去的人的纪念日，大家通常会去教堂做弥撒，然后带着菊花去墓地为逝去的亲人或朋友献上菊花，扫墓、祈祷，所以法国的万圣节更有清明节的味道。

19. 停战节（Armistice de la guerre 1914—1918）：11月11日

11月11日是第一次世界大战结束纪念日。这一天与5月8日（二战结束纪念日）都是官方节日。在法国，历史非常受重视，人们有很多机会和节日来回忆国家的过去，无论是那些不可再犯的错误还是那些令法国人引以为荣的辉煌，这两个纪念日对那些曾参战的老兵尤其重要。在每个城市，都有像7月14日那样的正式游行活动，学校和办公室都放假，大街上挂满了法国国旗。

1918年11月11日，德国政府代表埃尔茨贝格尔同协约国联军总司令福煦在法国东北部贡比涅森林的雷东德车站签署停战协定，德国投降。

20. 圣卡特琳娜节（Sainte Catherine）：11月25日

圣卡特琳娜节沿袭自巴黎成衣制作业的一个风俗，当姑娘们迎来自己25岁生日的时候，要亲手为自己制作一顶黄、绿相间的帽子，之后，这些年轻的单身姑娘们就要带着这顶精心缝制的帽子在11月25日这天款款行走于巴黎的时尚街区，以此来告之路人自己的芳龄，并期待着与有缘人的相遇。这就是闻名的“圣卡特琳娜节”（Sainte Catherine）——女裁缝的春日。

21. 圣诞节（Noël）：12月25日

圣诞节是法国最为重大的宗教节日之一。节日前夕，亲朋好友之间要互相寄赠圣诞贺卡，以表节日的祝贺和问候。如同中国的春节一样，法国的圣诞节是个阖家团聚的日子，节日前，身在异地的人们纷纷赶回家里过节。要说圣诞节最为快乐的，还是孩子们。12月24日晚上11点左右，天真的孩子们满怀希望地将新袜子放到壁炉前，等待着“圣诞老人”将礼物放到袜子里或是圣诞树下。

圣诞前夜（12月24日），人们准备年夜饭，即圣诞节大餐。人们吃鹅肝、牡蛎、火鸡和树根蛋糕（圣诞节蛋糕）。大多数法国人24日和25日不上班，学生有两周的假期。天主教徒12月24日会去教堂做午夜弥撒，在圣诞节期间，街道和房屋都被闪亮的圣诞树装饰着，许多家庭都会摆设一个马槽，因为它代表耶稣的诞生。在巴黎，香榭丽舍大街灯火辉煌。许多商家也借圣诞之际推出各种促销手段，如：为方便民众购买圣诞礼物，圣诞节前连续营业几个通宵等。

相传，“圣父”上帝之子耶稣生于12月25日，基督教徒为了纪念这位“圣子”的诞生，将这一天定为圣诞节。

22. 圣·西尔维斯特节（Sainte Sylvestre）：12月31日

12月31日晚，人们呼朋引伴，吃一顿和圣诞聚餐差不多的大餐，一般是在家里或饭店里跟朋友一起吃，午夜12时，人们在一起跳舞、喝香槟、互相拥抱，共祝新年到来，互致新年祝福。

只限于在教堂内举行的一些节日：

主显节，1月6日；

圣灰礼仪节，3月初的第一个星期三；

四旬节，3月初的第一个星期日；

圣枝主日，复活节前7日；

圣三节，圣灵降临节后7天；

圣体瞻礼，圣灵降临节后第二个星期四。

复习与思考题：

1. 简述圣诞节来历。
2. 法国人眼中元旦和圣诞节的区别是什么？
3. 法国人怎样过三王来朝节？
4. 法国国庆节是几月几日？为什么法国人把这个日期定为国庆节？
5. 情人节又名什么？简述一下情人节的来历。
6. 复活节的来历是什么？
7. 法国有哪些法定假日？

Leçon neuf

Cuisine française

La cuisine française est très connue dans le monde.

法国菜肴闻名世界。

Pourriez-vous me présenter quelques plats délicieux?

Les plats traditionnels sont le foie gras, les huîtres, les escargots, etc.

您能给我介绍几种法国的美味吗?

传统的法式菜肴有鹅肝，牡蛎，蜗牛等。

Quelles sont les spécialités de votre restaurant?

Ce sont les cuisses de grenouilles et les escargots.

你们饭店的特色菜是什么?

是青蛙腿和蜗牛。

Je voudrais une assiette de cuisses de grenouilles et un bifteck.

我要一盘青蛙腿和一份牛排。

Les pains et gâteaux français sont aussi très connus.

法国的面包和蛋糕也同样闻名于世。

J'aime bien les croissants.

我喜欢羊角面包。

On dit qu'il y a plus de 365 sortes de fromages en France. Je veux goûter un peu de tout.

据说法国有365种以上的奶酪。我真想把每个都尝一尝。

Que voulez-vous boire?

Je veux du vin rouge.

您喝点什么?

我要红葡萄酒。

Voulez-vous choisir sur la carte ou prendre un menu?

您是要单点还是吃套餐?

Qu'est-ce que vous avez comme plat du jour?

你们饭店今日的特色菜是什么?

Comme dessert，je voudrais prendre un gâteau.

我要一份蛋糕作为饭后甜点。

Vous voulez boire du café ou du thé?

Je veux un café.

您想喝咖啡还是茶?

我要一杯咖啡。

Bon appétit!

祝大家胃口好!

L'addition，s'il vous plaît.

麻烦您，结账!

Vocabulaire（词汇）

cuisine n.f. 烹饪，饮食，厨房

plat n.m. 菜肴

huître n.f. 牡蛎，生蚝

spécialité n.f. 特色菜

grenouille n.f. 蛙，田鸡

croissant n.m. 羊角面包

tout pron. 一切，全部

vouloir v.t. 想要，愿意

choisir v.t. 选择

menu n.m. 套餐

dessert n.m. 餐后甜食

présenter v.t. 介绍

foie n.m. 肝

escargot n.m. 蜗牛

cuisse n.f. 大腿，股

gâteau，-x n.m. 蛋糕

fromage n.m. 奶酪

goûter v.t. 品尝

boire v.t. 喝

carte n.f. 单点菜单

vin rouge n.m. 红葡萄酒

appétit n.m. 食欲，胃口

addition n.f. 加法，增加，账单

数词：

21. vingt et un（une）
22. vingt-deux
30. trente
40. quarante
50. cinquante
60. soixante
70. soixante-dix
71. soixante et onze
72. soixante-douze
80. quatre-vingts
81. quatre-vingt-un（une）
90. quatre-vingt-dix
91. quatre-vingt-onze
100. cent

Notes（注释）

I. 部分冠词

部分冠词和不定冠词相同，用来表示它所限定的名词是泛指的。两者的区别：不定冠词用在可数名词前，部分冠词用在不可数或抽象名词前，表示部分概念，即“一点”、“一些”。

1. 用在不可数名词前

Je fais du sport. 我做体育运动。

Il prend de la bière. 他喝啤酒。

2. 用在抽象名词前

Je vous conseille d’avoir de la patience. 我建议您要有耐心。

Il a du courage. 他很有勇气。

Ⅱ. 宾语从句

直接及物动词后可以接一个宾语从句，一般用连词que引导，例如：

On dit que le jogging est très bon pour la santé. 人们说慢跑有益于身体健康。

Il me dit que ce n’est pas grave. 他跟我说没关系。

Il écrit qu’il viendra ce soir. 他来信说今晚来。

On dit qu'il y a plus de 365 sortes de fromages en France. 据说法国有365种以上的奶酪。

Ⅲ. 动词vouloir，boire，manger的直陈式现在时变位

vouloir（想要，愿意）

je veux	nous voulons
tu veux	vous voulez
il veut	ils veulent
elle veut	elles veulent

boire（喝）

je bois	nous buvons
tu bois	vous buvez
il boit	ils boivent
elle boit	elles boivent

manger（吃）

je mange	nous mangeons
tu manges	vous mangez
il mange	ils mangent
elle mange	elles mangent

法国饮食

闻名世界的法国料理，以精致豪华的高尚品味，风靡全球食客的胃。法国人认为美食不仅是一种享受，更是一种艺术。法国菜被喻为最能表现厨师内涵的料理，法国主厨的地位等同于艺术家的地位，每一道菜对厨师而言都是一项艺术创作，致力追求高度的创作表现与艺术境界是每个厨师的目标。

一、法式料理

1. 法式大餐源远流长

法国饮食文化非常悠久，法国的美食史可追溯至古罗马帝国时期。公元前一世纪，著名的古罗马美食家阿比修斯（Apicius）已创出栗子酿榛睡鼠、紫罗兰蜜糖果酱等新颖食品。

17世纪自比“太阳”的法王路易十四在宫廷里掀起了一股“金光四射”的奢华宴会之风，并把这股风气吹遍了整个法国大地，法国的饮食外交开始闻名于世，在“太阳王”的宴会鼎盛时期，餐桌上一次可上200道菜，整个宴会时间可持续四到八个小时。

法国大革命后随着宫廷厨师流落市井，宫廷料理开始在民间生根。

随着法国名厨被欧洲各国宫廷罗致，以及在1972年崛起的新煮食法（nouvelle cuisine）备受全球欢迎，法国菜的王者地位更见屹立不动。

2. 法式大餐的食材

法国料理十分重视“食材”的取用，次等食材做不出好菜是法国料理界的至理名言，因此“到什么地方吃什么菜、什么时令吃什么菜”十分重要！肉食可谓品种繁多，有大家熟知的蜗牛、青蛙腿、马肉，加上一般传统肉类如牛肉、羊肉、鸡肉等；海鲜更不在话下，有生蚝，龙虾，螯虾，蜘蛛蟹及各种海贝；鱼类主要为海鱼，吃熏大马哈鱼则为圣诞节传统之一。会打猎的人还讲究吃山鹬，浑身都是肉，肉质极鲜。另外还包括鸡蛋、各种肝、肠子等等。

法国料理的精华在酱汁（Sauce），因为对食材的讲究，法国人使用酱汁佐料时，以不破坏食材原味为前提，好的酱汁可提升食物本身的风味、口感，因此如何调配出最佳的酱汁，就全看厨师的功力了！

3. 烹调方法

法餐中肉类的做法大多为炖、烤和煎。总的来说，他们没有“炒”这个概念，有也只是煮的前奏。所以法餐可提前做好，不像中餐为了保持鲜嫩，总要在最后关头下厨操勺。他们用的佐料基本上都是一些“草”，常用的有小葱、百里香、香芹、月桂等。正如中餐佐料不止有酱油醋，法餐中也有五花八门的各类调料，如黄油、牛奶、奶油、鸡蛋等，也能配成各式各样的口味，就看他如何选配及操作了。法餐中最有代表性的吃法为煎牛排，分三种状态，第一为半生不熟，仅煎几秒钟便上桌，切开后仍血淋淋的，有人为此大快朵颐，中国人却望而生畏，第二种为带血状，比前者多煎十几秒，第三种为基本熟状，吃时完全视各人口味选其需要的状态。

法国人吃的青菜品种绝没有中国的多，且大部分都是生吃的蔬菜沙拉。他们对蔬菜的做法同中餐正好相反，没有中间状态，不是生吃就是煮得烂烂的。生吃的有各种生菜、甜红萝卜、西红柿和黄瓜等。煮得烂烂的有菠菜泥或闷煮各种菜，连扁豆都煮得软软的。

4. 法国人喜爱的食品

法国人一向以善于吃并精于吃而闻名，法式大餐至今仍名列世界西菜之首。

法国比较具有特色的食品有：最名贵的菜是鹅肝；最爱吃的菜是青蛙腿、炖鸡、蜗牛又称法式田螺；主食主要是面包，具有法国特色的面包有羊角面包和棍状面包，最喜欢的是奶酪；家常菜是煎牛排外加炸土豆。

此外，法国人还是世界饮酒冠军，尤其爱喝葡萄酒，还喜欢喝牛奶、红茶等，正餐时也爱饮清汤。法国人喜欢到咖啡店喝咖啡，甜点喜欢吃冰淇淋、布丁、巧克力等。法国人十分喜爱水果和各种新鲜蔬菜。

二、法国人的饮食习惯

1. 法国人的三餐

法国早餐（Petit-déjeuner）大约在7点到9点之间，早餐以甜食为主，包括一份热饮（咖啡、奶茶或巧克力奶）和面包片（面包片上可以涂黄油、果酱、蜂蜜或各种酱）。

法国午餐（Déjeuner）在正午到14点之间，人们由于工作离居住地较远等原因常常不在家吃，有人用简单的三明治（Sandwich）解决，也有人把午餐当做比较重要的正餐，午餐依然保留了传统的结构。

法国晚餐（Dîner）是一天中最正式的正餐，就餐时间大概是晚上20点，很多上班族会在下班后先去咖啡馆小坐一会儿。对许多家庭来说，晚餐是全家人聚在一起交流和增进感情的机会。

2. 法国人的进餐顺序

在法国，节日餐和日常餐一样，都是由几道固定的菜品构成，其中只有主菜是必不可少的，其他则根据各人的胃口、时间、讲究程度而省略或由其他的菜品来代替。

全套西餐上菜顺序为：开胃酒（apéritif）；冷盘（hors d'œuvre）；第一道正

菜又称头盘、前菜（entrée）；主菜（plat principal）；奶酪（fromage）；餐后点心（dessert）；咖啡（café）。

若是去餐厅吃饭，没有必要全部都点，点太多却吃不完反而失礼。前菜、主菜（鱼或肉择其一）、甜点是最恰当的组合。点菜并不是由前菜开始点，而是先选一样最想吃的主菜再选其他。

习惯上，餐前要喝一杯开胃酒（apéritif），开胃酒以酒精浓度较高的酒为主，同时吃点小咸饼干、一口酥、吐司或点心，目的是让胃适应一下。开胃酒后全体上席，第一道菜通常是冷拼、热菜拼或海鲜，用一只中浅盘子，如第一道菜为汤（soupe），就得用深盘子加大汤勺。随之而来的主菜用大浅盘盛装，至少包括两个热菜，一荤一素，有时会有米饭或面条，但属于配菜。法国人的主食永远是法式面包。用餐过程中，如果吃肉要配干红葡萄酒（vin rouge）；吃鱼虾一类的海味，要喝干白葡萄酒（vin blanc）；几道主菜期间可能会上助消化酒（digestif）。热菜之后是奶酪或加一道拌生菜，换上一小浅盘，然后就是饭后甜食加咖啡或茶。餐后有些人还喜欢喝一点干邑白兰地（cognac）一类的烈性酒或为了重大庆典而喝的香槟酒（champagne）。

三、法国著名食物

法国食品在西方饮食中地位崇高，除了色香味外，还兼顾到口感、进食时气氛营造等容易为人忽略却又非常重要的细节。法国人对菜肴的要求如此严谨，使每道法国菜都有如一件艺术品。

1. 法国传统食品

（1）面包

法国现在拥有81种地方面包，这还不算核桃、葡萄等这一类特色面包，但面包市场仍然被传统发酵的圆形大面包以及法棍（占购买量的80%）所占领。在法国，买面包要自行携带盛器，因为面包露出，很少有带包装的。

法国主要的面包种类有：棍子面包（baguette）、乡村普通面包（pain de campagne）、圆形面包（boule）、花式面包（batard）、黑麦面包（pain de seigle）、面包心（pain de mie）、麸皮面包（pain complet）、鲜奶油面包（pain en moule）、小茅屋面包（brioche）、阿尔萨斯面包（seigle d'Alsace）、奥地利式面包（pain viennois）、牛角面包（croissant）等。

(2) 奶酪

品种繁多的奶酪是法国人生活中必不可少的食品。法国乳品企业2005年生产了180万吨奶酪，也就是每分钟生产出3.5吨奶酪！据说奶酪是200多年前，由一个牧师发明的，法国现在已有400多个奶酪品种，被称为奶酪之乡。奶酪根据制作过程不同分为鲜奶酪、花皮软质奶酪、水洗皮软质奶酪、绿纹奶酪、山羊奶酪、硬质未熟奶酪、硬质成熟奶酪、融化奶酪等，法国是一个生产优质奶酪的国家。

法国销售最好的奶酪是埃芒达尔（l'Emmental）、山羊奶酪（le chèvre）和法国的招牌奶酪——卡芒贝尔（le Camember de Normandie）。布利干酪（le Brie），它和著名的卡芒贝尔一样是用牛奶制成的花皮软奶酪，布利的历史可以上溯到公元八世纪查理大帝时代，是最古老的软牛奶奶酪。

(3) 葡萄酒

法国是拥有拉丁文化传承的国家，葡萄酒是其文化不可分割的组成部分。法国是世界上葡萄酒生产历史最悠久的国家之一，不仅葡萄种植园面积广大，葡萄酒产量大，消费量大，而且葡萄酒质量在世界上公认是第一的，法国凭借其葡萄酒的制作方法在国际上获得了"葡萄酒之国"的美誉。

2. 法国各地菜品

一个国家能以餐酒雄霸全球，食物自然不会单调。法国面积不大，农产品却非常丰富，不同的地区，食物也各具特色。

巴黎大区

法兰西岛地区是全法国的中心，超过9000家食肆林立于巴黎，所以几乎全法国所有地区的特色菜肴都汇集于此。

● 蜗牛

闻名四海的法国蜗牛，有几十种吃法。据说法国人每年要吃掉三亿多只蜗牛，由于生产数量有限，它的价格也逐步上升，但有时还是供不应求。

● 鹅肝

巴黎人爱吃的另一种食品就是鹅肝。它的吃法也有很多种，还可以做成鹅肝酱，是极好的佐餐佳品。法国是世界上最大的鹅肝酱生产国和消耗国，据不完全统计，法国人每年大约要吃掉两千多吨鹅肝。鹅肝价格不菲，质量好的，要卖到每公斤一百多欧元。

勃艮第（Bourgogne）

在这个重要的产酒区，以酒入肴非常普遍，有名的菜式包括红酒烩鸡、红酒烩牛肉、红酒煮蛋等等。此外，举世知名的法国蜗牛和夏洛莱牛肉同样发源于勃艮地，连法国人都称这里为“美食荟萃之地”。

普罗旺斯（Provence）

普罗旺斯位于法国东南部，毗邻地中海和意大利。这里既有地中海的海产，长年普照的阳光又有利于西红柿、蒜、橄榄和香料的生长。名菜有用橄榄油烹制的西红柿洋葱杂菜煲，以西红柿、吞拿鱼、黑橄榄、鳀鱼作材料的沙拉，马赛海鲜清汤，蒜头鳀鱼酱等。

罗讷—阿尔卑斯—里昂（Rhône - Alpes - Lyon）

以美食闻名的里昂是品尝正宗里昂菜的好地方，不论是三星级餐厅的佳肴，或是口味浓郁的地方料理家常菜。当地丰富的农产品将本来卓越的烹饪高手推向更高层次，如知名的里昂式内脏肠，伯黑斯鸡，墨冯山区的干火腿、香肠。

诺曼底（Normandie）

海岸线长达480公里的诺曼底在烹调上使用了不少的海鲜，咸水沼泽上所养的小羊因肉质略咸而独具风味。内地所生产的牛奶可制成牛油、乳酪以及鲜牛油。此地盛产苹果，酿成了著名的苹果白兰地。

代表美食：卡芒贝尔软奶酪、生蚝、苹果倒塔、卡恩式烧牛杂、海鲜盘、烤鲑鱼淋奶油白酱汁、忌廉烩鸡。

阿尔萨斯—洛林地区（Alsace - Lorraine）

阿尔萨斯以及洛林地区有啤酒酿制传统，洛林烹调常用啤酒，阿尔萨斯地区较常用白葡萄酒入菜。洛林地区有著名的法国咸派，阿尔萨斯地区受到日耳曼式饮食文化影响，当地人饮食习惯更偏向于德国式，料理以猪肉为重心，食品味道较浓，与其他法国菜大相径庭，名菜有酸菜什锦熏肉、白酒什锦锅。另外由于甜品啤酒花和菊苣耕种于这一地区，二者皆可作为蔬菜食用。蛋糕派饼也很普遍，特别是奶油圆蛋糕，一种用葡萄干、红醋栗的杏仁奶油味冠形蛋糕，有时还以樱桃酒浸过。此外，法国最具盛名的鹅肝酱也是产自阿尔萨斯。

代表美食：圣杰曼汤、奶油软面包、土豆沙拉、蛋白杏仁甜饼、玛德莲蛋糕、肉酱派饼、咸蛋培根、阿尔萨斯塔、炭火煨牛肉。

四、法国人外出就餐

1. 咖啡馆

法国的咖啡文化源远流长，绝非吃喝消遣般简单。一杯咖啡配上一个下午的阳光和时间，这是典型的法式咖啡风范，重要的不是味道而是那种散淡的态度和做派。法国人喝咖啡讲究的是环境和情调，在路边的小咖啡桌旁看书、写作，高谈阔论，消磨光阴。

法国尤其是首都巴黎的咖啡馆，当它们通过法国时代文学巨匠与艺术大师的作用而发展成为一种文化之后，便在历史潮流的推波助澜下，呈现出多元的文化色彩。白色的桌子、蓝色的咖啡杯、随风飘扬的遮阳棚、忙碌的服务生"Garçon"（不过现在这种称呼已经过时，现在都说"Monsieur"），当然还有悠闲的风琴，这些都是法国咖啡馆的特色所在。曾经是现实主义者聚集的场所，而今已非常著名的位于日耳曼广场的"Aux deux Magots"、"Flore"，以及萨特经常去的位于蒙帕纳斯的"Rotonde"都是值得一去的咖啡馆。

● 进入咖啡馆

法国咖啡馆因位子不同，同样的咖啡价格亦不同。一般的咖啡馆，分为吧台Comptoir、室内座Salle、露天座terrasse。吧台的价格最便宜，且不收服务费。吧台与室内座、室内座与露天座之间，大约相差1至3欧元左右。

● 咖啡馆内的饮品

咖啡有很多种，一欧至十几欧，最便宜而又最具法国风味的咖啡，是express或者petit café noir，这类咖啡不是很稀，盛在小咖啡杯中，味苦且很浓，大杯装叫做"Un double express"或"Un grand café noir"。牛奶咖啡（café au lait或café crème）并非放入牛奶的咖啡，而是让牛奶在蒸汽中加温起泡之后，加入浓缩咖啡中调制而成。法国的卡布奇诺（cappuccino）是指在牛奶咖啡里撒上肉桂粉后调制而成的咖啡。

咖啡馆中其他饮料：红茶thé（什么也不加的thé nature、加入柠檬的thé citron、加入牛奶的thé au lait），天气寒冷时能够温暖全身的甜甜的热可可chocolat。

在咖啡馆喝点酒也很浪漫。啤酒bière有瓶装或杯装，杯装啤酒有：半品脱（Un demi），四分之一量（Un quart de bière）。咖啡馆也有葡萄酒：375毫升（Une demi-bouteille de vin），285毫升（Un quart de vin），杯装葡萄酒

(Un petit verre de vin)。天气寒冷的时候，来一杯以蒸汽加温之后，加入柠檬和蜂蜜的红葡萄酒（vin chaud）也不错。作为餐前酒有kir（白葡萄酒中加入卡西斯果汁）、kir-royal（以香槟代替白葡萄酒）及茴香味的Ricard、Martini。除此而外，在有些特色的咖啡馆中，还有以茴香酒和其他酒调制而成的鸡尾酒Perroquet、红色甘甜的茴香酒加果汁饮料Tomato等。

咖啡馆内还有其他饮料，比如果汁：有橘子汁jus d'orange、苹果汁jus de pomme和一种叫做pressé的榨汁。在pressé中有柠檬citron pressé、桔子orange pressée等，送来时会附一壶水和砂糖，以便顾客自己稀释饮用。其他比较受欢迎的饮料有可乐（Coca或Pepsi）、Gini碳酸饮料、diabolo menthe薄荷苏打水、苏打水menthe à l'eau、Orangina橘子苏打水。矿泉水l'eau minérale以及加碳酸的Perrier和无碳酸的Vittel较为普遍。

- 咖啡馆内的餐食

咖啡馆里也可以吃到一些简单的饭菜：法国的火腿三明治sandwich-jambon、干酪三明治sandwich-fromage、夹火腿和干酪的三明治croque monsieur、加荷包蛋的三明治croque madame。另外一种叫做quiche的夹着干酪和火腿的小面包也很好，还有一种摊鸡蛋omelette可与面包一起吃。最适合作早餐的是羊角面包croissant或者黄油吐司tartine beurrée。羊角面包不是盛在桌上的竹筐里，就是由服务生送来，以吃的个数计费。

2. 餐馆

法国是美食的国度，也特别讲究餐桌礼仪，如外出去餐馆进餐，在高级餐厅里就餐有一种特别隆重的仪式感，而在街边的小饭店、咖啡馆里，气氛就要悠闲得多。

法国大部分餐馆在12点至15点和19点至23点两个时段营业，15点至19点餐馆一般不接待客人，但在一些小食品店和三明治店里白天随时都能找到食物，火车站附近的餐馆有时会开到凌晨。

在餐馆用餐，一般会先送上一篮面包，这是免费的，相当于中国餐厅送的开胃小菜。所谓的“法国大餐”其实分量很少，胃口大的人就靠这些面包填饱肚子了。点餐的菜单分为两种，一种为套餐菜单（Menu），标注头盘、主菜、甜点合计费用，三道菜都可以在3~5种选择中各选取一种，更简单的套餐菜单只包括头盘加主菜或主菜加甜点两道；一种为单点菜单（Carte），很明确，所有东西都要单点，费用自然比套餐的费用高，不过选择余地却大得多。酒水不是必须要点，可以向服务员要清水（eau courante），矿泉水是收费的，而清水是免费的。另外，就餐后顾客会习惯性留在桌上1~2欧元甚至更多的小费，除非特定的感谢，顾客一般不会声明单独将小费留给某位服务员。餐馆里一天收到的全部小费，会在当天晚上打烊时由除老板外的所有工作人员均分。

正式的餐厅菜式精致、价格昂贵、环境奢华。最负盛名的餐厅是由顶尖美食家选出的顶尖餐厅，如“米其林三星”餐厅，午餐套餐100欧元左右，晚餐200~300欧元，酒水另算。正式餐厅原则上要求客人着正装，但也不必过于隆重。男士穿西装、打领带就可以，女士的要求更为宽松。高级餐厅的菜单往往非常简单，每一道菜有3~5种选择就算很多了。如果客人为一男一女，很可能递给女士的菜单上是没有标价的。

复习与思考题：

1. 法国人喜爱的食品是什么？
2. 法式大餐为何可以在世界名餐中经久不衰？
3. 如何看待法式餐桌礼仪？
4. 中餐、法餐之间的区别是什么？
5. 谈谈法国咖啡馆的历史。
6. 介绍一些世界其他地区的特色菜肴。

Leçon dix

Vins français

Il y a beaucoup de sortes de vin en France.
法国有多种葡萄酒。

En France，il y a dix grandes régions de production du vin.
法国有十大葡萄酒产区。

Bordeaux est la plus grande région de production du vin.
波尔多是最大的葡萄酒产区。

Pourriez-vous nous conseiller quelques bons vins?
您能给我们建议一些不错的葡萄酒吗?

Est-ce que je pourrais voir la carte des vins?
Oui，la voilà.
我可以看看酒单吗?
好的，给您。

Comment trouvez-vous ce vin?
C'est un grand vin.
您觉得这种葡萄酒怎么样?
这是名酒。

Le vin de Bordeaux est très connu.
波尔多葡萄酒很知名。

Je veux un verre de vin rouge.
我要一杯红葡萄酒。

Les Français boivent du vin rouge avec de la viande.
法国人吃肉时喝红葡萄酒。
Je voudrais un verre de vin blanc avec du poisson.
我要一杯白葡萄酒和鱼肉。
Je vais vous servir tout de suite.
我马上来为您服务。
Si on prend un verre de vin chaque jour, c'est bon pour la santé.
每天喝一杯葡萄酒对身体有好处。
Si vous buvez trop, c'est nuisible à la santé.
如果喝酒过量，会伤身体。
Ce vin ne monte pas à la tête.
这酒不上头。
La tête me tourne.
我头晕。
J'ai trop bu, je me sens mal.
我喝太多了，感觉很难受。
Il est ivre.
他醉了。

Vocabulaire（词汇）

région n.f. 地区
conseiller v.t. 建议
connu, e adj. 闻名的
avec prép. 和，跟
blanc, che adj. 白色的
tout de suite loc. 立刻，马上
nuisible adj. 有害的
tourner v.i. 转动，转弯
ivre adj. 酒醉的
trop adv. 过于，过多地
production n.f. 生产，产品，作品
trouver v.t. 找到，认为
viande n.f. 肉
poisson n.m. 鱼，鱼肉
servir v.t. 服务，为……服务
santé n.f. 健康
monter à la tête（酒）上头
se sentir v.pr. 感觉
mal adv. 坏

Notes（注释）

I. 条件式

条件式是表示可能、不真实或想象的语式。条件式有两个时态：现在时和过去时。

条件式现在时：

1. 构成：用直陈式简单将来时的词根加下列词尾构成：-ais，-ais，-ait，-ions，iez，-aient。没有例外。

travailler（工作）

je travaillerais	nous travaillerions
tu travaillerais	vous travailleriez
il travaillerait	ils travailleraient
elle travaillerait	elles travailleraient

être（是，在）

je serais	nous serions
tu serais	vous seriez
il serait	ils seraient
elle serait	elles seraient

2. 用法

（1）条件式现在时表示现在不可能实现的动作或将来可能实现的动作。从句谓语用直陈式未完成过去时，主句谓语用条件式现在时。

Si j'étais toi，j'achèterais cette maison. 如果我是你，我就买这栋房子。

S'il faisait beau demain, nous irions au parc. 如果明天天气好，我们就去公园。

（2）条件式用于独立句中，表示可能、也许或表示语气婉转。

Il viendrait chez moi ce soir. 今晚他可能来我家。

Je voudrais acheter cette caméra. 我想买这台摄像机。

Pourriez-vous nous conseiller quelques bons vins? 您能给我们推荐一些不错

的葡萄酒吗?

II. 条件句

构成:

从句　　　　　　　　　　主句

si + 直陈式现在时　　直陈式现在时（或直陈式简单将来时）

Si vous voulez, vous pouvez venir avec moi ce samedi.

如果您愿意的话，这周六您可以和我一起来。

S'il fait beau cet après-midi, nous allons au parc.

如果今天下午天气好，我们就去公园。

Si vous buvez trop, c'est nuisible à la santé. 如果喝酒过量，会伤身体。

*条件式和条件句的区别：表示的条件实现的可能性很大，就用条件句；表示的条件不可能实现或实现的可能性不大，就用条件式。

Ⅲ. 动词servir的直陈式现在时变位

servir（服务）

je sers	nous servons
tu sers	vous servez
il sert	ils servent
elle sert	elles servent

法国葡萄酒

法国是世界上葡萄酒生产历史最悠久的国家之一，不仅葡萄种植园面积广大，葡萄酒产量大，消费量大，而且葡萄酒质量在世界上是公认的第一名。

一、法国葡萄酒概况

1. 葡萄酒的历史

考古学家考证，人类在10 000年前的新石器时代就开始了葡萄酒的酿造。通常认为，葡萄酒起源于公元前6000年的古波斯，那时就有了葡萄的种植和葡萄酒的酿造。葡萄酒的演进、发展和西方文明的发展紧密相衔。

古希腊人喜欢葡萄酒，其中荷马史诗中多次提到过葡萄酒。古罗马人喜欢葡萄酒，古罗马帝国的军队征服欧洲大陆的同时也推广了葡萄的种植和葡萄酒的酿造。公元1世纪时，古罗马帝国征服高卢（今法国），法国葡萄酒就此起源。最初的葡萄种植在法国南部罗讷河谷地区，2世纪时到达波尔多地区。

20世纪开始，农耕技术发展，葡萄的培育和酿制过程逐渐科学化。法国同时通过广泛的立法鼓励制造信用好、品质佳的葡萄酒。今天，葡萄酒在法国及全世界气候温和的地区都有生产，并且有数量可观的不同葡萄酒类可供消费者选择。

2. 葡萄酒小常识

葡萄酒是用新鲜的葡萄果汁，经过发酵酿制而成，它的基本成分有单宁、酒精、糖分、酒酸等。

（1）单宁TANNIN

又称为单宁酸，它是葡萄酒中所含有的二种酚化合物其中的一种物质，尤其在红葡萄酒中含量较多，有益于心脏血管疾病的预防。葡萄酒入口后口腔感觉干涩，口腔黏膜会有褶皱感，那便是单宁在起作用。单宁含量决定葡萄酒是否经久耐藏：单宁丰富的红酒可以存放数年，并且逐渐酝酿出香醇细致的陈年风味；单宁低的要尽快喝掉，通常不超过3~5年。

（2）葡萄酒酒精度

通常，葡萄酒的酒精度介于7度至16.2度之间，因为酒精度一旦超过了16.2度，酵母就停止活动了。酒精度最高的葡萄酒产自法国南罗讷河谷地区。

（3）葡萄酒的酿造

流程：葡萄采摘 ⟶ 葡萄挤压 ⟶ 榨汁 ⟶ 沉降罐过滤 ⟶ 橡木桶发酵 ⟶ 装瓶。

3. 葡萄种植

决定葡萄酒品质的6大因素：葡萄品种、种植地气候、土壤、湿度、葡萄园管理和酿酒技术。法国的葡萄酒之所以好，是因为法国在上述6大因素上具备天赐优厚的条件。

4. 葡萄酒种类划分

葡萄酒是用新鲜葡萄果实或果汁，经完全或部分酒精发酵酿制而成的饮料。依据酿造方法可大致分为：

（1）平静葡萄酒

摄氏20℃时，不起泡的葡萄酒，它包括红葡萄酒和白葡萄酒。

（2）气泡葡萄酒

采用两次发酵工艺酿制的葡萄酒。我们通常所讲的香槟酒就属于此类。

（3）蒸馏葡萄酒

采用蒸馏酒工艺酿制的葡萄酒，我们通常所讲的干邑XO就属于此类。

5. 葡萄酒与健康

法国人喜欢吃高脂肪食品，如肥鹅肝，但法国人动脉硬化和心血管病的患病率在欧洲国家中最低，这归功于法国葡萄酒。葡萄酒含有多种营养成分：氨基酸、蛋白质、维生素C、B1、B2、B12等。这些营养成分得益于葡萄的天然成分和酿造过程中产生的成分，能起到降低胆固醇，预防动脉硬化和心血管病的作用。

葡萄酒可以帮助消化并促进新陈代谢。吃饭时饮用葡萄酒可以提高胃酸含量，促进人体对食物中钙、镁、锌等矿物质的吸收。葡萄酒所含的酚，具有抗氧化剂的作用，防治退化性疾病，如老化、白内障、免疫障碍和某些癌症。葡萄酒还可以补充人体热量，葡萄酒的热值与牛奶相当，适度饮用，有益健康。此外葡萄酒还有利尿的功用。综合以上所有优势，每天喝3杯为宜。

二、葡萄酒的等级及产区

1. 法国葡萄酒的4大等级

产地命名：法国于1905年8月1日首次建立了旨在保护葡萄酒原产地的产地冠名系统。此后，世界上其他国家也纷纷效仿。

法国法律将法国葡萄酒分为4级：

• 法定产区葡萄酒AOC

级别简称AOC（appellation d'origine contrôlée），法文直译为“原产地控制命名”葡萄酒，是法国葡萄酒最高级别。原产地地区的葡萄品种、种植数量、酿造过程、酒精含量等都要得到专家认证。只能用原产地种植的葡萄酿制，绝对不可和别地葡萄汁勾兑。AOC产量大约占法国葡萄酒总产量的35%。酒瓶标签标示为Appellation + 产区名 + Contrôlée。

• 优良地区餐酒VDQS

级别简称VDQS（Vin Délimité de Qualité Supérieure），是普通地区餐酒向AOC级别过渡所必须经历的级别。如果在VDQS时期酒质表现良好，经专家认证，将会升级为AOC。产量只占法国葡萄酒总产量的2%。酒瓶标签标示为Appellation + 产区名 + Qualité Supérieure。

• 地区餐酒VIN DE PAYS

日常餐酒中最好的酒被升级为地区餐酒。地区餐酒的标签上可以标明产区，可以用标明产区内的葡萄汁勾兑，但仅限于该产区内的葡萄。产量约占法国葡萄酒总产量的15%。酒瓶标签标示为Vin de Pays + 产区名，法国绝大部分的地区餐酒产自南部地中海沿岸。

• 日常餐酒VIN DE TABLE

最低档的葡萄酒，作日常饮用。可以由不同地区的葡萄汁勾兑而成，如果葡萄汁仅限于法国各产区，可称法国日常餐酒，不得用欧共体外国家的葡萄汁，产量约占法国葡萄酒总产量的38%。

2. 波尔多产区

波尔多（Bordeaux），法国西南部阿基坦大区（Aquitaine）和纪龙德省（Gironde）首府所在地，法国西南部重要的港口城市，位于加龙河（Rhône）下游，距大西洋98公里。波尔多处于典型的地中海型气候区，夏季炎热干燥，冬季温和多雨，有着最适合葡萄生长的气候，常年阳光的眷顾让波尔多形成了大片的葡萄庄园，葡萄酒更是享誉全世界。

波尔多是法国最大的AOC葡萄酒产区。同样是波尔多AOC等级的红葡萄酒，在等级上还大有不同，通常是酒标上标称的产区越小，葡萄酒的质量越高，所以酒庄的（Margaret Red）玛格丽红红酒最为名贵。在波尔多纵横十万公顷的葡萄园上，遍布大小酒庄8000多个，出产的葡萄酒各具风格，纵是一街之隔，风味亦截然不同，这也是波尔多红酒令人着迷的原因之一。

波尔多Bordeaux大产区下面可细分为MEDOC次产区、GRAVE次产区等，MEDOC次产区内部又有很多村庄，如MARGAUX村庄，MARGAUX村庄内又包含几个城堡或称酒庄（法文Château），如Château Lascombes。

最低级是大产区名AOC：如Appellation + 波尔多产区 + Controlée

次低级是次产区名AOC：如Appellation + MEDOC次产区 + Controlée

较高级是村庄名AOC：如Appellation + MARGAUX村庄 + Controlée

最高级是酒庄名AOC：如Appellation + Château Lascombes城堡 + Controlée

法国五大顶级酒庄：

Château Lafite-Rothschild（拉菲酒庄）；

Château Haut-Brion（奥比安酒庄）;

Château Latour（拉图酒庄）;

Château Mouton-Rothschild（木桐酒庄）;

Château Margaux（玛歌酒庄）。

3. 法国葡萄酒10大产区

（1）波尔多产区Bordeaux

法定波尔多葡萄酒（A.O.C.），之上还有优级波尔多（Bordeaux Supérieurs）。

在波尔多，最有名的葡萄酒产区有梅铎克（Medoc）、格雷夫（Graves）、苏玳（Sauternes）、圣达米利翁（St.Emillon）、波慕罗（Pomerol）五大产区。

（2）勃艮第产区Bourgogne

法定勃艮第产区葡萄酒（A.O.C.），最好的三十个庄园被列为特级葡萄园（Grand Cru），只标示庄园的名字就已足够。一级葡萄园（Premier Cru）亦一样，但同时也标示所属村庄的名字。

（3）香槟产区Champagne

只有在法国香槟产区被命名为香槟产区葡萄酒（A.O.C.）的才可称为香槟（Champagne），最好的十七个村庄被列为特级葡萄园（Grand Cru），仅次的四十个村庄则被列作一级葡萄园（Premier Cru）。

（4）阿尔萨斯产区Alsace

法定阿尔萨斯产区葡萄酒（A.O.C.），最好的五十个庄园被列为特级葡萄园（Grand Cru）。阿尔萨斯的葡萄园多位于莱茵河西岸，孚日山脉的地坡处，风景如画的村庄及令人肃然起敬的大教堂点缀其间，堪称全法国最美丽的葡萄酒乡。

（5）卢瓦尔河谷产区Vallée de la Loire

法定卢瓦尔河谷产区葡萄酒（A.O.C.）；地区餐酒（Vin de Pays）。

卢瓦尔河绵延近650英里，哺育着世界上最长的葡萄栽培区。这里的葡萄园比比皆是，葡萄酒酒香宜人，而富丽堂皇的城堡和庄园更是随处可见。

（6）汝拉和萨瓦产区Jura et Savoir

法定博若莱产区葡萄酒（A.O.C.）。

位于法国东部的汝拉（Jura）和萨瓦（Savoie）两个产区种植面积狭小，产量不大，但因为环境特殊，葡萄酒风格独特，在法国众葡萄酒中独树一帜。

（7）罗讷河谷产区Rhône Vally

法定罗讷河谷产区葡萄酒（A.O.C.）；地区餐酒（Vin de Pays）。

罗讷河谷产区历史悠久，是法国最早的葡萄酒产地，因出产教皇饮用过的葡萄酒而有着辉煌的荣耀。罗讷河谷酒区的葡萄酒在国际上也很著名，经常出现在世界最好的宴会上。

（8）西南产区 Sud-Ouest

法定产区葡萄酒（A.O.C.）；地区餐酒（Vin de Pays）；普通餐酒（Vin de Table）。

西南区内出产的许多葡萄酒带有非常浓厚的地方特色，特别是这里繁多的各式本地品种，让人有如置身在葡萄品种的植物园。

（9）朗格多克—鲁西荣产区 Languedoc-Roussillon

法定朗格多克—鲁西荣产区葡萄酒（A.O.C.）；地区餐酒（Vin de Pays）；日常餐酒（Vin de Table）。

全世界面积最大的葡萄园，全法国有1/3的葡萄园位于此区内，出产全国40%的葡萄酒。

（10）普罗旺斯—科西嘉产区 Provence et Corse

法定普罗旺斯产区葡萄酒（A.O.C.）；地区餐酒（Vin de Pays）；普通餐酒（Vin de Table）。

普罗旺斯酒区以拥有法国最古老的葡萄园著称，这里生产的葡萄酒非常独特，酒体里充满了土壤的印记，而且由于阳光普照酒体中还散发着百里香、月桂、染料木和薰衣草的气息。

法国三大代表性产区：

波尔多产区：调配葡萄酒

勃艮第产区：单一葡萄品种葡萄酒

香槟产区：起泡葡萄酒

三、法国葡萄酒的饮用技巧

1. 法国葡萄酒饮用时的最佳温度

（1）红葡萄酒

室温约18℃左右。一般的红葡萄酒，应该在饮用前1~2小时先开瓶，倒入“醒酒器”内。让酒呼吸一下，名为“醒酒”，即让酒醒来之意。对于比较贵重的红葡萄酒，一般要先冰镇一下，时间约1小时。

（2）白葡萄酒

10至12℃左右。对于酒龄高于5年的白葡萄酒可以再低1~2℃，因此，喝白葡萄酒前应该先把酒冰镇一下，一般在冰箱中要冰2小时左右。

（3）香槟酒（气泡葡萄酒）

8至10℃左右。喝香槟酒前应该先冰镇一下，一般至少冰3小时，因为香槟酒瓶比普通酒瓶厚2倍。

2. 法国葡萄酒与酒杯的搭配

（1）红葡萄酒

郁金香型高脚杯——波尔多型与勃艮第型

郁金香型的理由：杯身容量大，葡萄酒可以自由呼吸，杯口略收窄，酒液晃动时不会溅出来且香味可以集中到杯口。

高脚的理由：持杯时，可以用拇指、食指和中指捏住杯茎，手不会碰到杯身，避免手的温度影响葡萄酒的最佳饮用温度。

（2）白葡萄酒

小号的郁金香型高脚杯

小杯的理由：白葡萄酒饮用时温度要低，白葡萄酒一旦从冷藏的酒瓶中倒入酒杯，其温度会迅速上升。为了保持低温，每次倒入杯中的酒要少，斟酒次数要多。

（3）香槟（气泡葡萄酒）

杯身纤长的直身杯或敞口杯

杯型理由：酒中金黄色的美丽气泡上升过程延长，从杯体下部升腾至杯顶的线条更长，让人欣赏和遐想。

（4）干邑

郁金香球型矮脚杯

矮脚杯型理由：持杯时便于用手心托住杯身，借助人的体温来加速酒的挥发。

3. 法国葡萄酒的品尝

品尝法国葡萄酒有3大步骤：

（1）看酒

最好在白色的背景下看。

从酒杯正上方看，看酒是否清澈。如果浑浊，就不好了。从酒杯正侧方的水平方向看，摇动酒杯，看酒从杯壁均匀流下时的速度。酒越黏稠，速度流得越慢，酒质越好。把酒杯侧斜45度角来观察，此时，酒与杯壁结合部有一层水状体，它越宽则表明酒的酒精度越高。在这个水状体与酒体结合部，能出现不同的颜色，从而显示出酒的酒龄。蓝色和淡紫色：3~5年酒龄。红砖色：5~6年。琥珀色：8~10年。橘红色：说明已经过期了。

（2）闻酒

闻酒前最好先呼吸一口室外的新鲜空气。

把杯子倾斜45度角，鼻尖探入杯内闻酒的原始气味。偏嫩的酒闻起来尚有果味，藏酿有复合的香味。摇动酒杯后，迅速闻酒中释放出的气味，看它和原始气味相比是否稳定。

（3）品酒

喝一小口，在口中打转，如果酒中的单宁含量高，口中会有干涩的感觉，因为单宁有收敛作用，这说明葡萄酒还没有完全成熟。最好是口感酸、甜、苦、咸达到平衡，吐出或咽下酒液后，看口中的留香如何。

4. 法国葡萄酒与西餐的搭配

（1）法国葡萄酒饮用的基本次序

香槟和白葡萄酒可作饭前开胃酒喝，红白葡萄酒佐餐时喝，干邑在饭后配甜点喝。

白葡萄酒先喝，红葡萄酒后喝。

清淡的葡萄酒先喝，口味重的葡萄酒后喝。

年轻的葡萄酒先喝，陈年的葡萄酒后喝。

不甜的葡萄酒先喝，甜味葡萄酒后喝。

（2）法国葡萄酒与餐食搭配的基本原则

红葡萄酒配红肉类食物，包括中餐中加酱油的食物。

白葡萄酒配海鲜及白肉类食物。

5. 法国葡萄酒的贮存

愈陈愈好的观念不适用于葡萄酒，因为葡萄酒有生命周期。葡萄酒装瓶后透过木瓶塞与外界空气交换而不停变化，它的生命周期是浅龄期—发展期—成熟期—高峰期—退化期—垂老期，葡萄酒过了高峰期就无法饮用了。

贮藏时间的长短取决于酒中单宁的含量，单宁多则需要贮藏时间长。法国白葡萄酒不含单宁，所以一般不用贮藏。法国的香槟酒，通常发酵在售卖前已全部完成，所以也没必要放在酒窖存贮。通常贮藏的是红葡萄酒，但在法国红葡萄酒分级中属于日常餐酒和地区餐酒的，也不用贮藏，随时打开都可以喝，只有法定产区餐酒AOC才需要贮藏。

（1）贮藏时间

通常，好酒可以贮藏15~25年，有些可以保存百年以上，其他的一般不超过10年。

（2）贮藏注意事项

要求合适的温度，理论温度12度左右，7°~18°都可以；要求避光，因为紫外线会使酒早熟；避免振动；水平放置，保持软木塞湿润，防止空气进入，葡萄酒氧化；避免过于潮湿，以防细菌滋生。

（3）葡萄酒开启后的保存

开过的酒应该将软木塞塞回，把酒瓶放进冰箱，直立摆放。白葡萄酒开过后可以在冰箱中保存1星期。红葡萄酒通常在开过后可以在冰箱中保存2~3星期。

复习与思考题：

1. 简述法国葡萄酒的等级及产区。
2. 法国葡萄酒分为哪几种？
3. 简述香槟的由来。
4. 法国的葡萄酒为什么闻名于世？
5. 介绍法国葡萄酒文化与中国白酒文化的异同。
6. 分析法国葡萄酒经济现象。

Leçon onze

Différence culturelle

La différence culturelle apporte de nombreux inconvénients.

文化的差异带来很多麻烦。

A quoi doit-on faire attention, quand on parle avec les Français?

和法国人谈话时，应该注意什么呢?

Les Français n'aiment pas qu'on leur demande leurs secrets personnels.

法国人不喜欢问他们的个人隐私。

On ne doit pas demander leur âge, leur salaire et poser de questions sur leur famille, etc.

不应该问他们的年龄、工资收入、家庭状况等。

Surtout on ne doit pas dire aux femmes: «Vous avez grossi.» .

尤其是对女人不要说："您胖了。"。

Il vaut mieux ne pas téléphoner aux amis après dix heures du soir.

晚上十点之后，最好不要打电话给朋友。

Avant le repas, on dit: "Bon appétit!" .

进餐前法国人说："祝您胃口好。"。

Quand on boit du vin, les Français disent: "A votre santé!" .

喝酒时法国人常说："祝您身体健康!"。

Les Chinois disent: "Gan Bei!" .

中国人说："干杯!"。

Les Français aiment boire du vin et les Chinois aiment boire de l'eau de vie.

法国人喜欢喝葡萄酒，中国人喜欢喝白酒。

Les Français aiment prendre de la viande.

法国人喜欢吃肉。

Les Chinois aiment prendre des légumes.

中国人喜欢吃蔬菜。

Les Français n'aiment pas le chiffre 13 ni le vendredi.

法国人不喜欢数字13和星期五。

Les Français aiment appeler leurs amis par leurs prénoms, même si les amis sont très âgés.

法国人喜欢称呼朋友的名字，即使是年龄很大的朋友。

Les Français sont francs, on ne cache pas ses idées.

法国人很直爽，不隐瞒自己的想法。

Quand on rencontre des amis, les Français disent：«Bonjour, ça va? » ou parlent du temps. Mais les Chinois disent：«As-tu mangé? Où vas-tu? ».

法国人见熟人就说："你好，身体怎么样？或谈天气等。而中国人说："你吃饭了吗？你去哪儿?"。

Les Français s'embrassent et se font la bise quand ils rencontrent des amis.

在法国，熟人见面时互相拥抱亲吻。

Les Chinois se serrent la main.

中国人互相握手。

Les Chinois et les Français aiment s'offrir des cadeaux, mais la façon est différente.

法国人、中国人都喜欢送礼，但方式不同。

Vocabulaire（词汇）

différence n.f. 不同，差异

quoi pron. 什么

surtout adv. 尤其

salaire n.m. 工资，工薪

dire v.t. 说，告诉

grossir v.i. 变粗，变胖

inconvénient n.m. 不便，妨碍，麻烦

attention n.f. 注意

secret n.m. 秘密

poser v.t. 提出

femme n.f. 女人，妻子

il vaut mieux ……最好……

repas n.m. 饭，餐

légume n.m. 蔬菜

prénom n.m. 名字

âgé，e adj. 年纪大的

idée n.f. 想法，意见

rencontrer v.t. 遇见，遇到

manger v.t. 吃，吃饭

se serrer la main loc. 握手

eau de vie n.f. 烧酒

chiffre n.m. 数字，数额

même si conj. 即使

cacher v.t. 隐藏

franc，che adj. 坦率的，直率的

temps n.m. 天气，时间

s'embrasser v.pr. 拥抱

façon n.f. 方式，方法

Notes（注释）

I. 泛指代词on

on只有阳性单数，总是作主语，只能指人，意思是"有人"、"某人"、"人们"、"大家"，它后面的动词用第三人称单数。

On ne doit pas demander leur âge. 不应该问他们的年龄。

A quoi doit-on faire attention，quand on parle avec les Français?

和法国人谈话时，应该注意什么呢?

Ⅱ. 连词

用来连接两个或两个以上的成分（词、词组或分句），如：et，mais，parce que等。

Ma mère et moi，nous allons au cinéma. 妈妈和我去看电影。

Changchun n'est pas une très grande ville，mais une ville historique.

长春不是一个很大的城市，但是一个很有历史的城市。

Il n'est pas venu，parce qu'il est malade. 他没来，因为他病了。

Les Français aiment appeler leurs amis par leurs prénoms，même si les amis sont très âgés. 法国人喜欢称呼朋友的名字，即使是年龄很大的朋友。

Ⅲ. 第二组动词grossir的直陈式现在时变位

grossir（变大，变粗，变胖）

je grossis	nous grossissons
tu grossis	vous grossissez
il grossit	ils grossissent
elle grossit	elles grossissent

Ⅳ. 动词dire的直陈式现在时变位

dire（说，告诉）

je dis	nous disons
tu dis	vous dites
il dit	ils disent
elle dit	elles disent

中法民族文化差异

文化具有鲜明的个性，不同的文化之间自然会产生差异，文化的差异意味着不同的价值观与认识方法，文化差异反映到语言上，就成为语言的差异。语言是文化的产物，又是文化的一种表现形式。换言之，文化决定思维、决定语言的表达方式。

随着中国对外开放程度的逐渐深入，法国元素越来越多地走进了我们的视野。跨国域、跨民族、跨文化的经济和社会交往与日俱增，为我们提供了许多与法国人接触和交往的机会，这对于我们加深对法国的理解是一件好事。与此同时，也应注意到由于我们所面对的是来自陌生国家的文化、思维方式、生活习惯、行为方式，在与法国人的交往过程中，双方不可避免地会出现文化冲突。

在中国两千多年的封建社会历史过程中，儒家思想一直占据着根深蒂固的统治地位，对中国社会产生了极其深刻而久远的影响。中国人向来以自我贬低思想作为处世经典，这便是儒家“中庸之道”的基本准则。“中”是儒家追求的理想境界，人生处世要以儒家仁、义、礼、智、信的思想道德观念作为行为指南，接人待物、举止言谈要考虑温、良、恭、俭、让，以谦虚为荣，以虚心为本，反对过分地显露自己表现自我。因此，中国文化体现出群体性的文化特征，这种群体性的文化特征是不允许把个人价值凌驾于群体利益之上的。

法国人价值观的形成至少可追溯到文艺复兴运动时期。文艺复兴的指导思想是人文主义，即以崇尚个人为中心，宣扬个人主义至上，竭力发展自己表现自我。"谦虚"这一概念在法国文化中的价值是忽略不计的，生活中人们崇拜的是"强者"、"英雄"。有本事、有才能的强者得到重用，缺乏自信的弱者只能落伍或被无情地淘汰。因此，法国文化体现出个体文化特征，这种个体性文化特征崇尚个人价值凌驾于群体利益之上。

1. 在隐私方面存在着价值观上的差异

由于社会或文化背景的差异，一个国家的大众话题到了另一个国家就可能成为十分敏感的禁忌，在大众话题这一问题上中、西差异也是十分明显的。

西方人特别注重个人隐私。他们认为个人的事不必让别人知道，更不愿让别人干预。法国人对于诸如年龄、工资收入、婚姻状况、家庭财产等属于个人隐私方面的题目是讳莫如深的，他们的习俗要求人们避开这类话题。而中国人对于这些却十分开放，中国人比较关心他人的生活或工作状况，多问两句是一种关心的表现，以表示对他人的关心和热情。

2. 交流中语境差异下话语意图的理解差异

由于语境不同，双方各自的话语意图和对对方话语的理解都有差异。如果说话的方式不妥，不符合表达习惯，或者说得不合时宜，都会产生很大的误会。

中国人历来就有"尊老敬老"的传统。年轻人见到老人理应帮忙，这是天经地义的道理，而且老年人也非常愉快地接受这种礼节。如在公共汽车上看见老人，年轻人马上让座，老人对此也会表示感谢。但在法国如给老人让座，老人可能会不高兴，并认为你看不起他，说他老了。所以，让座时只需说："请您坐下"，或询问："您是否想要坐下?"。千万不要画蛇添足，说："您年纪大了，请您坐下。"。

中国人爱赞美别人，如有人穿了新衣服肯定说上一句话。如对50岁左右的法国妇女说："你穿这件连衣裙显得很年轻"，说话者希望博得这位中年妇女的欢心，但事与愿违。如果对70岁上了年纪的老妇人说，她准会高兴，但对50岁还算是中年妇女就不合适，因为这样的话语使她感到说话人原来就认为她老了，只是这身打扮才使她显得年轻。

中国的学生尊重老师，因此常对刚下课的老师说："您辛苦了，一定很累了。"这类的话，对老师付出的辛苦表示敬意。中国老师听了觉得学生很懂事，也感到欣慰。但外教听了这样的话往往显得很尴尬，因为他认为教学是一项身心愉快的工作，情不自禁地会怀疑学生低估了他的能力，也认为他的课上得是不是不理想，被上课搞得疲惫不堪而显得力不从心。

3. 饮食习俗的差异

中国人请客重吃，重菜肴丰富多彩，而且待客热情谦虚。吃饭时中国人一而再、再而三地向客人劝酒劝菜，甚至不征求同意就亲自为客人夹菜添酒，以表示主人的好客。但在法国人看来，中国人的这种宴客方式简直就是强迫进食。饭桌上中国人劝酒劝菜的同时，还常常说："没什么好吃的，凑合着吃吧。"或者说："菜不好，饭吃饱。"。中国人在宴客时表现出来的这种热情和谦虚常常令法国人难以应付或感到不可理解。他们对中国人的"没什么好吃的"话很不理解，明明是满桌的美味佳肴，为什么这么说呢?

法国人宴客也热情谦虚，也劝酒劝饭，但只劝一两次就打住了。劝次数多了就有点强加于人，这不符合他们待客的原则。法国人请你吃饭时，会说："请用，你自己想吃什么就吃什么。"，中国人对此也不习惯，觉得主人不够热情，不好意思动筷子。

法国人喝酒很讲究，吃饭前喝开胃酒，而且吃一道菜换一种酒。他们喜欢喝葡萄酒，但根据菜来决定喝红葡萄酒还是白葡萄酒。中国人宴客时主要喝白酒，现在请客时不少人喜欢喝啤酒。但严格来说，啤酒不算正酒。

喝酒时中国人常说："干杯!"，法国人喝酒时说："祝您身体健康！A votre santé!"

法国人喝汤时，不出声，而且不能端装汤的碗或盘直接喝。中国人习惯完全相反，我们喝汤时，可以出声，而且端起汤碗直接喝。

4. 对恭维与赞扬作出的反应不同

根据西方人的习惯，当他们赞扬别人时，总希望别人以道谢或爽快接受的方式作答，否则他们会误解为对方对自己的判断力表示怀疑。法国人以直率为真，对当面的称赞喜形于色；而中国人则比较谦虚、谨慎，即使心里非常高兴，也不会坦然认同或接受对方的赞扬，常用否定，有时甚至以自贬的方式来回答称赞。

有人说："你做菜很好吃。"，中国人回答说："好什么呀，一般吧。"。而法国人的回答是："谢谢，很高兴听到这样的话。"。

对一个法国男士夸他的夫人漂亮，他回答说："谢谢，所以我才和她结婚的。"。而如果对一个中国男士说这样的话，他会回答说："哪里哪里，一点也不漂亮。"。

当面称赞一位法国成年女子容貌漂亮，她会感到很高兴，并说："谢谢。"，而当面称赞中国的成年女子容貌漂亮，她可能羞红了面颊、无言以对，或在心里认为这个人不正经，是否心怀歹意。

当有人赞扬你法语讲得好，事情干得棒，任务完成得出色时，中国人往往不是表示认同，而是说："我的法语还很差。"、"事情还差得很远。"、"依靠大家共同的努力。"。在法国人看来，中国人这是断然拒绝、否定赞扬，或是言不由衷、有失礼貌。而当法国人听到赞扬，便会欣然领受，而且眉飞色舞，洋洋自得。

当别人做了好事，或送了礼物，中国人和法国人都会表示感谢。但在回答方法上却截然不同。法国人常说："不用客气，这算不了什么，能够帮助你感到十分高兴。"，而中国人却偏偏要谦虚一番："这是我应该做的。"，结果使对方大为不快，认为中国人做好事都是被迫的，出于工作或职责的需要，并非自愿而为。其实，这是社会文化差异所造成的误会。

5. 推销自己时表述方式的差异

法国人有很强的个人奋斗和竞争意识，在语言的表达上强调个人的作用，表现出强有力的自信。而中国人崇尚一种传统的人文美德，这就是谦虚，但有时由于过分谦虚，给对方一种缺乏自信的印象。

比如，有一次一位中国某大学中文系毕业的学生在法国应聘中文家教，当对方问这位学生能否胜任工作时，她回答说："还可以，差不多吧。"等类的话。其实她的这类话是一种谦虚的表现，但对方认为她缺乏自信，肯定干不好，结果她没有被录用。

6. 馈赠礼物的差异

中国人喜欢送礼，法国人也喜欢送礼，但送礼的观念不一样。中国人往往用礼品的厚薄来衡量心意，送了厚礼还要说："小意思"、"拿不出手"。法国人送礼大多是小礼品，一束鲜花、一张贺卡、一盒巧克力等。

中国人收到礼物时一般不会当着客人的面打开礼物，而西方人在收到礼物时，当众打开礼物。

7. **服务行业行为方式的差异**

当你走进中国商店时，营业员会直接问你要买什么，此问话会使法国人感到困惑，因为这似乎表明营业员急于把货物推销出去。而在法国，营业员会热情地问："我能帮您吗?"，这些问话会令人感到亲切、礼貌。

8. **称谓习俗的差异**

中国人喜欢以长辈自居，这反映在称谓上，总是希望年轻人、小孩或晚辈用辈份高的称谓来称呼自己。

中国人对长辈忌讳直呼其名，对父母的亲朋好友或不熟悉的人，甚至不认识的人也称谓"叔叔"、"阿姨"、"爷爷"、"奶奶"、"老伯"、"大婶"，这也是中国敬老的一种传统。法国人习俗正好和我们相反，他们可以直呼熟悉的父母辈亲朋的名字表示亲近，对不熟悉的人或对不认识的人称谓"先生"、"夫人"。

中国人称呼同事和朋友时，常常在姓前加"老"或"小"字。如："老张"、"小李"，这一称谓形式表达的是一种亲切、平等。法国人直接称呼同事和朋友的名字，不加姓，表示亲近。

9. **寒暄时话题的差异**

文化的差异也影响问候语的表达方式。语言不同、文化习俗不同，问候语也会有不同的表达形式。中国的老百姓见了熟人常爱用"你吃饭了?"、"干什么去?"、"你去哪儿?"等话来问候对方。对中国人来讲，这是极普遍又很随便的问候语，也表示热情。而法国人听了却大惑不解，感到莫名其妙，甚至会引起某种反感，这些都是私人的事，提这种问题太不尊重对方。法国人一般碰见朋友就说："你好！近来好吗?"或谈论天气的话："今天天气很好。"。

10. **送客和告辞时表述的差异**

法国人告辞时主、客双方都说"Au revoir 再见!"、"A bientôt 很快见!""Salut 再见!"、"Bonne journée 祝白天愉快!"、"Bonne soirée 祝晚间愉快!"、"Bonne nuit 晚安!"等。

中国人送客时，口头上常说这样的客套话："请慢走"、"请走好"、"不远送了"、"有空再来"等等。如客人是开车来的话就说："慢点开"、"路上当心"、"注意交通"等。而客人对送自己的主人则说："不要送了"、"回去吧"、"请留步"。

法国人听了"请慢走"、"慢点开"之类的话则无法理解，感到困惑，他们认为时间宝贵，再说人也不老，为什么要慢走呢？快点走就不礼貌吗？如果开车的话，不仅时间宝贵，慢了还会挡道，影响别人车速，为什么慢开呢?

11. 礼貌语、文明语使用的差异

在法语中“请”字和“对不起”用得特别频繁，整天挂在嘴边，即使在家庭内部，父母要求孩子做些事，也常使用“请”字和“对不起”，如：“对不起，请递给我今天的报纸。Pardon，passe-moi le journal d'aujourd'hui，s'il te plaît.”。

汉语中“请”字和“对不起”的使用率远不及法语多。尤其在家庭成员中，熟人、朋友之间，中国人常认为用了“请”过于客套，显得生疏。因此，关系越近，礼貌用语就用得越少。中国人轻易是不会讲“对不起”的，除非做了什么对不起别人的事，表示歉意时才会讲。

12. 对待休息的态度不同

对法国人来说，假期、周末时间是神圣不可侵犯的，是自己自由的天地，绝不轻易地去加班或放弃休假。中国人加班加点，甚至假期加班则是家常便饭。对此，法国人根本无法理解，认为中国人在生活中自己无法掌握自己。

13. 见面时的礼仪方式不同

法国人在熟人见面时男女之间，女子之间，施亲吻面颊、拥抱礼。这种礼节非常普遍，在法国到处可见。男人和男人一般施握手礼，也施亲吻面颊、拥抱礼。中国人愿意用握手、拱手、鞠躬之礼欢迎宾客。

14. 对待数字的喜好不同

在法国及其他信仰基督教的西方国家中，人们看重数字“7”，因为上帝在7天内完成了创造世界万物的创举，耶稣说原谅他人七乘七十次。“13”这个数字被认为是不吉利的，人们在日常生活中尽量避免使用这个数字，饭店里没有13号房间，大楼没有13层，飞机上没有13号座位。人们还认为“星期五”是黑色的星期五。如果星期五再碰巧是13号，那就是诸事不宜的日子。

在中国，也有些数字在民间有吉凶之分，如“6”表示做事顺心顺意；“8”意味着发财、事业发达和财运亨通；“9”是单数中最大的数，是完美的象征，“9”又是长久的谐音。而“4”听起来和“死”差不多，因此它是不吉利的数字。

15. 请客时消费方式的差异

法国人也好中国人也好都很好客，喜欢请朋友到饭店吃饭，但消费方面观念很不一样。中国人往往在饭店请客，请客的人承担整个费用，中国人讲义气，讲大方。法国人讲究AA制，各点各的，各付各的钱或总账平均分。他们认为这是很轻松的方式，互相不给对方添麻烦，没有压力。但中国人很不理解，既然你请我来饭店吃饭，怎么还让我付钱呢？

16. 追求个性的差异

法国人生活方面始终追求自己的方式和风格，无论是衣着、发型、购物、布置房间、旅行等都有各自的标准和想法，并为具有自己个人的特性而感到自豪，很少随波逐流，去模仿别人，大街上很少看见两个衣着和发型相同的人。而中国人总是喜欢注意别人，模仿别人，总是一窝蜂地扑向一种时尚、潮流和风格。

17. 欲望表达的差异

当别人问是否要吃点或喝点什么时中国人通常习惯于客气一番，虽然心里想吃喝，但出于礼貌就回答说："不用了"、"别麻烦了"等。法国人直截了当，若想要，就不必推辞，说声："好的，谢谢。Oui，merci!"，若不想要，就说："不，谢谢。Non，merci!"。这也充分体现了中国人含蓄和法国人坦荡直率的不同风格。

18. 颜色词语象征意义的差别

红色：红色无疑是中国人最钟爱的一种传统颜色，中国人的认知和文化结构表现出明显的红色情节，这首先体现在中国人自古就把红色和喜庆事物联系起来。在中国的传统文化里，红色具有喜庆、兴旺、昌盛、繁荣、吉祥、好运、胜利、温暖等多种美好的寓意。法兰西民族并没有像汉民族这样赋予红色丰富的寓意，把红色上升为一种"国色"的崇高地位。在法国，虽然红色随着社会历史的不断发展也具有某些政治上的特殊含义，但在普通人的生活中它就是一种普通的颜色，装点了世界，丰富了人们的生活。

白色：在中国文化中，白色与红色正好相反，是一个基本禁忌词，体现了中国人在物质上和精神上的摈弃和厌恶。如自古以来亲人死后家属要披麻戴孝（穿白色孝服）办"白事"，要设白色灵堂，出殡时要打白幡。在中国传统观念里，白色象征着庄严和哀悼。而在法语语境下，白色并没有哀悼之意，法国人更不会把它和死亡联系在一起。相反，在婚礼上，新娘会穿白色的婚纱，他们认为白色高雅纯洁，象征纯真无邪。

黄色：黄色在中国文化中是红色的一种发展变异，如旧时人们把宜于办大事的日子称为"黄道吉日"。同时它更代表权势、威严，所以黄色便为历代封建帝王所专有。因此，黄色有了神圣与祥和的象征意义。西方文化中的黄色使人联想到背叛耶稣的犹大所穿衣服的颜色，所以黄色带有不好的象征意义。在法语中，它象征着妻子对丈夫的背叛，如：民间用porter du jaune表示妻子出轨。

蓝色：在汉语中，蓝色通常可以给人们带来安详、美好的联想，此外，蓝色还指“破旧”，因此，在重大喜庆之日时，人们基本不会用蓝色来做装饰。在法语中，蓝色代表贵族，如avoir du sang bleu（有贵族血统），此外，在法语中蓝色通常表示悲伤、忧郁或幻想。

绿色：绿色是大自然的底色，是生命和活力的象征。在中国的文化中，绿色象征着豪杰侠义，如：中国古典小说中有诸多绿林好汉的形象。同时绿色在中国人的思维习惯中又具有贬义色彩，汉语有“戴绿帽子”或“戴绿头巾”的说法，如说“某人戴了绿帽子”，即指其人之妻与他人私通。法语中绿色代表着希望，是生命力旺盛，精力充沛的象征。法国人也常用绿色表示没有经验、缺乏训练、知识浅薄等。在现代汉语与法语中，绿色还象征着环保。另外因为在交通信号系统中绿色信号表示通行，在汉法两种语言中都有给别人开绿灯这种俗语，表示越权违规给别人提供便利。

黑色：黑色在中国文化里本意为沉重的神秘之感，是一种庄重而严肃的色调。它的象征意义由于受西方文化的影响而显得较为复杂。一方面它象征严肃、正义，另一方面它又由于其本身的黑暗无光给人以阴险、毒辣和恐怖的感觉。它象征邪恶、反动。在法语中，黑色代表着死亡，不幸和灾难。在中世纪的基督教堂中，黑代表死亡和墓地，所以在西方的葬礼上，人们有穿黑衣的习俗。在法语和汉语中，黑色本身又让人联想到道德的败坏，见不得人的秘密勾当，甚至是邪恶和犯罪。

19. 动物表示象征意义的区别

龙：法国人同其他西方人一样，认为龙是种邪恶的怪兽、是恶魔或者代表着忧虑和悔恨。中国人认为龙是最尊贵的象征，帝王自称真龙天子，衣服上也要有龙的图案，称为龙袍，中国人都称自己为龙的传人。

狗：中国人对狗总是贬义多，如汉奸走狗，狼心狗肺，要你的狗命。法语文化中则是褒义多，视狗为忠实的朋友。

孔雀：在汉语中是珍贵的鸟类，观看其开屏是一种美的享受，但中国孔雀在法国演出时却很难得到理解和欢迎，因为法语中的孔雀是骄傲者、爱虚荣的同义词。

喜鹊：在汉语中指喜事，是吉祥的象征。法语中喜鹊常用作贬义，用以比喻快嘴婆，爱争吵的女人。

鹅：在汉语中，鹅象征着纯洁、美丽。在法语中则表示呆头呆脑、笨蛋。

乌龟：在法语中用来指动作缓慢的人，也视为不吉利的代表。在汉语中则常用来指老婆有外遇的男人。

在语言交际中，由于民族文化的差异，文化背景不同，在社交应酬方面，中国人和法国人在不同的场合，表达方式也不同。如何才能做到得体、合适，这是我们在学习与应用法语时，所要了解、掌握的重要方面。掌握了这些差异，就会避免一些不必要的误解和尴尬的场面。

复习与思考题：

1. 你对哪些中法文化差异点不能理解？
2. 你觉得怎样才能避免由于民族文化差异所导致的矛盾呢？
3. 两国之间的文化差异会影响两国的经济交往吗？
4. 你如何看待构建于文化差异下的跨国婚姻？
5. 针对中法隐私差异，你更倾向于中国式还是法国式？
6. 介绍一下你所感兴趣的其他国家的特有文化。

Leçon douze

Faire du sport

Quel sport pratiquez-vous?
您从事哪一项体育活动？

Je fais de la course tous les matins.
我每天早上跑步。

Le jogging est un sport sain et bon marché.
慢跑是一项既健身又便宜的运动。

Le patinage est mon sport préféré.
我很喜欢滑冰运动。

Je joue souvent au ping-pong après la classe.
我课后经常打乒乓球。

Aimez-vous faire des excursions?
Oui, c'est un sport merveilleux.
您喜欢徒步运动吗？
是的，这是很棒的运动。

La marche est un sport excellent.
走路是一种非常好的健身方式。

J'aime nager dans la mer.
我喜欢在海里游泳。

Je nage depuis l'âge de cinq ans.
我5岁开始学游泳。

Connaissez-vous le Tour de France?

Oui, le Tour de France a lieu chaque année, en été.

您知道环法自行车赛吗?

环法自行车赛每年夏季举行。

Je fais du football tous les samedis.

我每周六踢足球。

Le football est mon sport préféré. C'est un sport universel.

足球是我的最爱。它是一项世界级的体育运动。

A votre avis, quel est le sport le plus violent?

C'est le rugby.

您认为哪项运动最激烈?

橄榄球。

Avez-vous regardé le match final de tennis de table hier soir?

Oui, enfin l'équipe chinoise a remporté le champion.

您昨晚看了乒乓球决赛了吗?

看了，中国队最终获得了冠军。

On aime de plus en plus le sport.

Oui, le sport devient indispensable dans notre vie.

人们越来越喜欢体育运动了。

是的，体育成为了我们生活中不可缺少的一部分。

Vocabulaire（词汇）

pratiquer v.t. 做，实施

tous les matins n. 每天早晨

sain, e adj. 健康的，有益健康的

patinage n.m. 滑冰

jouer v.i. 玩耍，打球

excursion n.f. 徒步走，徒步运动

nager v.i. 游泳

avoir lieu loc. 举行

violent, e adj. 猛烈的，暴力的

course n.f. 跑，赛跑

bon marché loc. 便宜

jogging n.m. 慢跑

préféré, e adj. 最喜欢的

souvent adv. 经常

marche n.f. 走路，步行

mer n.f. 大海

avis n.m. 见解，意见

universel, le adj. 宇宙的，共同的

regarder v.t. 看，观察
équipe n.f. 队，组
hier soir adv. 昨晚
indispensable adj. 不可缺少的
devenir v.i. 变成，成为
enfin adv. 最后
final，e adj. 最终的，最后的
remporter v.t. 获得，摘取
vie n.f. 生活，生命

四季 quatre saisons：
printemps n.m. 春天
automne n.m. 秋天
été n.m. 夏天
hiver n.m. 冬天

Notes（注释）

I. Tout的用法

Tout可以作形容词、代词、副词。

1. 作泛指形容词，表示“所有的、整个的”，有性数变化，放在名词前：tout，toute，tous，toutes。

toute l’année　全年
toute la classe　全班
tous les jours　每天
toutes les revues　所有的杂志

2. 作代词，表示“全部、整个、一切”，有性数变化，可以作主语、宾语、同位语等：tout，tous，toutes。没有阴性形式toute。单数tout只能指物，意思是“一切、一切事情、所有的东西”，复数tous，toutes可以指人，可以指物。

Tout va bien. 一切都很好。

Je sais tout. 我知道一切。

Elles sont toutes contentes. 她们都很高兴。

Tous sont venus. 大家都来了。

3. 作副词，表示“完全地、非常地、十分地”，只能修饰形容词或副词。副词一般无性数变化，但tout在以辅音字母和嘘音h开头的阴性形容词前有性数变化：tout，toute，toutes。没有复数形式tous。

Ils sont tout contents. 他们非常高兴。

Elles sont toutes contentes. 她们非常高兴。

Elle est tout heureuse. 她十分幸福。

Ⅱ. 副词

用来修饰或说明动词、形容词或另一副词，没有词形变化，如：souvent（经常），très（很，非常），ensemble（共同，一起），beaucoup（很多，非常）等。

Il va souvent à Beijing. 他经常去北京。

Nous étudions ensemble le français. 我们一起学习法语。

Je vais très bien，merci. 我很好，谢谢。

Ⅲ. 动词devenir的直陈式现在时变位

devenir（变成，成为）

je deviens	nous devenons
tu deviens	vous devenez
il devient	ils deviennent
elle devient	elles deviennent

法国人与体育运动

在世界体育的发展历程中，法国扮演了重要的角色。被称为“现代奥运之父”的顾拜旦就是法国人，1894年他创建国际奥林匹克委员会时才31岁。10年后他的同胞，28岁的法国人格林创建了国际足联。法国人把生活的浪漫转化成了对运动的热爱，才让我们的世界有了如此缤纷的体坛盛宴。

一、法国人最喜爱的三项运动

1. 足球运动（Football）

（1）起源

足球运动的起源很早，在中国古代的战国时代（公元前475—前221年）和11世纪的英国，都产生过与现代足球相类似的运动。

现代足球运动正式确立于1863年10月26日，英国人在伦敦成立了世界第一个足球协会——英格兰足球协会。会上除了宣布英格兰足协正式成立之外，还制定和通过了世界第一部较为统一的足球竞赛规则，并以文字形式记载下来。英格兰足球协会的诞生，标志着足球运动的发展进入了一个崭新的阶段。

（2）国际赛事

奥运会足球项目（男女足球分别于1900年第2届奥运会和1996年第26届奥运会被列为比赛项目）、国际足球联合会世界杯比赛、世界青年足球锦标赛、世界少年足球锦标赛、世界女子足球锦标赛、室内足球锦标赛。

（3）国际机构

国际足球联合会（FIFA），1904年5月21日成立于法国巴黎，总部设于瑞士洛桑。第一次世界大战后，职业足球开始风靡于欧洲和南美。现在的国际足球联合会因其拥有203个成员国，而成为最大的单项体育组织之一。

（4）法国的足球运动

法国的杯赛开始于1918年，联赛开始于1930年，法国足球职业化开始于1932年。法国国家足球队曾于1998年获得世界杯冠军，2006年获得世界杯亚军。

法国的足球运动由1919年4月7日成立的法国足球协会（FFF）来管理。法国足球联盟由持有比赛许可证的球员和足球俱乐部联合组成。1944年成立的职业足球联赛（LFP）受法国足球协会的监督，负责承办法国足球甲级联赛和乙级联赛以及联赛杯。法国足协委员会管理其他赛事，如法国杯、法国足球丁级联赛和法国足球戊级联赛男子锦标赛、法国女子足球锦标赛（第一小组、第二小组、第三小组）以及法国女子足球挑战赛（法国杯女子足球赛）。法国足协也通过它的青年司管理法国青年锦标赛（全国18岁锦标赛、全国16岁锦标赛和14岁联合锦标赛）以及加姆巴德拉农业信贷银行杯赛（法国18岁青年杯赛）。

法国男子足球队和法国女子足球队参加代表法国的国际赛事。根据国际足联近期的排名，法国男子足球队世界排名第二，女子足球队排名第七。以下是法国在国际赛事中获得的主要成绩：

- 一次世界杯冠军（1998年法国足球队）
- 两次欧洲足球锦标赛冠军（1984和2000年法国足球队）
- 一次欧洲冠军联赛冠军（1993年马赛队）
- 一次欧洲优胜者杯冠军（1996年巴黎圣日耳曼队）

人们对足球的兴趣有时是源于某支优秀球队在赛事中为人们奉献的精彩表演，法国足球爱好者的比例近些年来不断上升的原因就来自于此。但喜爱足球的男女比例悬殊，50%的男性对足球兴趣浓厚，而只有27%的女性爱好看球。在法甲球队的排行榜上，马赛队获得20%的支持率，遥遥领先于排在第二、三位的里昂队（12%）和波尔多队（11%），不过也有30%的受访者表示，自己没有什么喜欢的球队。

2. 网球运动（Tennis）

（1）起源

网球是一项优美而激烈的运动，网球运动的由来和发展可以用四句话来概括：孕育在法国，诞生在英国，开始普及和形成高潮在美国，现在盛行全世界，被称为世界第二大球类运动。

网球运动被称为“绅士运动”，最早起源于12至13世纪法国传教士在教堂回廊里用手掌击球的一种游戏，后来成为宫廷里的一种室内消遣娱乐活动。

大约在1358年—1360年间，这种球类游戏从法国传到了英国。英国国王爱德华三世对此特别感兴趣，下令在宫内建造一处室内球场。从此，网球开始在英国流行，成为英国上层社会的一种娱乐活动，所以有“贵族运动”之雅称。这期间流行的主要是室内网球，直到1793年9月29日，在英国的一份《体育运动》杂志上，才有了“场地网球”的叫法。

现代网球运动一般包括室内网球和室外网球两种形式。现代网球运动的历史一般是从1873年开始的。那年，英国人沃尔特·克洛普顿·温菲尔德将早期的网球打法加以改进，使之成为夏天在草坪上进行的一种体育活动，并取名“草地网球”，所以温菲尔德被称为“近代网球的创始人”。此后网球便成为一项室内、户外都能进行的体育项目，同时在英国各地建立网球运动俱乐部。1875年英国建立了全英网球运动俱乐部，这个俱乐部建造了世界上的第一个网球场地，并于1877年举办了全英草地网球男子单打锦标赛，即后来闻名于世的温布尔登网球公开赛，这是网球运动最古老和最具声望的赛事。

（2）网球记分规则的由来

因为最原始的网球运动是起源于宫廷之中，所以计分方法是以就地取材为原则的。英国人用可以拨动的时钟来计分，每得一次分就将时钟转动四分之一即拨动一刻钟，也就是15分，同理，得两次分就将时钟拨至30分，这就是15分、30分的由来。在英文中，15分念作“fifteen”，为双音节，30分念作“thirty”，也是双音节；但是再累加若得45分，英文要念作“forty-five”，变成了三个音节，当时英国人觉得有点拗口——“不方便”，于是就把它改成同为双音节的40分

(forty)，这就是看来不合逻辑的40分的由来。

(3) 四大满贯赛事

网球四大公开赛，简称四大满贯（Grand Chelem de Tennis），他们包括：

- 澳大利亚网球公开赛（澳网）

每年1月的最后两个星期举办；澳大利亚第二大城市墨尔本；场地（硬地）

- 法国网球公开赛（法网）

每年5月至6月举办；巴黎罗兰–加洛斯（Roland-Garros）大型体育场内；场地（红土）

- 温布尔登网球公开赛（温网）

每年6月或7月举办；英国小城温布尔登；场地（草地）

- 美国网球公开赛（美网）

每年8月底至9月初举办；纽约USTA国家网球中心；场地（硬地）

(4) 法国网球公开赛

法国网球公开赛通常在每年的5月～6月举行，是继澳大利亚公开赛之后，第二个进行的大满贯赛事。法国网球公开赛是与温布尔登锦标赛一样，在世界网坛上享有盛名的传统比赛。法国网球公开赛始创于1891年，开始只限本国人参加，1925年以后对外开放，成为公开赛。法国公开赛的场地设在巴黎西部蒙马特高地的一座叫罗兰·加洛斯的大型体育场内。体育场建于1927年，以在一次大战中为国捐躯的空中英雄罗兰·加洛斯的名字命名，同时也是法国网球黄金时期的象征。因为它是直接为庆祝被称为“四骑士”的四名法国人首次捧回戴维斯杯，准备翌年的卫冕战而特意修建的。

法国网球公开赛已经超过100年了，在过去的百年中，除了在两次世界大战期间被迫停赛11年外，其余90年均是每年举行一届。

获得男子单打冠军头衔最多的选手是西班牙选手纳达尔，他在2005年到2013年的9年中，8次夺冠。(09年是费德勒，取得全满贯。)

1989年的法国网球公开赛，17岁的亚裔选手张德培爆出了20世纪80年代最大的冷门。他挫败了伦德尔·埃德博格，成为这个公开赛最年轻的单打冠军，也是第一位亚洲血统的选手获此殊荣。

女子单打埃弗特、纳芙拉蒂诺娃、格拉芙等当代明星都夺得过奖杯。而埃弗特在1974年至1986年的12年间曾7次夺标，创造了这个公开赛前无古人的纪录。

2011年6月，中国现役选手李娜在决赛中2比0击败了当时的卫冕冠军斯齐亚沃尼，首次夺得法网女单冠军，成为首位夺得大满贯赛事单打冠军头衔的中国选手，也是亚洲第一位大满贯冠军。

3. **马术运动**

（1）起源与赛事

马术运动是在马上进行各种运动的总称。早在4000多年前的铜器时代就有骑马比赛，现代马术运动起源于英国，16世纪传入欧洲大陆。1900年第2届奥运会把马术列入比赛项目。

马术比赛分盛装舞步、超越障碍和三日赛，每一项又分团体和个人两项。

马术比赛是奥运会中唯一一项完全体现男女平等的项目。在马术比赛的每一个项目中，男女骑手、公马母马，各自和同类竞技，并组成不同的团体。

我们现在所看到的马术比赛第一次进入奥运会是在1912年，它包括三个小项，盛装舞步、障碍赛和三日赛。

- 盛装舞步被形容为马的芭蕾表演。
- 障碍赛由骑手和坐骑一同越过一系列专门为比赛设置的障碍。
- 三日赛分三个部分：盛装舞步、耐力赛和障碍赛。

耐力赛包括四个部分：场地耐力赛、障碍耐力赛、公路耐力赛和越野赛。障碍赛也就是跳跃表演。

运动员中欧洲和美国选手在三日赛中是传统强国，近年来澳大利亚和新西兰有赶超之势。

（2）法国人的马术运动

马术运动高雅刺激，西方称其为第一贵族运动。现代人正悄悄地将这种马上的运动转变为现代人的一种生活时尚运动。

2008年，法国骑马爱好者的人数超过了400万人，从而使骑马成为继足球和网球之后，最受法国人欢迎的第三大运动项目。

法国马术界公布的一份调查显示，2008年，法国“偶尔”骑马者已经超过了400万人，而“经常”骑马的“骑士”也达到了150万人。除此之外，法国马术联合会的毕业学员数量近5年来也一再持续上升，最多时一年培养学员3万名。

另据法国媒体报道，随着骑马运动受到越来越多法国人的喜爱，包括马场等在内的相关服务产业也得到了迅速发展，仅2008年就为法国社会创造了3.54万个农业就业岗位和5 500个非农就业岗位。

二、法国其他传统运动赛事

1. 自行车运动

1861年米绍兄弟设计出脚踏车（又称自行车、单车等）之后，自行车便成为比赛骑行速度的体育运动项目。自行车运动是法国最古老最受欢迎的体育运动项目之一。

自行车分为普通自行车、场地自行车、公路自行车、山地自行车。除场地自行车外，其他三种都可以作为日常骑行交通工具、运动健身工具使用。

（1）自行车运动优势

自行车是能够使人不必用药物来维持健康的良好工具，是克服心脏功能疾病的最佳工具之一。自行车运动同时也能防止高血压，还能防止发胖，血管硬化并使骨骼强壮。运动专家指出，由于自行车运动的特殊要求，心跳往往比平时增加2～3倍，这样可以使心肌发达，心脏变大，心肌收缩有力，使肺通气量增大，肺活量增加，肺的呼吸功能提高。自行车运动是治疗帕金森病有效、廉价的方法，对提高患者总体健康状况、改善平衡能力和协调能力，缓解焦虑和抑郁等都有重要作用。

此外，在以汽车作为主要交通工具的现代社会，骑上自行车（加上新近出现的冰上自行车）去拥抱大自然，既放松心情，又锻炼身体，已成为休闲新宠。

（2）自行车赛事

1896年第一届奥林匹克运动会上被列为正式比赛项目。1900年国际自行车联盟成立，此后相继举办世界自行车锦标赛（每年举行1次），世界和平自行车赛（环绕柏林、华沙、布拉格1周，共2 000多千米的多日赛），环法自行车大赛（环绕法国1周3 966千米的多日赛）。

法国的第一次自行车比赛于1868年在巴黎的圣·克鲁公园举行，比赛距离为 1 200米。获胜者以3分50秒完成了全程。首次跨城市比赛于第二年在巴黎与鲁昂之间举行，获胜者詹姆斯·莫尔骑着重约30公斤的自行车用了10小时25分钟骑完了123公里的路程。

（3）环法自行车大赛（Tour de France）

环法自行车大赛于1903年由亨利·德斯格朗热创立，除了在两次世界大战期间比赛不得不中断以外，均于每年的7月份举行，属于分段计时赛，路线经由法国与邻近的国家，如西班牙等，冠军为各段时间累计最少者，比赛全程最初为

2428公里，现在实际上平均达4000公里。该赛事被认为是全世界最享有盛誉的自行车比赛，170多个国家的78家电视台转播这项赛事。比赛设有赛段冠军和总冠军，个人冠军和团体冠军，并设有总成绩排名（按比赛时间计算）、积分排名、年轻车手排名等。总成绩领先的车手穿黄色领骑衫，冲刺积分领先者穿绿色领骑衫，爬坡成绩最佳者穿红白斑点衫，首次参加环法大赛成绩最好的车手穿白色领骑衫。

环法自行车大赛远不止是自行车赛的盛会，而且也是民众的节日和著名的国际比赛盛会。车赛历经一百多年的风雨，充满了回忆和“不朽的名字”，本身就已极具怀旧的名声和魅力。毫无疑问，体育精神在法国深入人心，在很大程度上是环法自行车大赛的功劳。

2. 滑雪运动 Ski

滑雪是欧洲冬季最盛行的户外运动，得天独厚的法国拥有8000多公里的滑雪道，可以说是世界上最大的滑雪场。滑雪爱好者可以体验阿尔卑斯式滑雪、斯堪的纳维亚式滑雪、以及各种新式滑雪方法，如自由式滑板（球拍状雪鞋、狗拉雪橇、标杆滑道）。

法国著名滑雪胜地Station de ski：

在全球著名的滑雪胜地中，占地最广的要属法国的连环滑雪区。单是它们的名字就能引人遐想：比如说霞慕尼（Chamonix），梅杰夫（Megève），高雪维尔（Churchevel），美贝尔（Meribel），葱仁山谷（Van Thorens），伊泽尔山谷（Val d’Isère），蒂涅（Tignes）等等，都是著名的国际滑雪胜地，其滑雪运动享有很高的声誉。它们完全具备豪华滑雪区的特点：优越的环境，一流的设备，积极的传统。

●法国勃朗峰（Mont Blanc）脚下Chamonix滑雪场被称为“山地运动之都”，位列“世界十大滑雪圣地”之首，拥有世界上最大的缆车服务系统和最长的滑道。

●传统的塞尔舍瓦利尔（Serre Chevalier）是法国人携家人去滑雪的地方，是法国南部阿尔卑斯最大的滑雪站，此处因其原始而真实的高山灵魂而迷倒众人。

如今，法国有750万滑雪者在200多家滑雪场挥洒激情，每年全世界售出的420万双滑雪鞋中有50万双是在法国售出的。

3. 滚球游戏Pétanque

要探索滚球游戏的出现须追溯到很久以前，不管怎么说，尚未具有说服力的证据能证实有其他运动比它更古老。所幸有考古学者所做的研究，人们可以在埃及的法老时代找到这种游戏的踪迹，然后，在亚历山大大帝征服埃及后，它又出现在希腊，于是，这种扔球运动在希腊流行起来。人们对这项体育活动如此迷恋，在角力场中辟有专门的场地——最初的滚球场——以便他们能纵情地进行最喜爱的活动。古罗马军团在征服高卢时把滚球游戏引入法国南部的说法是完全站得住脚的，然而，人们却无法在这个时期和此后的岁月中发现这种游戏的踪迹。直到12世纪，这种游戏才被再一次载入编年史中，不仅仅在法国有相关记载，在德国、英国、西班牙以及意大利也找到了类似的史料。19世纪末和20世纪初，在普罗旺斯地区滚球和普罗旺斯特有的玩法又逐渐风行起来。

滚球是一种实心球游戏。其目的是将实心球抛至离一个小得多的木球尽可能近的地方以定输赢。玩滚球对体力或年龄并无限制，但要求人们非常灵巧和冷静。滚球运动也有冠军和高手，例如有些选手非常熟练，以至于能蒙着双眼来玩。目前滚球运动已成为一种国际性运动。

4. 汽车运动

F1方程式大奖赛自1950年诞生以来就成为了汽车运动的明珠，但比F1拥有更悠久历史的勒芒24小时耐力赛依然光彩夺目，1906年，勒芒城进行了世界上第一场汽车大奖赛：法国汽车俱乐部大奖赛。一般来说，那场比赛被认为是汽车运动开始走向发展的重要标志。

勒芒24小时耐力赛24 Heures du Mans：

1923年法国赛车界元老级人物杜杭与赛车记者法胡以及赛车制造商科基三人创办勒芒24小时耐力赛，之后每年6月第二个周末在法国勒芒赛车场举行，（1936年、1940年至1948年未举行）。比赛由法国的西部汽车俱乐部（Automobile Club de l’Ouest，ACO）负责主办。

在位于巴黎西南200公里的小城勒芒举行的这一重大赛事，对于世界公众的影响力仅次于F1。由于不像F1大奖赛对涡轮增压等技术进行限制，勒芒耐力赛在2/3的路段上赛车平均时速约为370公里，在直道上赛车时速则可高达404公里，它是汽车制造商展示汽车的性能和可靠性的最理想环境。近年的比赛分为四个组别，分别是MP1（例如奥迪R10，标致908HDi等，较接近过去C组原型赛车的定位）、LMP2（例如Courage LC75）、GT1（例如雪佛兰Corvette C6R及阿斯顿马丁DBR9），以及最入门的GT2（例如法拉利F430 GT）。

5. **健身房运动** Gymnase

尽管人们越来越认识到健康饮食和锻炼的好处，但在法国，去健身房还只是部分人的活动，还算不上主流。据国际健康及运动俱乐部协会调查，2008年只有5.4%的法国人是健身俱乐部的会员，而在意大利、英国和西班牙这一比例分别为9.5%、11.9%和16.6%。这一数字没有包括法国众多的社区健身协会，那些团体有政府补贴，服务价格低廉，但设备通常比较简单。

6. **极限运动** Sport extrême

法国人喜欢冒险。一向追求浪漫的法国人，已经不满足于已有的舞蹈、游泳、球类等健身项目，开始追求一些更富有挑战性、刺激性的极限运动。于是，野战游戏、蹦极、攀岩、滑翔伞、卡丁车等运动项目在法国就越来越时尚。

复习与思考题：

1. 简述国际足联的由来。
2. 介绍一下环法自行车大赛及赛事中各种领骑衫的意义。
3. 网球四大满贯是什么？
4. 体育对于人类个体和整个社会的作用有哪些？
5. 介绍一位著名的法籍体育明星。
6. 为什么马术运动会在法国迅速发展起来？
7. 介绍几个世界著名的体育赛事。

Leçon treize

Système de protection sociale

La France possède un système de protection sociale assez parfait.

法国有着比较完善的社会保障制度。

Il y a l'assurance vieillesse, l'assurance maladie, l'assurance chômage, et d'autres assurances.

有养老保险、法国社会医疗保险、失业保险，还有其他保障制度。

Comme il y a l'assurance vieillesse, les personnes âgées passent une bonne fin de vie.

因有养老保险，老年人过着幸福的晚年生活。

Qu'est-ce que l'assurance chômage?

什么叫“l'assurance chômage”?

Quand tu perds ton travail, tu obtiendras des aides financières.

当你失去工作时，你会得到资金援助。

De quelle assurance avez-vous bénéficié?

您享受过法国哪类社会保险?

J'ai bénéficié de l'assurance maladie en France.

我享受了法国的医疗保险。

Il faut payer les frais d'assurance maladie chaque année.

在法国需要每年缴纳医疗保险的费用。

Les frais d'assurance maladie sont d'environ 200€ par année pour les étudiants.

大学生每年缴纳大约200欧元的医疗保险费用。

Il faut prendre rendez-vous avant d'aller chez le docteur.

就医需要提前预约。

Sinon，on ne vous accepte pas.

不然，不接待你。

Chacun a son médecin personnel.

每个人都有自己的私人医生。

Le docteur est gentil et sérieux.

医生工作态度认真、为人热情。

Si on est grièvement malade soudainement，comment faire?

On peut aller directement dans un hôpital sans rendez-vous.

Il y a les urgences.

突然出现紧急病症，应该如何处理?

可以直接去医院，不用预约。

有急诊。

On achète des médicaments à la pharmacie.

On ne vous vend pas de médicaments à l'hôpital.

在药房购药。

医院里不卖药。

Vocabulaire（词汇）

posséder v.t. 拥有

protection n.f. 保护，保障

assurance vieillesse n.f. 养老保险

maladie n.f. 疾病

passer v.t. 度过

fin de vie n.f. 晚年

chômage n.m. 失业

perdre v.t. 失去，浪费

obtenir v.t. 获得

aide n.f. 帮助

bénéficier（de）v.t.ind. 得到，享有

payer v.t. 支付

rendez-vous n.m. 约会，交往

avant de prép. 在……之前

sinon adv. 否则

accepter v.t. 接受

médecin n.m. 医生

gentil，le adj. 热情的，温柔的

sérieux，se adj. 严肃的，认真的

grièvement adv. 严重地

malade adj. 生病的
hôpital n.m. 医院
vendre v.t. 卖
médicament n.m. 药
soudainement adv. 突然
urgences n.f. 急诊
acheter v.t. 购买
pharmacie n.f. 药房

Notes（注释）

I. 句子的成分

1. 句子的主要成分

（1）主语：主语是句子的主要成分，句子的主体。句子的其他成分，包括谓语在内，都受到主语的制约。作主语的词可以是名词、代词、数词、动词不定式、从句等。如：

Je suis journaliste. 我是记者。

La Chine est un grand pays. 中国是一个大国。

（2）谓语：谓语是表示主语行为、状态的成分，在句中地位十分重要，谓语受到主语的制约。谓语可以分为两种，动词谓语和名词谓语。名词谓语是由系词加表语构成的，表语一般是形容词或者名词。

动词谓语：Il parle le chinois. 他讲中文。

名词谓语：Je suis Chinois. 我是中国人。

（3）表语：表示主语的特征、状况、身份等，作表语的词可以是名词或形容词。

Je suis étudiant. 我是大学生。

Il est heureux. 他很幸福。

2. 句子的次要成分

（1）宾语：宾语是受谓语动词支配的句子成分，表示动词谓语涉及的人或事物，宾语可以是直接宾语或间接宾语。

Il m'aime. 他喜欢我。

Je lui ai donné des médicaments. 我给了他一些药。

（2）状语：状语是修饰、限制或补充谓语的成分，它表示动作的状态、方式、时间、地点等，在同一个句子中状语的数目不受限制。

Je viendrai avec ma mère demain. 我明天跟我母亲一起来。

J'étudie le français à l'Université du Liaoning. 我在辽宁大学学法语。

（3）补语：法语补语有名词补语、形容词补语和副词补语三种。

C'est l'Université de Paris VI. 这是巴黎第六大学。

Je suis content de vous voir. 我看见你很高兴。

（4）限定语：冠词、主有形容词、指示形容词、泛指形容词、数量形容词。

le pantalon，mon vélo，ce livre，chaque jour，deux amis。

（5）形容语：主要由形容词或分词充当。

Je connais cette jeune fille. 我认识这位年轻的女孩。

Ce sont les délégués envoyés. 这是派来的代表。

（6）同位语：名词、代词等。

Madame la concierge　门房太太

Moi，je suis étudiant. 我是大学生。

Ⅱ. 动词perdre，obtenir，payer的直陈式现在时变位

perdre（失去，浪费）

je perds	nous perdons
tu perds	vous perdez
il perd	ils perdent
elle perd	elles perdent

obtenir（获得）

j'obtiens	nous obtenons
tu obtiens	vous obtenez
il obtient	ils obtiennent
elle obtient	elles obtiennent

payer（支付）

je paie	nous payons
tu paies	vous payez
il paie	ils paient
elle paie	elles paient

法国的社会保障体系

社会保障的终极目标在于使社会上的每一个个体都能够在遭受“社会风险”的时候得到资金的保障，主要防范因疾病、伤残、老龄化、失业、遗弃等带来的风险。作为西方主要发达国家之一，法国社会保障制度的保障程度很高，每年的社会保障经费多达五千亿欧元。法国社会保障的预算一方面来自社会成员的缴费，另外一方面来自于税收收入。法国社会保障的组织形式也比较完备。同时，随着经济全球化的到来，法国的社会保障制度也面临着越来越多的挑战，这使得公共财政部门必须未雨绸缪，采取相应措施解决潜在的困难。

一、基本养老保险制度

法国的养老保险制度起步较晚，但发展却十分迅速。法国现行的养老保险制度主要是从二次大战以后逐步建立和发展起来的，目前，法国的养老保险体系已具相当规模。

法国的养老保险计划是强制性的，是按照现收现付筹资方式建立的（依赖代际团结），保留很少的资金储备。法国养老保险分为三个层次：第一层次为法定基本养老保险、第二层次为补充养老保险、第三层次为商业性养老保险。

1. 法国基本养老保险

（1）受益人群

基本养老保险涵盖人群：私营部门工资劳动者的社会保险（养老保险部分），农业劳动者的养老保险，公务员和公营部门工资劳动者的专门养老保险，以及手工业者、工商业者和自由职业者（后三者合称非工资劳动者）的养老保险。养老金的发放是建立在缴费基础上的，缴费是按薪水或就业收入征收的，因此，它是与就业收入挂钩的。政府根据消费价格指数每年调整两次基本养老金。

（2）领取方式

法国最低退休年龄男女均为65岁，如有特殊情况可降为60岁，如：不适宜某项工作的人员、退伍战士、工人家庭母亲等，另外女性每生育一个孩子，可得到视同两年的养老保险金缴费年限。

法国人工作期间缴纳养老保险金，缴费期达到40年即160个季度时，可领取相当于本人工作期间工资最高25年的月平均工资50%左右的基本养老金。政府为鼓励劳动者延后退休年纪，推出政策，若缴纳养老保险费超过160季度以上的，除了老人年基本养老金外，将另给予额外的增价基金，而且“增价”还在不断调高。现行的“增价”制度为每多工作一年将给予年终基金3%的上调，之后改为第一年为4%，第二年起则为5%（限65岁以上）。

（3）遗属领取

配偶（或没有再婚的原配偶）去世后，生存配偶（或原配偶）在以下条件下有权领取去世配偶退休养老金的50%~60%：婚龄至少有2年、年满55岁、符合规定的收入条件。

2. 补充养老保险计划

基本养老金计划的养老金是不足的，所以在集体协议基础上建立的补充养老金计划得以迅速发展。雇主群体和工会签订一个全国性的集体协议，政府也在上面签字，因此使其具有法律效力。其实，法国的补充养老金计划是具有强制性的，所有在法国工作的受雇人员必须参加这一计划。

补充养老金计划的管理权由雇主和工会平均分享（雇主代表企业一方，工会代表雇员一方）。这一计划是通过合同制和集体谈判协议而建立的，没有政府部门的干预，雇主和工会拥有充分的自主权，他们在经济上和规章制度方面拥有决定权，特别是他们在采取措施来保证财务平衡和计划的独立性方面负有全部责任。

此计划中缴纳养老金的数目随收入水平的变化而变化，其费率由双方协商确定，可以在强制性最低费率基础之上进行选择，分摊比例为雇主60%，雇员40%。对于一个充分就业者，补充养老金与基本养老金加在一起，可达到平均工资收入的60%~80%，但由于补充养老金与最后的收入相关联，其具体替代水平会随着缴费者的职业背景的不同而变化。

二、法国社会医疗保险制度

在法国的各项社会保障中，医疗保险被称为是全球代价最为昂贵的保险。

1. 法国医疗保险概况

1999年，法国确立医疗普及制度的目标（CMU）：普及全民医疗；使低收入人群获得补充治疗；确保公共医疗及预防目标的实现。

法国基本医疗普及项目受益者人数约为170万，此项目使所有常住法国且没有其他医疗保障的居民可以获得基本治疗。项目同时承担其医保报销，单年收入在

9 020欧元以上的居民必须缴纳费用，年收入在此标准之下的可免缴费享受医保。

之后，法国又提出补充医疗普及项目：

在法国，有收入（25岁及以下为100欧元，60岁以上为500欧元）且为常住居民可享受报销（无需患者垫付）一部分医保不覆盖的项目（自费医药、看护费等），受益人数达到420万人。

对于居住在法国的时间超过三个月的常住外国人给予国家医疗补贴。如需紧急治疗，即诊断有生命危险的病人，其获得医院治疗的权利不受其居住时期的限制。

（1）受益人群

在法国，医疗保险是强制性的。享受医疗保险者每年工作时间不得少于1个月。患病在6个月之内，必须证明病前3个月中，至少工作200小时；超过半年的，要有证明病前的12个月中，至少工作800小时，其中头3个月必须满200小时。

因工伤或职业疾病住院者、享受残疾军人补助者、享受社会保险的长期疾病患者、在特殊教育或职业培训中心生活的残疾青少年，其自第31天起的住院费、不育症的诊断和治疗、癌症等导致死亡的疾病、有组织的检查诊断、70岁以上老人注射预防流感疫苗等，均可全额报销。标有蓝色标记、不在保险之列的药品只能报销35%，但无替代药的昂贵药品可以100%报销。

对于无收入的大学生，医疗保险也十分健全。入学后，凭注册证明就可在医疗保险中心获得一个保险账号，今后每年的保险账号不变，直至年满29岁。但即使过了29岁，还可以向保险机构申请延长。一年的基本医疗保险费为165欧元，普通的伤风感冒、头痛脑热全部报销，而较大的病症则按一定比例报销。再加140欧元，治疗肺炎、肿瘤、癌症等大病的药品、治疗、手术费用也能全报。

（2）优点

医疗服务与报销的高效率、报销90%的医疗费用、基本覆盖全部人口、用户满意度高。

（3）互助医疗保险——必须入的商业保险

除社会保险外，法国还有自愿参加的互助保险。互助保险是一种补充保险，根据个人参保项目给予不同的补偿。社会保险只承担大部分医疗费用；如果再参加互助保险（即补充保险），自己承担的部分则可以报销。比如，专业医生的门诊挂号费，社会保险只负责报销初次挂号费和复诊挂号费基准费的70%，参加互助保险则可分文不掏。投保人除享受医疗保险外，其不能自立的家属同样可以得到医疗补助，自己也可以获得津贴，以弥补生病期间的部分工资损失。因此，包括失业人员在内的九成法国人都参加互助保险。

（4）保险费缴纳

法国社会医疗保险费是通过政府强制性征收，再从国家预算中支出的，也就是说“羊毛出在羊身上”。凡在职职工，医疗保险金占工资总额的19.6%左右，由企业和职工按比例分摊，职工从工资总额中扣除6.8%，其余由企业缴纳。这笔征收于雇员与雇主的社保金，除可以为医疗行为报销之外，也承担着对卫生机构部分出资帮助的任务。

（5）社会医疗保险制度三大原则

患者有权自由选择医生就诊，医生有权自由开业和自主处方，就医者按规定付费。也就是说，看病是自由的，行医和开药也是自由的，收费标准也各不相同，特别是专家门诊。但是，医疗费用却要由国家的社会医疗保险部门来承担，实际上是鼓励人们毫无节制地消费。比如，多配药造成的浪费；本来不需要配眼镜者，可以借助保险配上一副等等。

2. 社会医疗保险制度面临考验

1970年以后，随着国家经济的低落，保险费收入难以增加，在自主运营的原则下，社会保险基金陷于慢性赤字，加上随着人口老龄化进程的加快，公民的医疗要求越来越高，另外医疗技术的成本提高，医疗保险支出激增，入不敷出的矛盾越来越大。近年来，每年的亏空达几十亿甚至上百亿欧元。据统计，2003年前9个月，社会普通疾病保险开支达741.96亿欧元，人均达1 200欧元，同比增加6.4%。社会保险中央金库指出，2003年医疗保险亏空达106亿欧元，创下历史纪录。政府财政如何去填补这个填不满的窟窿，成了当时的一大难题。

早在20世纪90年代，政府就已意识到社会医疗保险制度的弊端，也曾酝酿过一些改革举措。1997年初，法国政府经过精心准备，出台了一项改革方案，其核心内容是将全年医疗保险预算分配到各地区医院，对医生行医、开药实行“配额制”，不得突破。但是，方案一出台立即引起社会震动。医务工作者、药店经营者、药品研究和生产厂家，纷纷予以抨击，罢工、示威等抗议活动一浪高过一浪。医生认为，这一方案将使他们无法根据病人的病情需要进行诊治，使病情贻误。如果下半年预算吃紧，危重病人只能被拒之门外，见死不救，有失社会公正，也有违医德。在此起彼伏的风潮冲击下，改革最终搁浅。

为了填补社会医疗经费的黑洞，法国政府以出售企业国有控股股份、提高烟草税收等来填补窟窿，但这毕竟不是长远之计。要缓解医保赤字问题，要么提高税率增收，要么抬高支出门槛，把部分医疗费转由个人负担，别无他途。2003年10月13日，拉法兰在总理府建立了医疗保险改革高级委员会，于2004年全面开展改革，其出发点是要压缩赤字，把目标锁定在112亿欧元。法国将自然疗法的医药费报销标准从65%降至35%，加强对病假，尤其是长病假的检查核实工作，改变医务人员随意开处方的习惯，大力推行以预防疾病为主的活动。

一些有识之士也在为医疗保险改革出谋划策，《世界报》刊登了曾任政府预算部门负责人提出的13条建议，主张在不增加医疗保险税的同时，提高遗产税，严格管理支出，让参保人参与医院的领导，减少多头医疗消费，与舞弊行为斗争，引入竞争机制等等。但是，要对医疗保险制度动一番手术，的确不容易。

3. 法国社会保障津贴中与医疗机构相关的补助

(1) 日病假补贴

享受日病假补贴的条件为：员工工龄必须达到最低标准，此标准会因停工天数大于或是小于6个月而不同。日补贴金额根据以往薪酬计算，最高不得超过上限47.65欧元。

病假补贴的受益者必须：

- 按医生处方接受治疗。
- 接受医保金管理机构的医疗控制部门相关人员的检查。
- 遵守医生规定的外出时间。

(2) 生育保险

产假长度：

- 待产一胎的女员工：16周
- 待产一胎且已生育两个子女的女员工：26周
- 待产双胞胎的女员工：34周
- 待产三胞胎的女员工：46周

生育补贴：

- 为了享受生育补贴，员工工龄必须达到最低标准。
- 生育补贴根据薪酬计算且不得超过上限76.54欧元。

(3) 伤残保险

- 伤残保险是发放给年龄在60岁以下、非工伤或非职业病致残的员工的一笔用于补偿工资损失的抚恤金。

- 享受伤残抚恤金，员工工龄必须达到最低标准。
- 伤残抚恤金的金额根据伤残程度及以往工资水平而调整。

（4）工伤、职业病补贴

医保金基层管理机构确认事故或疾病确由工作导致后会发放补偿金。

补偿项目：

- 工作场合中发生的事故。
- 工作地点与员工住所或惯常用餐场所之间的路途上发生的在途事故。
- 由长期或重复出现的致病环境导致的职业病。

补贴发放原则：

- 短期停工可享有病假补贴。
- 如果事故或疾病后遗症持续，受害者可获得一笔一次性支付或以年金形式支付的残疾补贴。
- 如果受害者去世，年金可由其继承人领取。

三、失业保险

法国失业保险是法国政府为保障失业人员基本生活而实施的一项强制性措施。法国失业保险立法几经修订，于1984年建立起由雇主和雇员强制的双层保险制度和政府的基金式制度，它属于强制保险与援助制度。

法国的失业保险基金由个人、雇主和政府三方负担：为了享受失业保险，职工和雇主分别要缴纳净工资的大约2.4%和4%作为失业保险，政府负担综合方案的全部费用。失业补助金金额按个人情况而有变化，相当于失业者以前毛薪的57.4%至75%（低收入者）。每月最低金额为811欧元，最高金额定为净额5 643欧元。

自2009年开始，工作期限满28个月且失业保险缴纳期限达到4个月的员工就可领取失业救济金。法国发放失业救济金的原则是“交一天的保险享受一天的补偿”，普通失业人员领取失业救济金的最长期限为两年，年龄在50岁以上的失业人员领取失业救济金的最长期限则被延长至36个月（即三年），超过期限的失业人员可获得金额最低的积极互助收入。

四、法国其他社会保障制度

1. 社会安全保险

社会安全保险是指每人所缴纳的社会安全保费的最大值，即健康保险、失业保险、养老保险、国家住房协助基金缴款的综合缴费方式。若个人单项保费相加总计不足当月社保需缴金额，即可单缴各项费用，也可缴纳社保费。

2. 健康保险

健康保险是指病人住院过程中包括的所有费用（由病人或其私人保险公司负责）从15欧提升到16欧。这一保险是补充性生病保障保险，每月收入约在598欧以下的情况可向政府申请免费，连挂号都免费。

3. 社会救济

合法居住在法国超过25岁的人均可申请，有孩子或怀孕者可降低享受年纪，但收入必需少于社会救济金补助的金额，单身无子者可获得每月440.86欧的补偿，单身一子、夫妻无子者可获得每月661.29欧的补偿，二子单身者及夫妻带一子者则有每月793.55欧的补偿。

4. 残障补助

残障补助为每月621.27欧，除此之外，若残障人士自主生活（独立居住、有居住补助但无工作），则补助额每月外加103.63欧，无法工作者的补助额每月外加179.31欧。

5. 团体特别补助

失业保险金领完者、注册寻找工作者、身体无法工作者、以及每月个人收入少于980欧的法国人还可按日领取额外收入，每日补助金可达14.51欧，55岁（含）以上再次提高补助额，该补助根据受补助者月收入情况发予，并依“工商就业协会”补偿规定的变化而变化。

6.“耶诞奖金”补贴

除了按月领取的补助外，还有一种一年给一次的被称为“耶诞奖金”的补贴，申请资格限制于弱势群体，如领取“社会最低收入”者，政府会发给152.45欧，这比两人过圣诞所需的花费要高许多。

7. 工作奖金

找到工作，或有工作但收入无提升的法国人，政府均发予此奖金，这是从2000年起实行的新制，每年发放两次，最高可达948欧。

8. 主要家庭津贴

主要家庭津贴分有普通制及非普通制两种，前者是供家中有在2004年以后出生孩子者采用，所有项目的津贴均依家庭收入不同而有所不同。

家庭补贴政策的目标为：补偿家庭支出；扶持有缺陷的家庭；平衡事业与家庭生活；提高出生率。

法律规定的补助：

- 维持家庭生活补助——家庭津贴、家庭补充津贴
- 抚育/收养幼儿补助
- 专项补助：入学津贴、家庭支持津贴、残疾儿童教育津贴、父母照顾孩童津贴等。
- 个人住房补助

9. 老年人最低保障金

针对65岁以上的保险分摊费缴纳过少的人群。

复习与思考题：

1. 法国的医保体系是如何运作的？
2. 法国养老金如何发放？
3. 你认为社保体系对于一个国家的意义在哪里？
4. 中法两国社保体系的异同在哪些方面？
5. 为什么我们把法国的社保体系列入完善的世界级社保体系之列？
6. 你认为中国的社会保障体系还需要在哪些方面进行改进？

Leçon quatorze

Problèmes sociaux

Il existe des problèmes sociaux en France.

法国存在着一些社会问题。

Le problème d'immigration devient un grand problème de société en France.

法国的移民问题已经成为一个很严重的社会问题。

La France est un pays multinational. Il y a près de 7 millions d'immigrés.

法国是个多民族的国家，法国大概有七百万的外来移民。

Comme les mœurs des immigrés sont différentes, elles apportent beaucoup de problèmes à la société. Cela produit souvent de la violence.

外来移民由于各自风俗习惯的不同，给法国社会带来了许多问题，也产生了许多暴力事件。

Le niveau de la culture des immigrés est bas en général.

法国外来移民的文化水平普遍偏低。

Cela conduit la discrimination raciale.

这引起了种族歧视问题。

Comment trouvez-vous les immigrés?

Les immigrés ont contribué à la construction de la France. Les immigrés sont devenus des forces indispensables.

您怎么看待法国的移民?

法国移民为法国的社会建设做出了贡献。移民已成为法国社会发展不可或缺的一部分。

Un autre problème social est celui du chômage.

另一个社会问题是失业问题。

En France, de nombreuses personnes sont au chômage. Le taux de chômage de la France arrive à 10% en 2013. On peut dire que c'est un grave problème.

法国许多人失业，2013年失业率达到10%，可以说这是个很严重的问题。

Est-ce qu'il est difficile de trouver un travail en France?

Actuellement oui, mais je voudrais essayer encore.

在法国找工作很难吗?

现在很难，但我还是想试试。

Quel métier voulez-vous faire?

Je veux faire du commerce.

您希望从事哪类职业?

我想从商。

Je vous souhaite de trouver un bon travail.

Merci de votre encouragement.

我希望您可以找到一个好工作。

谢谢您的鼓励。

Je suis sûr que je vais réussir avec mes efforts.

我确信只要努力我一定能够成功。

Vocabulaire（词汇）

il existe 存在，在于

société n.f. 社会，公司

près de loc. prép. 大约

mœurs n.f. pl. 风俗，习俗

violence n.f. 暴力

bas，se adj. 低的，低级的

discrimination n.f. 歧视

cela pron. 这个，那个

immigration n.f. 外来移民，移居

multinational，e，多民族的

immigré，e n. 移民

apporter v.t. 带来

niveau n.m. 水平

en général loc. 通常

racial，e adj. 种族的

produire v.t. 产生，导致

conduire v.t. 导致，引起
contribuer（à） v.t. ind. 贡献
construction n.f. 建设，建筑
force n.f. 力量，能力
taux n.m. 比率，利率
arriver v.i. 达到，到达
actuellement adv. 目前，现在
essayer v.t. 尝试
métier n.m. 职业
commerce n.m. 商业
souhaiter v.t. 希望，祝愿
travail n.m. 工作
encouragement n.m. 鼓励，加油
sûr，e adj. 确信的
réussir v.i. 成功
effort n.m. 努力

Notes（注释）

I. 指示代词

1. 词形

	简单词形		复合词形	
	阳性	阴性	阳性	阴性
单数	celui	celle	celui-ci celui-là	celle-ci celle-là
复数	ceux	celles	ceux-ci ceux-là	celles-ci celles-là

2. 用法：指示代词代替上文提及的人或物，以避免重复。

（1）简单指示代词不能单独使用，后面总是有以de引导的补语或关系从句等限定成分。

C'est mon oncle，où est celui de Paul. 这是我叔叔，保尔的叔叔在哪儿？

Cette revue n'est pas celle que je veux. 这份杂志不是我要的那份。

Ces étudiants ne sont pas ceux de la première année. 这些学生不是一年级学生。

（2）复合词形可以单独使用，不需要后面跟限定成分。

Voici mes deux amies：celle-ci s'appelle Lydie，celle-là Passy. 这是我的两个朋友：这个叫莉迪，那个叫帕西。

Ceux-ci partent，ceux-là restent. 一些人走了，另一些人则留下了。

Il y a deux livres，veux-tu celui-ci ou celui-là? 有两本书，你要这本还是那本？

Ⅱ. 中性指示代词：ce，ceci，cela，ça

1. ce的用法：ce没有性数变化。

（1）ce作主语

C'est mon ami. 这是我的朋友。

Ce sont des livres. 这是一些书。

（2）ce不作主语时，后面一般要跟一个关系从句。

Je n'aime pas ce que tu m'as acheté. 我不喜欢你给我买的那个。

Ce que j'aime est la musique. 我喜欢的是音乐。

2. ceci，cela的用法：它们一般指代事物，不指代人。意思是“这个”，“那个”。

Ceci est beau，cela est laid. 这个漂亮，那个难看。

J'aime ceci，je n'aime pas cela. 我喜欢这个，不喜欢那个。

3. ça的用法：一般用在口语中。

Ça va? 可以吗？

Je n'aime pas ça. 我不喜欢这个。

Ça y est. 好了。

Ⅲ. 动词produire的直陈式现在时变位

produire（导致，产生）

je produis	nous produisons
tu produis	vous produisez
il produit	ils produisent
elle produit	elles produisent

法国的社会问题

一、法国移民问题

移民是指生活在出生国之外的人群。外国移民，由于人口平均年纪相对较轻，他们提供较多的劳动，领取较少的社会救助，这样积累出更多的社会价值。如第二次世界大战以后，法国“辉煌三十年”的经济强劲发展就依靠了大量的外来劳工。法国属于“老牌移民国家”，移民数量是“逐步累积起来的”，其移民占人口总数的11%。

1. 历史进程

从历史的角度来看，法国历来都是一个移民国家，19世纪以来，法国经历了四次大的移民输入浪潮：第一次是从19世纪到20世纪初，主要来自于法国接壤国家的中欧、南欧和英国的移民潮；第二次是20世纪上半叶，以中东欧国家为主要来源地、以斯拉夫人为主体的移民潮；第三次是从1945年到1973年，先是以中南欧移民为主体，后被来自马格里布地区等非洲和亚洲国家的移民所取代的移民潮；第四次是1974年至今，以来自世界各地的难民和非法移民为主的移民潮。经过这四次移民潮，法国从一个单纯的民族国家演变成为非典型意义的现代移民国家。

法国2009年统计移民数量可能为770万，占法国本土总人口的12.25%，其中3/4来自非洲大陆，当然主要是前法属殖民地，如马格里布国家（340万）和黑非洲国家（240万）。来自欧洲白人区域的移民大约在70至110万之间；土耳其和巴尔干地区较少，仅30至50万；亚洲移民也不多，在30至60万之间。

每年通过合法途径进入法国的移民大约有21.5万人，其中有9万人合法离开，也就是说，每年增加合法移民12.5万人。在合法进入法国的移民中，每年约有15万人能够拿到法国国籍。而非法入境法国、或合法入境但未能取得合法居留的移民，也就是非法移民，目前在法国总共约有35至75万。

应该强调一点，这个统计数字中并没有包括第二代非洲裔和阿拉伯裔的人数，因为他们已经不再符合“出生在外国、父母也是外国人”这个条件，因此实际上在法国生活的非白人数量显然要比上述数字更大一点儿。但这种统计有“种族歧视”之嫌，在法国永远不会出现。如果考虑到外来移民妇女平均生育3个孩子，往往超过法国本土妇女平均生育2个孩子，结果就是移民家庭平均人口是3.2人，而法国家庭则仅2.4人，由此可窥，法国外来移民数量的趋势呈上升走向。

2. 移民问题

移民导致的最根本问题，是法国人身份认同的危机，预示国家凝聚力出现裂痕，也是国家走向分裂的第一步。

娜吉拉·莉梅是一个摩洛哥少女，为逃避逼婚，2005年随其哥哥来到法国卢瓦雷省生活，正在上中学。她的哥哥是一个有暴力倾向的人，经常殴打娜吉拉。2010年2月20日，娜吉拉终于受不了了，前往警察局报警。她没有料到的是，她就此再也没能回家，因为她应于2009年11月24日离境。她当时就被拘捕，很快便强制遣返回摩洛哥，此事立即引起法国舆论的轩然大波。娜吉拉被遣返引发法国人权组织的强烈反对。当时恰好法国国民议会正在辩论如何加强妇女权利和保障，娜吉拉的例子如同火上浇油。法国政府内也出现不同声音，事情一直闹到法国总统萨科齐的办公桌上。

当时的萨科齐总统曾以“出于人道考虑，在法国人人有权上学，包括非法移民”为理由，准许居留在法但合法居留已经到期的未成年人重新申请签证前来法国。然而，曾经遣返过此类人员的警察局局长却坚决反对：这等于是对他严格根据法国法律做出的决定的完全否定。于是他至信内政部，要求“解除他的职务”，因为他“无法继续在任上工作下去”……，由此可窥移民问题在法国的敏感程度。

法国存在着一些“敏感话题”，移民是其中之一，包括合法和非法移民，这也是欧洲发达的前殖民宗主国所普遍存在的一个问题。法国自2007年萨科齐当选后便在政府中专门设立了“移民部”，试图寻求化解之道，但迄今为止并没有多大的成效。

近年，法国地方选举前曾大规模地讨论过一次“法国国民身份”问题，其实质就是对移民这个发达国家“死结”根源的一种探讨，激烈反对移民的极右翼法国国民阵线曾在地方选举中得票率近10%，反映了法国部分选民“反移民情绪”的剧烈膨胀。从某种意义上来说，西方发达国家内部是否会因移民问题而产生社会分裂、文化分裂和宗教分裂，最终导致一场严重的政治危机，是仅次于金融与经济危机的一个重要课题。

法国很多社会现象与移民问题有关，如2007年底的郊区骚乱、2009年底发生的餐饮业非法移民无证员工大罢工、法国的犯罪率问题等（法国华文报刊曾报道过，位于法国巴黎市郊圣德尼斯市的中国商家几乎都曾遭到外裔人的抢劫）均无例外。著名记者艾利克·齐姆尔说出一句大实话："大多数贩毒犯是黑人与阿拉伯人。"，其深层原因也都是移民问题。法国国民议会正在酝酿要通过一条反伊斯兰头巾法律也与移民问题密切相关。

外来移民本身已经成为法国的一支重要政治力量，他们中间已经取得法国国籍者也有一张选票，法国社会党第一书记奥布利正是看到这一点，在地方选举中提出，应该给予外来移民地方选举投票权这样一个极其敏感的话题……，由此可窥，移民问题无法回避地已经演变成为涉及法国社会、宗教、历史、种族等多重问题的一个难解的"死结"。

法国移民部的全名十分拗口：移民、整合、国家认同和团结发展部，但这个名称却将这个部的功能和职责分四个阶段明确表现出来。问题是，移民部做得更多的却可能是反非法移民，不是接纳，而是反对移民。因而近几年来，法国警方对非法移民的追捕、遣返力度均大幅加强，这使得法国社会裂痕加剧、矛盾加深。最近甚至出现这样的情况：一些生于斯、长于斯的法国第二代移民，由于父母生于国外，在办理身份证时，被要求提供父母是法国国籍的证明，导致很多无法提供的人被拒绝办理，这些人就有成为"无国籍人士"的危险。

非法移民、特别是强制遣返问题，直接涉及人权观念，因而每次都会引发激烈的法律与人权之间的冲突。从人权的角度出发，这种做法绝对违背人权理念。非法移民并非罪犯，更无暴力倾向。前法国移民部曾将三名来自阿富汗的非法移民遣返回"正处于战争中的国家"，招致法国舆论的强烈谴责。问题是，作为"人权的祖国"，非法移民能否享有正常移民的许多人权？如根据欧洲人权规定，任何人均有权拒绝登上飞机，但强制遣返时显然是违反这一规定的。

移民导致的一个最为根本的问题，就是法国人身份认同问题。法国过去是一个传统的基督教白人国家，但法国一向鼓吹"多元文化"，那么怎么能要求一个伊斯兰信徒为了成为法国人而改奉基督教呢？更何况，一个生在法国的黑人难道就比一个白人更少一点"法国人身份认同"吗？

移民问题正在影响着法国的未来。

3. 移民的入籍

法国政府为了减少外国移民的人数，对申请以移民身份入境的外国人限制的十分严格。只有符合以下几项条件者，才能得到批准：

（1）法国公民的配偶、未婚夫妻和21岁以下的子女以及父母等；

（2）取得长期居留权的外籍侨民的配偶和不满18岁的子女；

（3）接受雇主雇佣，劳工合同业经移民局批准；

（4）经核准身份，准予合法居留的难民。

二、法国民族问题

1. 多民族的法国

在法国，所谓“法国人”已并非是清一色的白种人，还包括众多阿拉伯人、黑人、亚裔等其他族群。作为一个由多族群构成的国家，法国也存在着民族（族群）问题，而且少数族裔的问题对法国社会产生越来越大的影响。

法国民族问题比较复杂，大体可分为两类：第一类是以地域为单位的民族分离运动，如东南部的科西嘉岛问题、西南部与西班牙接壤的巴斯克地区问题、北部的布列塔尼问题；第二类是以族裔为单位的、带有跨境族裔因素和宗教因素的民族矛盾，主要是阿拉伯人问题和黑人问题，在2005年巴黎骚乱后更是逐渐凸显。另外，欧盟不断东扩所造成的移民问题和欧洲一体化进程加快带来的欧洲认同问题也日益引人关注。

目前，法国的少数族裔主要是阿拉伯人、黑人和亚裔。据全法阿拉伯法国人协会、黑人法国人协会等非政府组织的保守统计，2008年全法大约有400万到700万阿拉伯人、300万到500万黑人以及15万亚裔。鉴于此数据是保守估计，那么若以最高数字统计，少数族裔已经占到了法国全国总人口的22%（2008年法国总人口约6000万）。而且，随着欧洲一体化进程的不断加快，大批东欧移民可以自由地在欧盟境内流动，法国少数族裔的人口比例将会继续上升。

2. 民族歧视

法国的阿拉伯人绝大部分来自阿尔及利亚、摩洛哥、突尼斯三国，黑人大部分来自西非和赤道非洲的法属殖民地，小部分来自法国的海外属地（海外省、海外领地和特殊行政单位）。

由于两次世界大战后法国本土人口大为减少，亟须大批劳动力参与战后重建工作，大批来自非洲的阿拉伯人和黑人进入法国，承担了大量被法国人视为肮脏、危险的工作。可以说，法国社会的恢复和繁荣发展与这两个族裔的付出是分不开的，但这并不意味着阿拉伯人和黑人能够顺利地融入法国社会。

如今的阿拉伯人和第二代黑人移民基本都是法国公民，但还是很难融入主流社会。在法国各大城市，黑人和阿拉伯人都有自己的聚居区，这些聚居区一般分布在城市的边缘或郊区，总是与不安全、混乱、肮脏等负面词语联系在一起，其他族裔的人往往不愿意前往，更不愿意久留，从而形成以族裔为划分标准的“隔离区”。法国各族裔间相互也不认同，白人认为黑人和阿拉伯人只不过是持有法国国籍而已，并不是真正的法国人，因为他们没有法兰西民族的精神、没有接受法兰西的文化，不是法兰西的真正成员；黑人和阿拉伯人则觉得法国并没有给他们真正的归属感，他们努力想融入法国社会，却在很多时候遭遇隐性的排斥甚至是歧视。

3. 民族问题的解决

法国社会的整合和各族群之间的认同存在的问题是客观的。然而目前，法国还没有制定专门的、基于公民民族或宗教身份而区别对待的民族政策，而是把与少数族裔有关的政策分散在国家公共政策体系中的移民政策、公民权利、社会福利等政策中。

法国宪法规定：“一个不可分割的、世俗的、民主的共和国保证所有共和国公民在法律面前一律平等，不论出身、种族、宗教信仰”，推崇“自由、平等、博爱”的价值观，强调所有公民对法国和法兰西民族的认同，强调社会群体的一致性、同质性、一体化。因此，法国长期以来对待民族问题的基本立足点是对所有法国公民一视同仁，避免刻意地区分民族、宗教等身份。因此，法国的公共政策不会基于民族、宗教身份而给予某一群体以任何特殊的待遇，法国的人口统计中也没有民族和宗教情况的登记，法国少数族裔的人口数、人口分布、年龄构成等确切情况均处于模糊状态，没有准确的统计数字。

但是，近年来随着民族问题的不断增多，法国逐渐意识到这种抹去社会成员族裔身份的政策理念在实践中出现了问题，并开始做出相应的调整。2007年3月，法国政府建立移民、整合、国家认同和团结发展部，其主要职能是管理移民和促进法国社会的整合与认同，有相当一部分事务涉及少数族裔。

法国遭遇的国家认同危机是前所未有的，这迫使其不得不正视“没有民族”的公共政策所造成的问题。要解决法国当前的民族问题，制度安排和政策设计任重道远，毕竟人心的问题远不是政治和经济发展所能解决的。

三、人口老龄化问题

法国近乎自然化的生活状态，一周35小时宽松的工作节奏，以及发达健全的医保体系，使得法国人的预期寿命不断增加，2010年男女平均年龄分别达到

78.1岁和84.8岁，成为欧盟国家中紧随西班牙之后的长寿国。“欧洲老了”，法国也在一天天变老。据权威机构估计，2060年，欧洲人口的1/3将超过60岁，总人口将减少2000多万，80岁以上的老龄人口所占比率将达到21.1%，欧洲面临的老龄化挑战已引起欧洲统计局及其成员国的关注。

1. 产生老年化的原因

• 生育高峰：第二次世界大战结束后，1945年到1950年间，法国经历了被人们称作“婴儿潮”的时期。在那个时期出生的人都已超过60岁，成为名副其实的老人。

• 出生率下降：1950年以来，出生率几乎不断地下降。尤其是20世纪70年代起随着家庭结构迅速演变，出现了结婚率明显下降，离婚率骤增的局面，新型家庭的出现还导致新生儿出生率急剧下降。

• 寿命延长：现代医疗水平提高，及时治愈疾病；生活水平提高，饮食搭配合理；保健意识提高，注意休息和锻炼；居住环境改善，心情舒畅。这些都为人们长寿提供了有力的保障。

2. 老年人问题

据相关研究显示，从现在到2035年，法国中年人的平均年龄将从39岁上升到43岁，60岁以上的人可能增长80%，75岁以上的人增长2倍，85岁以上的人增长4倍以上。目前，法国百岁老人达1.5万，为40年前的13倍。2060年，预计法国百岁老人可能达到20万。如果社会条件改善超乎想象的话，百岁老人总数甚至可能达到38万。这种人口结构演变的倾向，届时将导致法国非劳动人口人数超过劳动人口数。

法国75岁以上的老年人在40年内将增加一倍，生活不能自理的老年人的人数每年将增加1%。这将提出医疗负担和接待这些老年人的问题，未来的几十年内，这方面的费用将增加36%（+80亿欧元）。

3. 应对措施

法国人口老龄化将直接引起劳力短缺、活力减弱、负担加重等社会问题。为此，法国采取针对性措施，从多个方面加以应对。

在国家、社会、个人三位一体的福利型社会保障体系下，激励能力许可者的劳动参与率，延长退休年龄，实行弹性退休制度，设法推迟整体社会“衰老”期。另一方面，法国自2007年起，制定实施了一项“夕阳红”计划，细化健康生活，注重疾病防治，提高技术服务，丰富社会生活等，进一步创造和保障老年人的幸福生活环境。

四、婚姻问题

1. 结婚率下降

在法国，越来越多的情侣选择一起生活、一起买房、一起组建家庭、抚养孩子，却不考虑让两人的关系得到法律或宗教上的认可。尽管法国人口数量和出生率都在增加，但结婚率的下降幅度却超过30%，1000个法国人中平均只有4.3人结婚，59%的新生儿都是非婚生子女。初婚平均年龄越来越晚：男性为36岁（2005年为31岁），女性为33岁（2005年为29岁）。

2. 离婚率上升

根据法国人口部门提供的数据，在1980年到2003年的23年间，法国的离婚率从22%上升到接近43%。20世纪70年代开始整个欧洲的离婚曲线就像脱缰的野马一样升了上来，法国也不例外，三分之一的夫妻最后都走向了离婚，这一数字在巴黎大区甚至达到了二分之一。在人口普查中列为“独身”即单独居住的男女数量激增。合法确立婚姻关系的人数减少，离婚的数字却不断增加，十年间婚姻维持的平均时间从8年降低到了4年。

五、就业与失业问题

1. 失业率

法国劳工部公布的数据显示，截至2013年2月底，法国本土登记失业人数连续22个月上升，达到318.7万，逼近1997年1月以来的最高纪录319.55万。数据显示，2013年2月，法国本土登记的完全失业人数比前一个月增加1.84万，环比增长0.6%，同比增长10.8%。包括半失业在内的失业人数比前一个月增加2.65万，达到470万。持续走高的失业率对青年人的影响最大，25岁以下青年失业人口达到73万，失业率高达24.8%。

2. 应对措施

面对严峻的就业形势，法国总理让－马克·艾罗表示，政府将紧急动员，计划出台政府补贴措施来促进就业。法国总理艾罗宣布，政府决定在全国各地就业中心设立2000个长期合同岗位，还在国民议会呼吁为改善就业形势，法国各界进行“总动员”，争取3月底为青年提供1.5万份未来合同，年底前签署10万份此类合同。艾罗希望到其任期结束时帮助50万年轻人就业。

六、社会治安问题

1. 强化反恐，颁布打击恐怖主义法律

恐怖主义一直是让法国政府十分头疼的问题。政府对那些拥有法国国籍，但曾经前往巴基斯坦和阿富汗边境接受恐怖主义思想渗透的人群格外注意。这些人在接受了恐怖主义思想后回到法国，预谋实施恐怖主义行动，或者在互联网上散布极端主义和伊斯兰圣战的思想。这些都让法国政府感到了强大的危机，所以反恐法律也应运而生。该法律允许对在国外犯有恐怖主义罪行或在国外接受极端主义思想灌输的法国公民提起诉讼。

2.典型暴力事件引发治安问题

法国人认为，法国的治安问题一方面是由于法国废除了死刑制度，最严重的杀人罪，也不过是无期徒刑，这使得犯罪分子更加猖獗。其二，警察方面，由于法国宪兵、警察力量不足，导致法国平均每天发生38起针对警察和宪兵的袭击事件，警察从自身安全出发，也不会因为一些小抢劫而发生激烈冲突。其三，法国提倡保障罪犯权利。对于罪犯来说，即使触犯法律，他们同样也享有最基本的人权。这导致警察在抓捕罪犯时，要格外注意自己的言行举止。最后，未成年人犯罪有增无减。法国的法律制度对未成年人犯罪提倡教育为主。在法国，16岁以下未成年人不能关押，13岁以下不能被刑事起诉。对未成年人的定罪要提交专门的法院，程序也很复杂。很多警察在抓获未成年罪犯时，对于行为不严重的，一般只是简单地询问、说教一番，就放出来了，这导致法国未成年人的犯罪数量越来越多，年龄越来越小。

复习与思考题：

1. 简述法国移民历史及移民导致的问题。
2. 法国的外来移民对法国的贡献有哪些？
3. 法国失业率很高，政府采取哪些措施？
4. 全世界都面临着人口老龄化问题，怎样才能解决好这个问题？
5. 你认为养老问题的核心是什么？
6. 暴力问题主要分为哪几个方面？其原因是什么？

Leçon quinze

Cinéma

Quel genre de film vous intéresse?

您喜欢什么类型的影片?

J'aime les films de fiction.

我喜欢故事片。

C'est un film tourné d'après un roman du même nom.

这是一部根据同名小说改编的电影。

C'est un bon film.

这是一部很好的电影。

Ce film est émouvant.

这部电影很感人。

Je suis fan de cinéma.

我是电影迷。

La France possède des techniques avancées et a beaucoup d'expériences dans le tournage de films.

法国的电影技术先进，经验丰富。

Allez-vous souvent au cinéma?

Non, je vais rarement au cinéma maintenant, parce que je suis très occupé.

您经常去看电影吗?

不，现在很少去，因为太忙了。

Qu'est-ce qu'on passe ces derniers jours?
Vous pouvez regarder sur Internet.
C'est une bonne idée, on y trouve de tout.
最近几天放映什么电影?
您可以上网查一下。
是个好主意，在网上我们什么都能查到。
Il y a beaucoup de nouveaux films à voir.
现在有许多新电影可以看。
On passe «Le dernier Métro». On dit que c'est un film très intéressant.
Alors allons le voir ensemble.
现在放映《最后一班地铁》。据说是一部很不错的电影。
那我们一起去看吧。
J'aime aussi le théâtre.
J'ai vu l'opéra moderne «La Dame aux Camélias» la semaine dernière.
我也喜欢看剧。
上个星期我看了现代歌剧“茶花女”。
L'interprétation est parfaite.
表演十分完美。

Vocabulaire（词汇）

cinéma n.m. 电影，电影业
film de fiction n.m. 故事片
d'après prép. 根据，按照
même adj. 同样的，相同的
fan n.m. 崇拜者，狂热爱好者
expérience n.f. 经验
rarement adv. 极少，罕见
parce que conj. 因为
passer v.t. 放映
consulter v.t. 询问，咨询
tout pron. 全部，所有东西
genre n.m. 种类
intéresser v.t. 使……感兴趣
roman n.m. 小说
émouvant，e adj. 感动人的
avancé，e adj. 先进的
tournage n.m. 拍摄
maintenant adv. 现在，目前
occupé，e adj. 忙碌的
ces derniers jours adv. 最近
tourner v.t. 拍摄
il semble 似乎

ensemble adv. 一起
opéra moderne n.m. 现代歌剧
semaine n.f. 星期，周
théâtre n.m. 戏剧，剧场
La Dame aux Camélias 茶花女
interprétation n.f. 解释，表演

Notes（注释）

I. 副代词 y

1. 代替介词**à**引导的间接宾语（物）
— Avez-vous répondu à sa question? 您回答他的问题了吗?
— Oui, j'y ai répondu. 是的，我回答了。
Ce projet est très important, tout le monde y pense.
这个计划很重要，大家都在思考这个计划。
2. 代替介词**à**引导的形容词补语
— Etes-vous habitué à la vie de Shenyang? 您已习惯于沈阳的生活了吗?
— Oui, j'y suis habitué. 是的，习惯了。
— Es-tu prêt à partir? 你准备好出发了吗?
— Oui, j'y suis prêt. 是的，我准备好了。
3. 代替介词**à**, dans, sur, chez, devant, derrière等引导的地点状语
Je vais à la bibliothèque, tu y vas aussi? 我去图书馆，你也去那儿吗?
C'est notre bureau, j'y travaille jusqu'à cinq heures.
这是我们的办公室，我在这儿工作到五点。

Ⅱ. 无人称动词

无人称动词仅用于第三人称单数。它的主语是中性代词il，并不指什么人和事物，只作为动词人称和数的标志使用。
Il y a beaucoup de nouveaux films à voir. 现在有许多新电影可以看。
Il gèle. 结冰。
Il neige souvent. 经常下雪。
Il pleut tous les jours. 每天下雨。
Il fait très froid cette année. 今年特别冷。

Il est deux heures. 现在是两点钟。

Il y a des photos. 有一些照片。

法国的文化艺术

文化是一个很宽泛的概念，笼统地说，文化是一种社会现象，是人们长期创造形成的产物。同时又是一种历史现象，是社会历史的积淀物。法国是西方文化的代表，有着独特的文化底蕴和丰富的文化遗产。法国文学、戏剧、电影、绘画等艺术门类是人类文化百花园中的瑰宝，在世界文化宝库中占有重要的地位。

一、法国文学

由于法国文学拥有悠久和丰富的历史，并在发展过程中对其他语言的文学产生了深远的影响，因此，通常认为法国文学占据了西方文学发展的核心位置。

1. 中世纪法国文学——口头文学

法国文学通常都以标志法兰西王国建立的第一份罗曼语文献，即842年的《斯特拉斯堡誓言》作为起源的标志。也就是说，法国文学最初的形态属于中世纪文学。

这一时期的文学基本上都是韵文，是便于行吟诗人传诵的口头文学。按类型分有宗教文学、英雄史诗（武功歌）、宫廷文学、骑士文学、经院文学、市民文学等；按体裁分有诗歌、戏剧、编年史和韵文故事。英雄史诗以《罗兰之歌》为代表、骑士故事诗以《亚瑟王故事诗》为代表、市民文学以《列那狐的故事》为代表。

法国最早的两个诗歌流派修辞学派和里昂派也在此时形成。

2. 文艺复兴时期的法国文学——小说与散文的开端

1515年弗朗索瓦一世登基，标志着法国文艺复兴时期的开始。在这一时期形成资产阶级人文主义，对后世的思想和文学产生了极其重要的影响。拉伯雷的长篇小说《巨人传》集中体现了新兴资产阶级反抗封建意识和教会神权的文艺复兴精神，同时开法国长篇小说之先河。蒙田的《随笔集》不仅创造了散文的体裁，而且以他的怀疑主义表现了对人性、理性和真理的尊重。

龙沙曾经想以古希腊罗马作家为榜样，用法语写作民族史诗。以他为首的七星诗社是法国第一个有组织的诗歌流派，主张从古代和民间的语言中吸取养料，为丰富法语、使法语摆脱中世纪的贫乏状态做出了贡献。

3. 17世纪法国文学——文艺理论体系形成

17世纪为君主专制制度服务的古典主义由酝酿、发展而走向全盛。30年代，法兰西学士院组织者夏普兰提出包括三一律在内的古典主义文艺理论体系。此时贵族沙龙文学盛行，其代表是奥诺莱·杜尔菲的田园体小说《阿丝特莱》。文艺理论家布瓦洛1674年发表《诗艺》总结了夏普兰已提出过的文艺理论，成为古典主义的美学法典。法国古典主义的代表人物还有高乃依（喜剧《梅丽特》、悲剧《梅德》）、拉辛（悲剧《安德罗玛克》）、莫里哀（《伪君子》、《悭吝人》、《唐璜》）和拉·封丹（《拉·封丹寓言》）等。

4. 18世纪法国文学——启蒙运动

17世纪末的古今之争标志着古典主义的没落和启蒙文学的开始。从文学上来说，古典主义戏剧在18世纪占据着统治地位，悲剧方面有伏尔泰（《布鲁图斯》、《恺撒之死》），喜剧方面有勒萨日（政治喜剧《杜卡雷》）。

18世纪在戏剧方面的创新是拉·萧塞的既非悲剧又非喜剧的泪剧。狄德罗用散文把泪剧改造成了市民剧即正剧，成为现代话剧的前身。狄德罗的启蒙戏剧理论也对戏剧的发展产生了重大的影响。18世纪末博马舍的《塞维勒的理发师》和《费加罗的婚姻》是散文体的喜剧，也是现代喜剧的先驱。

由于时代的变迁，小说成了启蒙思想家宣扬哲理的工具，代表作有伏尔泰的《老实人》和《天真汉》，狄德罗的《宿命论者雅克和他的主人》和《拉摩的侄儿》、卢梭的《爱弥儿》。孟德斯鸠的《波斯人信札》和卢梭的《新爱洛绮丝》是书信体小说，尤其卢梭的《忏悔录》等是浪漫主义文学的先兆。

5. 19世纪法国文学——由浪漫主义到现实主义再到流派并列

1789年法国革命后及19世纪初形成了注重描写自然景色、抒发主观感情的浪漫主义文学。

贵族浪漫主义主要着意抒发忧郁情调，代表作有夏多布里昂的《阿达拉》和《勒内》，拉马丁的《沉思集》、《新沉思集》及《诗与宗教和谐集》，维尼的《命运集》等等。

资产阶级浪漫主义着重表现在大革命后感到失望和不满、富有资产阶级个性的人物，代表作有斯达尔夫人的小说《苔尔芬》、《柯丽娜》，龚斯当的小说《阿道尔夫》等等。19世纪20年代，资产阶级浪漫主义在与古典主义的斗争中形成了强大的文学运动，为反对封建复辟和埋葬古典主义作出了重大贡献。代表作有雨果的《〈克伦威尔〉序言》、剧本《欧那尼》和小说《巴黎圣母院》。大仲马的历史剧《亨利三世和他的宫廷》，乔治·桑的小说《印第安娜》和《康素爱萝》等等。浪漫主义文学到40年代初走向衰落，但是它的巨大影响使法国19世纪后半叶的文坛出现了流派并列、百花争艳的繁荣局面。雨果的《惩罚集》和《悲惨世界》等杰作在反映社会现实方面达到了新的高度。

波德莱尔、魏尔兰、兰波的象征主义诗歌和以戈蒂耶为代表的帕尔纳斯派的唯美主义诗歌都因追求诗歌形式的完美而各放异彩。

其时，有一批浪漫主义的拥护者成了现实主义文学的中坚，例如司汤达写出了《红与黑》，巴尔扎克《人间喜剧》为批判现实主义竖立了不朽的丰碑，他的代表作《欧也妮·葛朗台》和《高老头》等对资本主义制度下金钱万能的社会本质揭露得淋漓尽致。

《包法利夫人》、《情感教育》的作者福楼拜则是一位承上启下的伟大小说家，因注重文体风格的研究以及素材的准确性等特色而被佐拉认为是自然主义的先驱。左拉、龚古尔兄弟和莫泊桑等自然主义作家的作品都具有十分明显的现实主义倾向，只是由于自然科学的发展而较多地受到了生理学、遗传学等的影响。左拉还首次在《萌芽》中描写了工人运动。

除此之外，巴黎公社时期的无产阶级文学、凡尔纳的科幻小说和布尔热的心理小说等在19世纪法国文学中也都有一席之地。

6. 20世纪后法国现代文学——流派并列的20世纪

20世纪的法国文学中现实主义继续发展，产生了罗兰的长篇巨著《约翰·克利斯朵夫》和马丁·杜加尔的长篇小说《蒂博一家》等名作，但那时的法国文坛主要是现代主义文学的天下。

普鲁斯特是20世纪法国最伟大的小说家，他的长篇巨著《追忆似水年华》对20世纪法国文学的演变产生了极大的影响，他也被称为意识流文学的先驱与大师。

勃勒东（《超现实主义宣言》）、阿拉贡（诗集《断肠集》，长篇小说《现实世界》、《共产党人》）等在20年代前后先后接受达达主义并创立超现实主义，后者后来走上了社会主义、现实主义的道路。

20世纪30年代之后出现以萨特（哲学著作《存在与虚无》、短篇小说集《墙》、小说《自由之路》）和加缪（《局外人》）为代表的存在主义文学。

50年代开始贝克特（《等待戈多》）、尤内斯库（《秃头歌女》）力图用传统形式的小说和戏剧启示人们的荒诞感，荒诞派戏剧开始兴起并迅速风靡欧美其他国家。

阿兰·罗布-格里耶（《窥视者》）的新小说派，则是在50—60年代用荒诞的形式来表现荒诞的主题，使荒诞文学发展到了顶峰。

70年代之后，法国文学又开始了一个新的探索阶段。勒克莱齐奥（《诉讼笔录》、《巨人》）和莫迪亚诺（《环城大道》、《暗店街》）等青年作家的作品，标志着现实主义和现代主义的交融。

当代引起轰动的畅销书作家佩纳克（《卖散文的女孩》、《如同一部小说》、《上学的烦恼》）显示出与现代派文学截然不同的文学观念，即不是用荒诞的、而是用乐观的态度去看待人生和世界。这些预示着法国文学在经过探索之后，将出现一个崭新的面貌。

二、法国戏剧

1. 中世纪戏剧

法国在中世纪是以拉丁语为官方语言、罗曼语为民间语言的天主教国家，9世纪开始出现戏剧和文学作品。中世纪戏剧主要是以圣经教义为题材的宗教剧和表现现实生活中各种事情的世俗剧两种戏剧形式。

2. 古典主义时期戏剧

高乃依是古典主义戏剧的创始人，他共写了《贺拉斯》、《西拿》等30余部剧作。拉辛是古典主义悲剧后期代表作家，代表作：《安德罗玛克》（1667）、《布里塔尼居斯》（1669）等。莫里哀是古典主义时期现实主义喜剧的创建者，代表作：《太太学堂》（1662），《唐璜》（1665），《悭吝人》（1668）。

以狄德罗和伏尔泰为代表的启蒙戏剧的共同点是借笔下人物直接传播启蒙思想。伏尔泰代表作：《恺撒之死》。狄德罗是启蒙戏剧理论奠基人，百科全书派的主将，他主张打破古典主义传统的悲剧喜剧之分，建立实际上是市民戏剧的“严肃戏剧”，后人称之为“正剧”。

3. 19世纪法国戏剧

（1）1830—1846年法国浪漫主义戏剧鼎盛时期

浪漫主义戏剧代表作家是雨果和缪塞（1810—1857）。1830年雨果的《爱尔那尼》首演，因反动势力捣乱掀起轩然大波。它意味着法国浪漫主义戏剧的确立。缪塞在他的诗剧《水性杨花的玛莉亚娜》、《坏小子洛朗梭》等剧中，以对人物内心世界的深刻剖析和细腻描写为浪漫主义戏剧另辟了蹊径。巴尔扎克的现实主义巨著《人间喜剧》对当时戏剧有所影响，他的剧作《做纸花的姑娘》、《继母》等亦于1851年前相继演出。

（2）第二帝国时期戏剧的商业化进程趋于完成

巴黎的戏剧生活十分活跃，歌剧、轻歌剧也很繁荣。主要代表作家：奥吉埃（1820—1889）等，特别是小仲马（1824—1895），他是19世纪后半叶的重要剧作家。小仲马的剧作取材于现实生活，反映当时社会问题，代表作：《茶花女》（1852）。

（3）第二帝国之后——巴黎公社时期

左拉（1841—1902）、龚古尔兄弟、都德（1840—1897）以及贝克（1837—1899）的自然主义戏剧创作于第二帝国直至巴黎公社以后，称雄数十年。左拉具有批判现实主义精神的《苔莱丝·拉甘》（1873）和《拉布丹家的继承人》（1874）为自然主义戏剧开路。都德的《阿莱城的姑娘》（1872）是自然主义戏剧的杰作。贝克的《乌鸦》（1882）和《巴黎妇女》（1885）讽刺了资本主义社会的种种弊病，被视为自然主义戏剧大师。

（4）19世纪末20世纪初

社会条件发生巨大变化，文学戏剧领域产生了各种流派、思潮。自然主义戏剧在表演和导演方面对后世产生深远影响。以安托万（1857—1943）为首的一批导演和演员通过舞台艺术实践做出重大贡献。

19世纪工人运动遍及欧洲大陆，思想进步的文学家和艺术家同情劳苦大众。著名小说家戏剧家罗曼·罗兰（1866—1944）积极为建立“寄希望于人民”的“一种全新的艺术形式，一种新的戏剧”而奔走。他创作的关于法国大革命的历史剧如《群狼》、《七月十四》和《丹东》都间接反映了他的人民戏剧思想。

纵观法国戏剧1000余年的发展演变，法兰西民族特色极为鲜明。古典主义戏剧展示了法兰西封建文化的辉煌灿烂；启蒙时期的戏剧奠定了资产阶级戏剧的基础；19世纪以后，流派纷呈，竞相争艳。法国戏剧对欧美戏剧产生了巨大影响，成为世界戏剧大家庭中的佼佼者。

三、法国电影

1. 电影的起源与发展

1895年3月22日，法国卢米埃尔兄弟在巴黎法国科技大会上首放影片《卢米埃尔工厂的大门》获得成功。同年12月28日，他们在巴黎的卡普辛路14号大咖啡馆里，正式向社会公映了他们自己摄制的12部纪实短片。卢米埃尔兄弟是第一个利用银幕进行投射式放映电影的人，因此，人们把1895年12月28日世界电影首次公映之日定为电影诞生之时，卢米埃尔兄弟成为世界“电影之父”。

时至今日，被称之为“第七艺术”的电影产业已走过了百多年的历程。

在第七艺术的发祥地法国，电影创作产生过众多流派。“诗意现实主义”是指法国20世纪30年代的电影风格，比“新浪潮”早一代，代表人物是马赛尔卡尔内、杜维威尔、让·雷诺阿等。“电影手册派”就是“新浪潮”派，源出50年代著名的电影刊物《电影手册》，其著名理论家安德烈·巴赞的影评和主张为“新浪潮”运动奠定了理论基础。另外，后来“新浪潮”的代表导演特吕弗、夏布罗尔、戈达尔、罗默都是《电影手册》的主要作者。“左岸派”严格地说不属于“新浪潮”，因为在艺术主张、拍片理念、出道经历等方面两者不太相同，不过因为同样崛起于20世纪50年代末，所以马马虎虎也可以算在一起，代表人物是阿仑雷乃、玛格丽特·杜拉等。

2. 电影人与电影制作

（1）欧洲先锋派革命

欧洲先锋派电影产生于1925年前后的德国和法国，运动的主旨是企图从电影的形象性和运动性出发，去扩大、挖掘电影的可能性，使电影最终成为一种独立的新艺术。这次电影革命的特点是大量的大胆的电影试验，各种形式的电影风格的出现，对日后的电影发展有着非常重要的意义，是电影产业繁花绽开前的必要准备。

（2）“新浪潮”运动

法国新浪潮电影运动是世界电影史上继欧洲先锋主义、意大利新现实主义以后的第三次具有世界影响的电影运动，其本质是一次要求以现代主义精神来彻底改造电影艺术的运动，它的出现将西欧的现代主义电影运动推向了高潮。可以说是法国电影承前启后的一个时代见证人。

20世纪50年代中期，法国一批年轻的电影人如克洛德·夏布罗尔、特吕弗、戈达尔等50余人经常在当时安德烈·巴赞（André Bazin）主编的电影期刊《电影手册》上撰文攻击当时颇有声望的电影导演。这些年轻人深受萨特的存在主义哲学思潮影响，提出“主观的现实主义”口号，反对过去影片中的“僵化状态”，强调拍摄具有导演“个人风格”的影片，又被称为“电影手册派”。这些年轻评论家在攻击当时法国的电影制度时，不似其他排斥美国的老欧洲人，他们用自己犀利的眼光去欣赏好莱坞的商业影片。《电影手册》上的这些年轻造反派认为，美国电影中的导演之所以具有重要的艺术地位，那是因为每一位导演都会尝试在大量生产的制片制度中、在各类型影片上，留下导演个人特殊的印记。

（3）法国电影“左岸派”

“左岸派”是20世纪50年代末至60年代初法国电影的一个派别。法国“新浪潮”兴起的同时，巴黎有另外一批电影艺术家，也拍出了一些与传统叙事技巧大相径庭的影片。由于他们都住在巴黎塞纳河左岸，因此而被称为“左岸派”。

这个电影导演集团的影片十分讲求个人风格，不拘守传统的电影语言，因此他们的作品也被一些人归入“新浪潮”电影。实际上，“左岸派”导演们的影片和“电影手册派”导演们的影片有着重大的不同之处，那就是：“左岸派”电影在法国被称为“作家电影”，导演们只把专为电影编写的剧本拍成影片，而从不改编文学作品；他们一贯把重点放在对人物的内心活动的描写上，对外部环境则采取纪录式的手法；他们的电影手法很讲究推敲，细节上都要修饰雕琢，绝无潦草马虎的半即兴式作风；他们的影片具有更为浓重的现代派色彩。

3. 法国电影业现状

法国国家电影中心（CNC）公布的2010年度法国电影总结报告中指出，制作投资、影片产量、观影人数都创新高的法国电影业实现了稳步发展，仍是可以与来自大西洋彼岸的好莱坞影业竞争的重要力量。

2009年有超过半数的法国人选择走进电影院，将观看电影作为重要的生活娱乐方式。2010年，法国有3862万电影观众，占法国总人口的66.9%。欧盟国家电影观众每人年平均观影次数为3.4次，而法国电影观众每人年平均观影次数为5.3次，远远高出欧盟平均数，成为欧盟最大的电影消费国家。在欧盟电影产业整体疲软的情况下，法国电影逆势而动，显示出强劲的上升势头。

法国电影业的繁荣，离不开国内电影市场提供的巨大支持。法国电影2010年在全世界总共产生了1.3亿院线观影人次，409部法国电影在法国以外的国家和地区放映。其中，国外院线的观影人次为5870万，比2009年下降了12.8%，但国内院线的观影人数高达7371万人次，高出近10年来的平均数（7252万人次）。

法国电影曾经、现在依然在国际电影界发挥着作用。法国拥有4400间电影放映厅，仅次于美国与印度，在世界上排第三位，每年出产的电影足有一百多部。

戛纳国际电影节是世界五大电影节之一，是世界上享有盛名的电影节之一，金棕榈奖也是电影人最渴望得到的奖项之一。每年 5 月在法国东南部海滨小城戛纳举行，它是世界上最早、最大的国际电影节之一，为期两周左右。

四、法国绘画

法国绘画在世界上享有盛名，并随着时代的变化而发展，主要流派有：学院画派、古典主义画派、浪漫主义画派、象征主义画派、印象主义画派、超现实主义画派、立体画派等等。

1. 学院画派

始于16世纪末的意大利，17—18世纪在英、法、俄等国流行，其中法国的学院派因官方特别重视，所以势力和影响最大。学院派重视规范，包括题材的规范、技巧的规范和艺术语言的规范。由于对规范的过分重视，反对所有的改革，结果导致程式化的产生。学院派十分重视基本功训练，强调素描，贬低色彩在造型艺术中的作用，并以此排斥艺术中的感情作用，这些特点给学生带来的影响是正反两方面的。布格罗是19世纪上半叶法国学院派绘画的主要代表人物，代表作《慈爱》、《初吻》。

2. 古典主义画派

古典主义画派是18世纪欧洲流行的古典主义思潮在美术界的表现，他们对为贵族服务的奢华菲靡的洛可可艺术不满，向古代希腊、罗马的艺术中寻求新题材。典型的代表是法国画家雅克·路易·大卫，大卫开创了新的画风，他的画风适应了当时大革命的思潮，画风严谨、庄重，他的画《处死自己儿子的布鲁斯》为法国大革命制造了舆论。拿破仑称帝后他成为首席宫廷画家，为拿破仑创作了《加冕式》，据说拿破仑加冕时一反常规是从教皇手中接过皇冠自己戴上的，在画中大卫表现了居中的拿破仑为皇后加冕，教皇局促一隅。大卫之后，他的学生们继承了他的画风，古典主义画派掌握了法兰西学院几十年，直到浪漫主义画派兴起。

3. 浪漫主义画派

约18世纪末首先出现在英国文学界的浪漫主义思潮在19世纪扩展到整个欧洲。19世纪初叶的资产阶级民主革命时期，法国画坛兴起了浪漫主义艺术流派。浪漫主义流派以抛弃理性主义为基础，喜欢在中世纪传说和文学名著中感受梦幻般的美妙氛围，其作品画面色彩热烈、笔触奔放、富有运动感，有一定的进步性。代表作品有热里柯的《梅杜萨之筏》、德拉克洛瓦的《自由领导人民》。

4. 象征主义画派

象征主义时期指19世纪最后几十年（1860年—1890年）在法国及西方几个国家出现的一种艺术思潮。当时欧洲一部分知识分子对社会生活和官方沙龙文化不满，但又不愿直接表述自己的思想，他们往往采用象征和寓意的手法，在幻想中虚构另外的世界，抒发自己的愿望。古斯塔夫·莫罗（《独角兽》）是象征主义在绘画艺术上主要的排头兵。法国象征主义的主要代表还有夏凡纳（《信鸽》、《希望》）与雷东（《长颈瓶中的鲜花》）。

5. 印象主义画派

印象主义画派是19世纪后半期形成于法国的一个重要的绘画流派，其最明显的原则是：力图客观地描绘视觉现实中的片刻，表现纯粹的光的关系。所有的印象派画家都在室外，面对着呈现在他们面前的风景中绚丽而鲜艳的色彩作画。印象派画家观察大自然有一种特别的方式，他们并不试图像相机那样完全还原眼睛所看到的，传统标记方法（阴影、清晰的轮廓、线条等等）消失了，而是竭力去表达大自然所引发的惊奇和印象。主要的印象主义画家有：莫奈（《日出·印象》）、马奈（《吹笛少年》）、《草地上的午餐》）、梵高（《向日葵》）、雷诺阿（《船上的午宴》、《包厢》）、塞尚（《坐在红扶手椅里的塞尚夫人》、《玩纸牌的人）、西斯莱（《枫丹白露河边》、《木料场》）等等。

6. 超现实主义画派

超现实主义是在法国开始的文学艺术流派，源于达达主义，并且对于视觉艺术的影响力深远，1920年至1930年间盛行于欧洲文学及艺术界中。这个流派的特点是将"超现实"、"超理智"的梦境、幻觉等作为艺术创作的源泉。在最具代表性的超现实主义画家当中，我们可以举出玛格丽特（《光之帝国》）、恩斯特（《自然史》）和马松（《橡树叶旁的遐想》）。

7. 立体画派

立体画派是西方现代艺术史上的一个运动和流派，又译为立方主义，1908年始于法国。艺术家以许多的角度来描写对象物，将其置于同一个画面之中，以此来表达对象物最为完整的形象。立体派是由巴拉克、毕加索等画家发展起来的一种艺术流派。1907年《亚维农的少女》通常被看做是立体派第一幅作品的开始，但此流派发展缓慢，直至1914年立体派消亡。尽管这个流派没有持续下去，但它对艺术的演变有着深远的影响，尤其是由它产生出未来派和构成派。立体派代表画家：布拉克（《曼陀铃》、《小提琴及水罐》）、莱热（《三个女人》）和西班牙画家毕加索（《亚维农的少女》）。

五、法国雕塑

雕塑是造型艺术的一种，欧洲古典时期的雕塑艺术是一种在赤贫后产生的新的美术形式，这种美术形式给后来整个西方美术发展带来了深远的影响。法国雕塑历史亦可追溯至古代，法国的雕塑家同其绘画艺术家一样，也为人类创造出不计其数的作品，其中许多保存至今。这些作品装饰着宏伟的建筑物，出现在城市广场和公共建筑上，给人以美的艺术享受。

乌东（18世纪洛可可风格）：《莫里哀像》、《伏尔泰像》；

卡尔普（19世纪强烈浪漫主义）：《舞蹈》；

吕德（19世纪浪漫主义）：《马赛曲》、《拿破仑像》、《爱神的胜利》；

罗丹（19世纪现实主义与人文主义）：《思想者》、《地狱之门》、《情人》；

马约尔（20世纪古典主义与现代摩尔的抽象雕塑之间过渡）：《塞尚纪念碑》、《一战纪念碑》。

复习与思考题：

1. 介绍一位法国文学巨匠及其作品。
2. 简述法国诗歌的起源。
3. 法国绘画都有哪些流派？其代表人物是谁？
4. 总结一下法国电影的发展史。
5. 你所了解的法国雕塑家是谁，其作品有哪些？
6. 法国现代艺术的发展方向有哪些？

Leçon seize

Moyens de transport

A quelle heure part le train pour Paris?
去巴黎的火车几点开?

S'il vous plaît, quel train dois-je prendre pour aller à Paris?
请问去巴黎应该坐哪趟车?

Vous voulez un aller simple ou aller-retour?
Un aller simple, s'il vous plaît.
您要单程票还是往返票?
一张单程票。

Excusez-moi, est-ce que cette place est libre?
Désolé, c'est occupé.
对不起，请问这个座位是空的吗?
抱歉，已经有人了。

Comment voulez-vous aller en Angleterre? En bateau ou par avion?
您打算怎样去英国? 坐船还是坐飞机?

Il vaut mieux prendre l'avion.
最好乘飞机。

De quel aéroport partons-nous?
Nous partons de Charles de Gaulle.
我们将从哪个机场起飞?
从戴高乐机场起飞。

Le vol est direct.
飞机是直飞的。
Où est-ce que je peux récupérer mes bagages?
请问我得去哪里取回行李?
Excusez-moi, y a-t-il un arrêt d'autobus près d'ici?
请问附近有公交车站吗?
Vous pourriez prendre le métro.
您可以乘地铁。
Pourriez-vous me dire où on peut prendre le métro?
您能告诉我在哪儿乘地铁吗?
Est-ce que je peux avoir un plan de métro?
我能要一张地铁地图吗?
A chaque bouche de métro se trouve un plan avec toutes les lignes de métro.
地铁的每个出入口处都有一张标明地铁线路的地图。
Avez-vous pris le TGV en France?
Oui, je l'ai pris pour aller à Lyon. Il est rapide et confortable.
您坐过法国的高速火车吗?
去里昂时坐过。它的速度很快，而且非常舒适。
Les TGV sont toujours à l'heure.
法国的高速火车很准时。
Le TGV roule à 380 km à l'heure.
高速火车每小时行驶380公里。

Vocabulaire（词汇）

transport n.m. 交通，运输
train n.m. 火车
devoir v.t. 应该
aller simple n.m. 单程票
aller-retour n.m. 往返票
excuser v.t. 原谅
libre adj. 空闲的，空的
désolé，e adj. 抱歉的
place n.f. 位置，地方
Angleterre n.f. 英国
avion n.m. 飞机
bateau n.m. 船
aéroport n.m. 机场
vol n.m. 航班，飞行

direct，e adj. 直达的，直接的
bagage n.m. 行李
autobus n.m. 公共汽车
plan n.m. 地图
ligne n.f. 线路
rapide adj. 迅速的，快速的
rouler v.i. 行驶
récupérer v.t. 收回，取回
arrêt n.m. 车站
métro n.m. 地铁
bouche n.f. 嘴，出入口
TGV n.m. 高速火车
confortable adj. 舒适的

Notes（注释）

I. 间接宾语人称代词

me（m'）	我	nous	我们
te（t'）	你	vous	您（你们）
lui	他（她，它）	leur	他们（她们，它们）

注意：me，te在元音字母开头或哑音h开头的动词前面要省音，成为m'，t'。

Je t'aime. 我爱你。

用法：在一般情况下，放在相关动词前面做间接宾语，代替人。

Pourriez-vous me dire où on peut prendre le métro?
您能告诉我在哪儿乘地铁吗？

Je vous conseille de rester au lit. 我建议您卧床休息。

Il me dit bonjour. 他向我问好。

Je lui achète une veste. 我给他买了一件上衣。

注：如果间接宾语是名词，一般用介词à引出，如：

J'achète une veste à ma mère. 我给妈妈买了一件上衣。

Je dis bonjour à Michel. 我向米歇尔问好。

Ⅱ. 直接宾语人称代词

me（m'）	我	nous	我们
te（t'）	你	vous	您（你们）
le，la（l'）	他（她，它）	les	他们（她们，它们）

注意：me，te，le，la在元音字母开头或哑音h开头的动词前面要省音，成为m'，t'，l'，l'。

— Avez-vous pris le TGV en France？您坐过法国的高速火车吗？

— Oui，je l'ai pris pour aller à Lyon. 去里昂时坐过。

— Voyez-vous souvent Paul？您经常看见保尔吗？

— Oui，je le vois souvent. 是的，我常看见他。

Il vous aime. 他喜欢您。

Il m'a ausculté. 他给我听诊了。

法国公共交通

法国的公共交通十分发达，全国的铁路网和公路网为出行的人们提供了极大的方便。法国各城市的市内交通，大多是以公共汽车为主要交通工具。在巴黎、里昂、马赛等大都市，另有地铁。

一、法国铁路交通

法国国营铁路公司（Société Nationale des Chemins de Fer Français）简称SNCF，法国境内的主要铁路线都是由SNCF经营的。目前，已建立了以巴黎为中心的全国铁路网。法国铁路系统不仅可前往国内大部分地区，也与西班牙、意大利、比利时、瑞士、英国等国铁路系统连通，乘坐国际列车来往于欧洲各国十分方便。

1. 高速火车 TGV

TGV高速火车是世界上速度最快的列车之一，又称子弹头列车，TGV全名为"train à grande vitesse"，是法国高速铁路系统上运行的列车，测试最高时速为574. 8公里/小时，运营时速为320公里/小时。

（1）TGV的生产与运营

它由法国阿尔斯通公司（Alstom）及法国国营铁路公司（SNCF）联合开发，荷兰、韩国、西班牙、英国及美国等一些国家的铁路公司也从法国购入TGV列车或技术，现在TGV列车由阿尔斯通公司负责生产。TGV-DUPLEX是其中比较特别的一款，是TGV家族里首款双层车厢的列车，2007年开始使用。在法国境内运行的TGV，车身颜色以深蓝色为主。

TGV的运营由SNCF负责，列车往来巴黎邻近及邻国的城市，包括比利时、德国、瑞士等。

（2）TGV列车线路

自TGV系统正式向公众开放以来，越来越多的高速铁路在法国建成。它主要行驶在以巴黎为中心的长途远距离线路上，连接起法国大部分的主要城市，一般只停靠大站，路线大致可分为3条：

● 东南线

TGV-PSE（TGV Sud-Est）是指法国国营铁路公司SNCF运营的东南方向的TGV，1978年到1987年陆续修建开通，主要是从巴黎到中东部的里昂，后来陆续开通到了东部的第戎，南部的地中海沿岸城市，后来甚至开通到了瑞士洛桑。

● 大西洋线

TGV-ATLANTIQUE，是从巴黎到法国大西洋沿岸城市的TGV列车，以巴黎至里昂的路线为主，到达波尔多等城市，1989年开始运行，连接布列塔尼、勃艮第、隆河谷地、阿尔卑斯、普罗旺斯及蓝色海岸。

● 北部及欧洲线

它除了连接亚耳等法国北部主要城市之外，还连通瑞士、比利时等国的铁路系统，经过欧洲海底隧道通往英国伦敦。

比利时、荷兰和英国也建成了使用TGV列车技术的高速铁路线。如：

欧洲之星（Eurostar），它是一条连接英国伦敦圣潘可拉斯车站与法国巴黎北站、里尔以及比利时布鲁塞尔南站的高速铁路线。这列车离开伦敦之后便穿越隧道跨过英吉利海峡进入法国，在比、法境内欧洲之星列车与法国TGV使用相同的高速铁路线路。

THALYS，也是从法国通向其他周边国家的TGV列车，主要线路是巴黎北站到荷兰的阿姆斯特丹，期间经过比利时的布鲁塞尔，还有巴黎—布鲁塞尔—德国科隆线，它的外观被刷成了特别的深红偏紫的颜色。

2. 珊瑚城际列车 Corail Intercités

在法国，城际（IC）列车的前身是创建于2006年1月以珊瑚为标志的城际列车品牌，由法国国营铁路公司负责运营。使用普通火车头，一般在省内，或者几个紧挨着的省份运行。

珊瑚原来是从事高速公路和快速服务行业的标志，如：国际公路运输。之后，法国将其应用于法国区域间列车 Transport Express Régional（TER），名称改为 Corail Intercités。

法国城际铁路线路：

- 城际诺曼底线
- 城际大西洋线
- 城际巴黎大区以北线
- 城际巴黎大区以南线
- 城际南部线
- 城际巴黎大区线
- 城际东部线

二、法国公路交通系统

20世纪20至30年代，法国开始建造高速公路，而大规模的建设是在二战以后。二战期间，法国的公路遭到了严重破坏，到战争结束时基本上处于瘫痪状态。在恢复国民经济的基础上，法国加速对公路的建设，用现代化的技术改造原有的公路，大力发展高速公路，扩大基础设施建设，逐步构成了运输畅通的全国公路网络。

1. 法国的公路网络建设

法国公路网络健全，质量和密度均居资本主义国家首位。法国公路由高速公路、国道、省道和市镇辖道四种道路构成，分别由中央政府、省和市、镇负责投资与管理。

2. 法国的高速公路

（1）高速公路的修建

特许经营高速公路由同国家签订特许经营合同的企业建设、营运和维护，国家负责监督企业的合同履行情况。

法国高速公路无论其建设、营运还是养护，主要以特许经营模式进行。3/4的法国高速公路为特许经营公路，即收取通行费的高速公路。这些特许经营公司多达15家。

法国的高速公路路面全部用高质量的沥青或水泥浇筑而成，路面平整，宽阔笔直，弯道较少，大部分地段与地面保持相平，没有凹凸不平的现象。

（2）设备优良、配套齐全

法国高速公路配套设施和监控设备先进，服务设施完全商业化。

在法国6000多公里的高速公路上，每间隔两公里就配有露天太阳能自动电话，当路面上出现车祸和紧急情况时，可立即与公路急救中心联络呼吁抢救，指挥中心马上可以派出直升机和抢险人员，飞赴现场抢救，达到军事化的要求。

在高速公路上，间隔10公里左右，就有车速监控装置，法国国家规定行车速度最高为130公里/小时，电脑自动监控，自动记录违章车辆的号码，超速者严厉处罚。车过交叉路口，都有路牌指示，明确标明前方的城市、距离、方向、走几号车道等，一目了然。在国界线上，国与国之间没有铁丝网相拦隔，也没有检查站，更没有人检查，欧盟各国可以相互通行，汽车畅通无阻。

（3）注重绿化、养护及时

法国政府非常注重高速公路两旁的绿化，政府明文规定，在建造公路的同时，必须有绿化的规划，公路一造好，绿化也随之完成。所以在几千公里的路旁，草坪连绵不断，树木郁郁葱葱，高大的树林一片连接一片，汽车就像行驶在森林地带，跑一天走上千公里也看不见行人，见到的是满目的绿色和草地上的牛群和羊群。公路大部分路段不用隔离带和铁丝网，路过村庄和有人居住的地方，装有3米高的透明隔音板，以消除汽车噪音，隔音板上也长着爬墙藤。

3. 法国公路收费系统

承担法国路网主要流量的法国高速公路分为免费高速公路和收费高速公路。高速公路通过特许经营方式由企业运营维护并收费，高速公路过路费由企业和国家协商制定，不能随意涨价。法国最贵的高速公路是2010年末通车的A65公路，150公里路段要缴纳20.7欧元，相当于每公里0.138欧元。

法国的二级公路和免费高速公路同收费高速公路一起为车辆提供了不同选择，有助于分流车辆。法国高速公路上都设有实时变更的电子信息牌，提醒司机路况。收费高速公路通常安装有先进、实用的收费管理系统，收费系统无人值守的入口发放一次性磁卡通行券，出口读卡收费。出口收费方式分四种：人工收现金、信用卡结算、不停车收费（ETC）、自动投币收费。

4. 法国交通违章的处罚

法国交通违章处罚计分系统源于1992年，该系统的基本原则是重复性的违章可导致吊销驾照，这样的处罚计分方式会经常地提醒司机有被吊销驾照的危险。计分系统的基本原则：每个驾照12分。法国处罚计分系统与通常的道路交通违章处罚并用（被罚分的同时还要有其他处罚：罚款、监禁及吊销驾照）。如果一名司机失去12分，6个月内不许开车，为了重新获得驾照，他必须进行医学检查并重新考试。

约有40类道路交通违章会被罚分。例如：未系安全带减1分；在道路左侧开车减3分（法国为右侧行驶）。违章者需经法庭裁决并缴纳罚金，之后自动减掉分值。但即使一名司机多项违章，也不会一次性失去12分。

司机为了恢复初始分值12分，3年之内不能被罚分。如果司机自愿参加两天的培训课程，他可部分地恢复到4分。

三、法国的空中运输系统

1. 机场 Aéroports

法国巴黎、里昂、波尔多、尼斯等城市都有国际机场，前往世界任何国家都很方便。

巴黎的戴高乐机场，通常称为“鲁瓦西—夏尔·戴高乐”机场，是位于巴黎东北23公里的巴黎大区机场。它是法国第一大机场，欧洲第二大中转机场，仅次于英国伦敦的希斯罗机场，由巴黎机场集团运营。

2011年，按客运量来计算，戴高乐机场以6100万人次排名欧洲第二，世界第七。

按航空运输量（飞机起降量）来计算，2010年戴高乐机场以起降量499 997架次位列欧洲第一、世界第十。

2. 法国航空公司 Air France

法国航空公司简称法航，是法国的一家国营航空公司。法航创立于1933年，是世界上航空公司的先驱者之一，是国际上第三大载客运输公司，第四大航空货运公司，总部位于巴黎夏尔·戴高乐国际机场。法国航空公司是“天合联盟”的创始成员之一。

2004年5月收购荷兰皇家航空公司，并因此组成了法国航空—荷兰皇家航空集团（Air France-KLM）。Air France-KLM在法国的法律之下成立，总部设于巴黎戴高乐国际机场。法国航空—荷兰皇家航空集团是欧洲最大的航空公司，也是世界上最大的航空公司之一。Air France-KLM是“天合联盟”的成员。

世界上最大的国际长程航运网络法航—荷航集团一共拥有168架长程飞机，

是从欧洲出航的最大的国际长程航运网络。有着超过3万种长程/中程航班互转的可能性，集团提供从法国巴黎戴高乐及荷兰阿姆斯特丹史基浦两个国际枢纽机场转往其他欧洲城市的最佳转机选择。

三大经营事业：

● 旅客运输

2011年，共有5950万人次的旅客搭乘法航荷航班机，其中446万人次来自亚洲航线网络。飞航业务主要围绕着两个国际枢纽机场：巴黎戴高乐机场和阿姆斯特丹史基浦机场。

● 航空货运

252个航点；

除了客机货舱可供货运使用外，法航还拥有9架全货运飞机，通行252个目的地。

● 现代化机队

380架飞机，平均机龄9.3年；

法航营运380架飞机，其中133架由其子公司使用营运区域航线。

法航机队的平均机龄为9.3年（长程航线平均机龄8.7年，中程航线平均机龄9.2年），是欧洲最现代化的航空公司之一。

四、首都巴黎的公共交通

1. 火车站

巴黎共有六个主要的火车站，通往法国各地及欧洲各国。

● 巴黎奥斯特里茨火车站Gare d'Austerlitz

开往法国西南（Orléans，Tours，Poitiers，Bordeaux，Toulouse）及西班牙、葡萄牙。

● 巴黎东站Gare de l'Est

开往法国东部（Reims，Metz，Nancy，Strasbourg）。

● 巴黎里昂火车站Gare de Lyon

开往法国东南（Dijon，Besançon，Lyon，Grenoble，Montpellier，Marseille）及瑞士、意大利。

● 巴黎蒙帕纳斯火车站Gare Montparnasse

开往法国西部（Le Mans，Angers，Rennes，Nantes，Brest）。

● 巴黎北站Gare du Nord

开往法国北部（Amiens，Lille）及比利时、荷兰、英国、德国、北欧各国。

● 巴黎圣拉扎尔火车站Gare Saint-Lazare

开往法国西北（Rouen，Deauville，Caen，Cherbourg）。

2. 巴黎地铁（Métropolitain 简称 Métro）

巴黎的地铁以方便、迅速、清洁、价廉而著称。巴黎地铁的行驶时间，一般是头班车每天5:30从始发站开出，末班车0:30由始发站开出，每个车站都贴有各路线首末班车通行的具体时间，高峰时间约每95秒一班车，其他时间最多不超过10分钟（周末、假日例外）。巴黎共14条地铁线路。

各类地铁票均可乘坐区域内的捷运系统和公共汽车等其他公共交通工具，购买车票时购票窗口免费提供巴黎袖珍交通图。其车票共分为：

（1）普通票

无论路程远近及在地下转车次数多少，每趟行程每人只需一张票。每次使用后，在未出车站前仍须保留，以备查票员查验。

（2）定期票 Carte Orange

有周票（coupon hebdomadaire）及月票（coupon mensuel）两种。月票自每月一日起至月底，周票从星期一至星期日，分区使用。另有年票（carte intégrale），使用方式相同，从购买时起连续使用十二个月。

（3）观光票 Paris Visite

分二日、三日、五日三种。此种观光票亦可在参观巴黎某些博物馆或游览胜地时享受减价优待。

在巴黎街道上经常可以见到巨大的黄色“M”标志，那就是地铁路线图，并书以Métropolitain字样。一个车站有时有两个，甚至三四个出口，有的距离很远，如有地图参考，选择适当的出入口，可以少走一些冤枉路。

3. 区域捷运系统（Réseau Express Régional 简称RER）

RER是连接巴黎大区（又称大巴黎）内部包括巴黎市区及周边各省的地区快速铁路捷运网，行驶在巴黎市区内的线路基本与巴黎地铁线路一致，只是停车站点减少。大巴黎按照距离，以巴黎市为中心，由近及远划分为一至五区（zone），通常三至五区就已不再称为巴黎市（Ville de Paris）而称为郊区（Banlieue）。

RER车票种类：

RER车票，无论远近，样式与巴黎市区内的地铁票相同，也包括次票、周票、月票、年票，但要将区间性或出站地记录在车票上。

如通行于巴黎地铁站点内的地区，即通常为一二两个区间之内（个别地铁线路终点设在三区），所持车票与地铁车票完全相同，均可任意乘坐métro或RER。

三区之外的车票票价，随距离远近价格有所不同。一般都购买定点出口的一次性车票。与巴黎地铁不同的是，乘坐RER出站时，通常需要再刷一次卡，才能出站，以此避免有人用只能乘坐一二两个区间之内的车票乘坐到三区之外的地方。

巴黎大区现有A、B、C、D四条RER线路，能够通往较远的郊外，可达离市中心20公里以外的地区，如机场、凡尔赛（Versailles）等地。许多车站设有自动售票机，若备有零钱则较为方便（也有些机器能找还零钱）。注意的是RER驶向郊外时各次班车停靠的车站不完全一样，月台上挂有停靠站的指示牌，须加以注意。

4. 公共汽车

巴黎的公共汽车，座位宽敞舒适，线路较地下紧密，而且在地面上行驶，各种风光尽收眼底，可以弥补地下乘车之不足。地铁票与公共汽车票彼此通用，价钱相同。一般公车的起讫站也卖车票（次票或carnet），车上司机只售次票，供当场使用，上车时若是次票，要将车票放入机器打孔。如果使用定期票或观光票，只需向司机出示即可，不用打孔。

市区内的公车（20~96路），路程为两段（sections）以内者需一张票，两段以上则为两张票。转车须重新用票，车票应保留至下车，以备查验。一般公车自早上7:00行驶至晚间8:30，有的一直到深夜0:30才收班。

5. 出租车

巴黎公交系统发达，一般情况下没有必要打车，但夜间和治安状况不太好的地区打车比较安全。市中心每一二百米就有一个出租车等候点，只有附近没有等候点时才可以招手叫车。有些出租车可以刷卡。

起价：2.2欧元。但每次最低收费6欧元。

（1）分级标准

巴黎出租车内有三级计价法，可以看车顶灯颜色判断。白灯表示A级，红灯表示B级，蓝灯表示C级。

A级：市区平日10:00–17:00，每公里0.86欧元。

B级：市区平日17:00–10:00、周日7:00–24:00、公众假期全天，郊区平日

7:00-19:00，每公里1.12欧元。

C级：市区周日0:00-7:00，郊区平日19:00-7:00、周日及公众假期全天，每公里1.35欧元。

(2) 等候时间

A级每小时27欧元，B级31欧元，C级29.1欧元。

遇到堵车车速极低时也会计入等候时间。

(3) 额外收费

成年乘客超过3人，即乘坐第四人加收2.85欧元。超过5公斤的行李收费1欧元。车费多半不找零，而是作为小费。

复习与思考题：

1. 法国航空公司何时成立？现况如何？
2. 法国的火车共有几类？
3. 巴黎共有多少条地铁线？巴黎大区呢？
4. 法国高速公路状况如何？
5. 现代人出行如何选择交通工具？你出行时如何选择交通工具？
6. 你认为“绿色出行”的提法可行吗？

Leçon dix-sept

Sur l'histoire française

La France s'appelait la Gaule.

古代法国被称为高卢。

Les Français s'appelaient les Gaulois.

古代法国人被叫做高卢人。

La France a une histoire splendide.

法国有着辉煌的历史。

Il y a eu cent ans de guerre entre la France et l'Angleterre.

Avez-vous entendu parler de Jeanne d'Arc à cette époque-là?

Oui, c'est une femme formidable.

曾有过英法百年战争。

您听说过那个时期的法国民族女英雄贞德吗?

我听说过，是一名了不起的女性。

Avez-vous lu "La Chanson de Roland"? C'est une œuvre excellente, c'est un poème épique de la France du Moyen Age.

你读过《罗兰之歌》吗? 那是一部非常出色的作品，是中世纪法国英雄史诗。

Connaissez-vous le Roi Louis XIV?

Oui, il est très connu en France et même dans le monde.

On appelle le Roi Louis XIV le Roi Soleil.

Le Royaume français de cette époque-là est le royaume le plus puissant d'Europe.

您了解法王路易十四吗?

是的，他在法国、甚至在全世界都非常有名。

时人称他为“太阳王”。

法兰西王国成为当时欧洲最强大的国家。

La République française a été fondée en 1792.

法兰西共和国是1792年建立的。

Maintenant，c'est la cinquième République.

现在是法兰西第五共和国。

La Révolution française a apporté une grande influence sur le changement mondial.

法国大革命曾经影响了全世界，也改变了这个世界。

Connaissez-vous la Commune de Paris?

Oui，nous l'avons apprise en cours d'histoire. C'est un grand événement.

C'est la première révolution du prolétariat dans l'histoire du monde.

您了解巴黎公社吗?

了解，我们在历史课上学到过。这是历史上一次重大的事件。

这是世界史上的第一次无产阶级革命。

Savez-vous pourquoi les Français ont choisi le 14 juillet comme Fête nationale?

Oui，parce que le peuple de Paris a attaqué la Bastille ce jour-là. On a renversé le gouvernement monarchique.

您知道法国的国庆日为何定为每年的7月14日吗?

知道，因为那天巴黎人民攻占了巴士底狱，推翻了当时的君主制统治。

Savez-vous qui a écrit l'Internationale?

C'est un Français，il s'appelle Eugène Pottier. Ce chant est le symbole des luttes sociales à travers le monde.

您知道国际歌是谁作的吗?

是法国人欧仁·鲍狄埃作的，歌曲激励着全世界人民奋勇反抗。

Vocabulaire（词汇）

Gaule n.f. 高卢　　　　Gaulois n. 高卢人

splendide adj. 辉煌的
chanson n.f. 歌曲，歌词，史诗
œuvre n.f. 作品
Moyen Age 中世纪
soleil n.m. 太阳
puissant，e adj. 强有力的
événement n.m. 事件
prolétariat n.m. 无产阶级
peuple n.m. 人民
renverser v.t. 推翻
savoir v.t. 知道
lutte n.f. 战斗，斗争
à cette époque-là 那时期
lire v.t. 阅读
épique adj. 史诗的，史诗般的
roi n.m. 国王
royaume n.m. 王国
changement n.m. 改变
Commune de Paris n.f. 巴黎公社
comme conj. 作为
attaquer v.t. 攻击，进攻
écrire v.t. 书写
chant n.m. 歌唱，歌曲
à travers loc. prép. 通过，经过

Notes（注释）

I. 直陈式未完成过去时

1. 构成：去掉直陈式现在时第一人称复数的词尾-ons，另加词尾-ais，-ais，-ait，-ions，-iez，-aient构成。

donner（给，给与）

je donnais	nous donnions
tu donnais	vous donniez
il donnait	ils donnaient
elle donnait	elles donnaient

2. 用法：表示过去某一时间（起讫时间不明确）内延续状况的动作、重复发生的习惯性的动作。

La France s’appelait la Gaule. 古代法国被称为高卢。

Avant，sa famille habitait à Paris. 以前，他家住在巴黎。

Tous les jours，j’allais au bureau à 9 heures. 那时我每天九点上班。

J’étais ingénieur. 那时我是工程师。

Ⅱ. 被动态

1. 被动态的构成：由助动词être＋直接及物动词的过去分词构成。过去分词要和主语的性数一致。施动者补语通常由介词par引导。

Je suis invitée par mon ami. 我被我的朋友邀请了。

La radio est réparée par moi. 收音机正在由我修理。

2. 施动者补语par可以省略。

La République française a été fondée en 1792. 法兰西共和国是1792年建立的。

Le repas a été déjà préparé. 饭已经准备好了。

3. 法语动词有两种语态。

(1) 主动态：主语是施动者，如：

J'étudie le français. 我学习法语。

Je prépare la radio. 我在修理收音机。

(2) 被动态：主语是动作的承受者，如：

La radio est réparée. 收音机正在被修理。

Je suis invité. 我被邀请了。

Ⅲ. 动词lire，écrire，savoir的直陈式现在时变位

lire（阅读）

je lis	nous lisons
tu lis	vous lisez
il lit	ils lisent
elle lit	elles lisent

écrire（书写）

j'écris	nous écrivons
tu écris	vous écrivez
il écrit	ils écrivent
elle écrit	elles écrivent

savoir（知道）

je sais	nous savons
tu sais	vous savez
il sait	ils savent
elle sait	elles savent

法国历史

现在的法国，全称法兰西共和国（La République Française）。国名源于中世纪前期的法兰克王国。法兰克王国分裂后，西部法兰克王国沿用其名称并演变为法兰西。“法兰西”（France）这一称呼最早出现于11世纪的《罗兰之歌》中。

一、史前与高卢时期（公元5世纪以前）

1. 远古时期

远古时期，在法兰西的土地上就有人类居住。迄今为止已在法国发现从旧石器时代到铁器时代各个时期相当系统的人类文化遗迹，包括30—40万年前的人类颌骨化石，法国西南部拉斯科等地洞穴里约2万年前的人物雕刻和动物壁画，法国西部的3000—4000年前布列塔尼巨石墓碑和土坟，以及各种式样的生产工具与艺术创造。

2. 高卢时期

公元前1000年左右凯尔特人（Celte）部族中的一支自中欧山区迁居于此。罗马人把该地称为高卢，把当地居民称作高卢人（Gaulois）。

公元前1世纪中叶，罗马人尤利乌斯·恺撒征服了整个高卢，高卢被纳入古罗马帝国的版图，高卢人与日耳曼人隔着莱茵河成为时有冲突的邻居。公元476年西罗马帝国解体，莱茵河东岸日耳曼各部族入侵高卢，高卢完全被诸王控制。

公元5世纪后期，定居在高卢境内默兹河与埃斯科河之间日耳曼人的一支法兰克人，在国王克洛维率领下大举西侵，占领除勃艮第王国和地中海沿岸外的全部高卢，并移驻巴黎，建立法兰克王国，其疆域与罗马帝国在西欧的疆域基本相同。法兰克王国的建立标志着罗马统治的结束与欧洲中世纪的开始。

二、中世纪时期——封建王朝时期

1. 中世纪初期（公元5—10世纪）：墨洛温王朝和加洛林王朝

（1）墨洛温王朝（481年–751年）

公元481年墨洛温之孙克洛维击败西罗马帝国在高卢的势力，正式建立法兰克王国的第一个王朝墨洛温王朝。

克洛维死后，王国被他的四个儿子瓜分为四个独立王国，彼此之间争夺尤烈，法兰克王国时而分裂、时而合并。这时期的法兰克国王不理朝政，由宫相（丞相）专权，历史上称为“懒王时代”。8世纪初，宫相丕平的儿子查理·马特在北方恢复了秩序，732年在普瓦蒂埃击退阿拉伯人的入侵，马特进行采邑制改革，使得宫相家族日益显赫，得以重新统一法兰克王国。

（2）加洛林王朝（751年—987年）

751年，查理·马特的儿子丕平三世（历史上称为矮子丕平）在教皇支持下，在苏瓦松贵族会议上经过公认正式即位（751年—768年在位），建立加洛林王朝。

768年，丕平三世之子查理曼继承王位，在他统治期间连年出征意大利、西班牙、日耳曼等地区。800年，他已把过去罗马帝国统治下的西欧广大地区置于自己控制之下，并由教皇在罗马为他加冕，查理曼成为皇帝，即法兰西历史上著名的查理曼大帝（768年—814年）。

公元840年，查理曼帝国最后一位统治者查理曼大帝的儿子、路易一世去世。路易一世死后，公元843年，他的三个儿子为争夺王国地盘签署《凡尔登条约》，在《条约》中将查理曼帝国的领土三分为东、中、西三部分：

西法兰克王国：秃头查理（又称查理二世）得到法兰克王国东边大部分地区，是今天法国领土的基础；

东法兰克王国：日耳曼路易（又称路易三世）得到莱茵河东岸地区和巴伐利亚，是以后的神圣罗马帝国的疆域基础（巅峰时还包括意大利王国和勃艮第王国），逐渐形成现下的德意志；

中法兰克王国：长子洛泰尔得到中部狭长地带，包括洛林、普罗旺斯、勃艮第公国（现法国境内）、勃艮第王国（从日内瓦湖附近直到普罗旺斯）：即莱茵河下游以南经罗讷河流域至今意大利中部地区。880年，东、西法兰克王国瓜分了普罗旺斯和洛林。

（3）卡佩王朝的开端

获得西法兰克王国的秃头查理（843年—877年），在其统治时期经常受到来自北欧的诺曼人的威胁。此时，由东法兰克王国来到西法兰克王国的罗贝尔家族受到秃头查理的重用。866年，在抵御诺曼人的战斗中罗贝尔阵亡。罗贝尔死后，他的儿子厄德继承了“巴黎伯爵”之位，继续服务于秃头查理以及他的子孙们。秃头查理二世死后，儿子路易二世，孙子路易三世以及一些加洛林旁支相继执政，但是时间都很短。877年，在部分贵族的支持和选举下，在对抗诺曼人的巴黎保卫战中声威大震的“巴黎伯爵”厄德被选为西法兰克国王，虽然他没有任何加洛林血统。厄德去世之后，厄德之弟罗贝尔被封为“法兰西公爵”，923年在苏瓦松战役中阵亡。罗贝尔之子“伟大的于格”在当时路易四世统治期间，成为国内最有权势的贵族和摄政王。直到987年，加洛林王国末代国王路易五世死去，“伟大的于格”之子，于格·卡佩被选为国王，史上视为卡佩王朝正式开端。卡佩王朝（987年—1328年）被视作法兰西王国的第一个王朝。

2. 中世纪中期（10—15世纪）

（1）卡佩王朝时期（987年—1328年）

卡佩王朝初期，法兰西王室力量还很薄弱，王室直接控制的领地仅限于塞纳河和卢瓦尔河之间南北长约240公里、东西宽约80公里的狭长的“法兰西岛”。王室领地内，许多独立的公国、伯国形式上承认法国国王为宗主，但各自恃势割据，俨如独立王国。

于格·卡佩为巩固王朝统治地位，设立长子继承制。卡佩王朝时期共有14位国王先后登上王位称为法兰西国王。为卡佩王朝的历史留下厚重一页的另一位国王是路易九世Louis IX，被尊为“圣路易”的卡佩王朝第九任国王（1226年—1270年在位）。他被奉为中世纪法国乃至全欧洲君主中的楷模，绰号“完美怪物”：他虔诚地信仰基督教，参加十字军东征，执法公正。他病死27年后，被罗马教廷追认为圣徒，赢得了“圣路易”的尊号。他扶持文学、艺术，对巴黎大学的发展起到了积极的作用，巴黎出现的大量哥特式建筑是他的时代繁荣的见证。

1328年查理四世死后，因卡佩家族嫡系无男嗣，由卡佩家族的旁支瓦卢瓦家族的菲利普六世继承王位，建立了瓦卢瓦王朝。

（2）瓦卢瓦王朝（1328年—1589年）

1314年，法王菲利普四世去世，他的三个儿子相继继承王位，1328年，菲利普四世第三个儿子查理四世去世，法国卡佩王朝绝嗣，英王爱德华三世企图以外甥身份继承王位，但按照继承法，法王王位只可传予卡佩男性系后裔中的男子，最后由菲利普六世（菲利普四世之弟瓦卢瓦伯爵查理之子）继承王位。爱德华三世于是宣战，英法百年战争爆发。

1337年英法“百年战争”爆发。战争后期涌现出民族女英雄贞德，虽然她被出卖遇害，但民族统一的趋势已不可阻挡。1453年查理七世在位期间“百年战争”以法国胜利而告终。历经116年的百年战争后，到15世纪末，最后几块贵族领地勃艮第、比卡第、布列塔尼、普罗旺斯、鲁西永也并入法兰西王国的版图，法国逐渐形成了一个中央集权制和君主专制政体的国家。

3. 中世纪晚期（16—18世纪）

（1）瓦卢瓦王朝的繁荣兴盛

这一时期是法国从封建社会向资本主义社会过渡的重要时期。这个时期的后半期在法国历史上称为“旧制度”，从16世纪起法国资本主义生产关系开始萌芽和发展。新航路的开辟使法国对外贸易的重点从地中海转到大西洋，从17世纪起法国向北美、中美、非洲、印度扩张殖民地。

瓦卢瓦王朝在经历了直系瓦卢瓦王朝（7位国王）、旁系瓦卢瓦奥尔良王朝（1位国王）和瓦卢瓦昂古莱姆王朝（5位国王）共13位国王的治理之后，将法国带入了新的封建王朝统治时期。

（2）波旁王朝（1589年—1792年）

波旁王朝是一个在欧洲历史上曾断断续续地统治纳瓦拉（1555年—1848年）（16世纪上纳瓦拉并入西班牙，下纳瓦拉并入法国）、法国（1589年—1830年）、西班牙（1700年至今）、那不勒斯与西西里（1734年—1816年）、卢森堡（1964年至今）等国和意大利若干公国的跨国王朝。由于其父系祖先为卡佩王室成员，因此亦被某些人称为卡佩王朝波旁分支，1589年在法国的统治开始，分出长幼两支：长支相继临朝的君主为亨利四世、路易十三、路易十四、路易十五、路易十六、路易十七、路易十八和查理十世。幼支统治史称七月王朝或奥尔良王朝。法国大革命爆发后查理十世在1830年七月革命中被推翻，七月王朝亦在1848年革命中倾覆，波旁王朝在法国的统治最终宣告结束。

波旁王室起缘于法国中部的波旁地区。这个采邑最早出现于13世纪初，是法王一位家臣，即波旁王室成员的母系祖先的私人封地，而其成员的父系祖先可追溯到来自卡佩王室的法王路易九世。路易九世之子克莱蒙伯爵罗贝尔通过与波旁领地的女继承人的通婚，获得了对波旁公国的统治权。他们二人的长子路易在

1327年获封为波旁公爵。自此以后，他的子孙以封国波旁为姓，这次受封被视为波旁王室的起源。可惜，波旁王朝的君主是历史上最为多灾多难的群体：亨利四世遭暗杀身亡，路易十三42岁英年早逝，路易十六最终在大革命中被送上断头台。

（3）波旁王朝的历代国王

瓦卢瓦昂古莱姆王朝的第二代君主亨利二世的三个儿子都成为了法国国王，当中的两个儿子弗朗索瓦二世和查理九世皆在青年早逝。他们的弟弟亨利三世继承了王位，他们最小的弟弟，阿朗松公爵弗朗索瓦便成为王储。1584年，弗朗索瓦王储遇刺身亡，按照继承法法王王位只可传予卡佩男性系后裔中的男子，波旁家族是第一顺位家族，亨利·德·波旁由此成为法国王位的合法继承人。

- 亨利四世Henri IV（1589年—1610年在位）

1589年，波旁王朝的第一个国王亨利·德·波旁（亨利四世）继位，之后，他极力恢复和平，休养生息，到路易十四亲政时，法国专制王权进入极盛时期。

- 路易十三Louis XIII（1610年—1643年在位）

法王路易十三是开国君主的长子，他执政后主要依赖红衣主教黎塞留的辅佐，开始了对法国的专制统治。17世纪30年战争中，在红衣主教黎塞留的策划下法国成为赢家，确定了其欧洲大陆的霸权地位。

- 太阳王路易十四Louis XIV（1643年—1715年在位）

路易十四，以其雄才大略，文治武功，使法兰西王国成为当时欧洲最强大的国家，使法语成为整整两个世纪里整个欧洲外交和上流社会的通用语言，使自己成为法国史上最伟大、也是世界史上执政最长久的君主之一。他是与中国康熙同时代的西方大帝，曾因在话剧中出演过太阳神阿波罗，被称为太阳王。路易十四统治法国前后达72年之久，是世界上执政时间最长的君主之一。他比他的儿子和最大的孙子活得都长，他去世后他的曾孙路易十五继了他的王位。他的执政期是欧洲君主专制的典型和榜样。

- 路易十五Louis XV（1715年—1774年在位）

路易十五统治时期，虽然经济有所发展，但专制王权日趋衰落。由于路易十四的连年征战，令法兰西王国元气大伤。路易十五仍然主张对外用兵，在七年战争后，法国被迫割让加拿大殖民地予英国，法国的声威也因此而滑落。

- 路易十六Louis XVI（1774年—1792年在位）

1774年路易十六继位，资产阶级日益感到其政治地位与经济实力愈来愈不相称，他们对关卡制度、行会条例和不公平的征税制度极为不满，特别反对贵族和教士的特权。代表资产阶级利益的启蒙运动蓬勃发展起来，他们抨击天主教会和专制王权，传播科学知识，宣扬民主、自由、平等、理性。法国封建制度陷于严重的危机。

1789年开始的法国大革命是法国历史上重要的分水岭，它结束了法国1000多年的封建统治，标志着资本主义的确立和发展。

三、近现代的法国——资本主义时期

1. 19世纪的法国——革命世纪（1789年—1871年）

从法国大革命到巴黎公社时期可称为“革命的世纪”，在这82年中共进行了5次革命（1789、1830、1848、1870、1871）。

（1）1789年资产阶级革命

1789年法国革命的历史任务是推翻封建专制统治，废除封建制度，建立资产阶级政权，发展资本主义。

1789年—1794年，革命沿着上升路线发展，从1789年7月14日巴黎人民起义起经过君主立宪制、吉伦特派共和国和雅各宾派民主专政3个阶段，波旁王朝被推翻，封建制度被废除，国内外反革命势力被击溃。

（2）法兰西第一共和国（1792年—1804年）

法兰西第一共和国是法国大革命期间建立的法国历史上第一个资产阶级共和国。1792年9月22日，新选出的议会即国民公会开幕。国民公会通过废除君主制的议案，宣布成立法兰西共和国（历史上称为法兰西第一共和国），代表工商业资产阶级利益的吉伦特派掌权以及雅各宾派专政。

在革命不断取得胜利的时刻，革命阵营内部矛盾激化。1794年7月，反对雅各宾派罗伯斯比尔的各派力量联合起来，发动热月政变，热月政变后，又相继有热月党人、督政府时期（1795年—1799年）和执政府时期（1799年—1804年）。1799年11月，拿破仑发动雾月政变，建立执政府，彻底颠覆了雅各宾派的统治。

（3）法兰西第一帝国（1804年—1814年）

1804年，拿破仑称帝，改法兰西第一共和国为法兰西第一帝国，取消民主自由，加强中央集权，颁布《民法典》，从法律上维护和巩固了资本主义所有制和资产阶级的社会经济秩序，对法国的资本主义发展起了积极的作用。

拿破仑一世对西班牙和俄国的侵略战争遇到强烈的抵抗，1814年被反法联军打败后退位。

(4) 波旁王朝首次复辟（1814年5月2日—1815年3月13日）

法国大革命期间不健全的政府制度，造就了拿破仑这个法兰西人民的皇帝。但法国和拿破仑的霸业没能维持很久，1814年拿破仑倒台后，在反法联军和法国国内拿破仑军中新贵的奉迎下，流亡英国的普罗旺斯伯爵返国即位为法王路易十八Louis XVIII。在军队和资产阶级的压力下，路易十八被迫接受一部倾向自由主义的宪法，颁布《宪章》，保证不改变大革命确立的经济秩序和资产阶级自由权利。

(5) 拿破仑一世“百日”当权（1815年3月14日—1815年7月7日）

法王路易十八的好景不长，拿破仑于1815年3月杀回巴黎，重建帝国，立百日王朝，路易十八落荒而逃。

(6) 波旁王朝二次复辟（1814年7月8日—1830年）

滑铁卢战役，拿破仑战败。路易十八得以再次复位（1814年7月8日—1824年在位），他和他的弟弟查理十世（1824年—1830年在位）一直致力维护保王党在国会的势力。一些在法国大革命期间的政策，因被认为倾向于自由主义而被两人废除。1820年，保王党极右分子当权，背弃《宪章》，激起资产阶级自由派和人民群众的愤怒。这些举动令波旁王朝渐失民心，最终导致1830年法国七月革命的爆发。

(7) 七月王朝（1830年—1848年）

1830年七月革命推翻了查理十世，代之以七月王朝，国王路易·菲利普（1830年—1848年在位），政权落入大资产阶级手中，历史上称为七月王朝（又名波旁奥尔良王朝）。

从1830年起，工业革命在法国兴起，掀起建筑铁路热潮。30—40年代，工人运动（如里昂工人起义）、共和运动、民主运动此伏彼起，最后汇为巨流。

(8) 法兰西第二共和国（1848年—1852年）

1848年二月革命推翻七月王朝，建立法兰西第二共和国。

1848年的革命使资产阶级各个阶层都参加了政权，与此同时，工人也提出了自己的要求，引起资产阶级的恐惧。1848年6月，巴黎工人举行起义，遭到残酷镇压。1848年12月，拿破仑二弟的儿子路易·拿破仑·波拿巴利用农民对拿破仑一世的迷信当选总统。

(9) 法兰西第二帝国（1852年—1870年）

1851年12月2日路易·拿破仑·波拿巴发动政变，翌年称帝，称为拿破仑三世，建立法兰西第二帝国。

（10）法兰西第三共和国（1870年—1940年）

第二帝国统治的18年中，工业革命取得巨大进展。从19世纪60年代起共和运动、民主运动和工人运动持续高涨，1870年9月初拿破仑三世在普法战争中的溃败引起了9月4日革命，巴黎人民推翻帝制，宣布共和，成立法兰西第三共和国。

（11）马黎公社

巴黎人民从1871年初起就呼吁建立公社，继续抗战。第一国际巴黎支部的左派领导人与工人联合起来，成立了国民自卫军中央委员会。1871年3月18日国民自卫军中央委员会在人民支持下夺取政权。3月18日—5月28日，巴黎工人阶级在人类历史上第一次推翻了资产阶级统治，建立了自己的政权——巴黎公社。在阶级力量对比过分悬殊的情况下，巴黎公社旋即被镇压。

2. 20世纪上半叶——战争中的法国

（1）第一次世界大战（1914年—1918年）

普法战争（1870年7月—1871年5月）后，法国对外政策的主要目标是准备对德复仇和进行殖民扩张，法国为了摆脱自己的孤立地位，1892年与俄国缔结军事同盟、1904年与英国缔结协约。第一次世界大战中，法国虽然是战胜国，收复了阿尔萨斯和洛林，夺取德国一些殖民地，但损失惨重。战后经济严重困难，政局不稳，1914年—1940年，内阁更迭45次之多。1926年—1929年普恩加莱统治时期，出现了暂时繁荣和稳定的局面。

（2）第二次世界大战（1939年—1944年）

1939年9月1日德军入侵波兰，法国实行全国总动员。9月3日法国对德宣战，但法军节节败退，1940年6月22日，贝当元帅与德国签订投降协定，法兰西第三共和国覆灭。1944年8月在法国抵抗运动和盟军的打击下，维希政府瓦解。

从第三共和国覆灭到第四共和国建立，法国人民经历了抗击德、意法西斯的战斗和制订新宪法的斗争，戴高乐将军领导的抵抗运动迅速发展，1944年6月成立临时政府，团结国内和殖民地反法西斯力量继续抗战，在同盟国和法国共产党领导的抵抗运动的配合下，1944年8月25日收复巴黎，接着法国全境光复。

3. 战后时期（1944年—）

1944年9月，戴高乐政府迁回巴黎，他当选为临时政府总理，着手重建满目疮痍的祖国。对于战后法国应建立什么样的共和国的问题，各派政治力量意见分歧很大：以共产党为代表的左翼要求制订一院制；戴高乐想要制定民主宪法；戴高乐派要求削弱议会，加强总统权力；以人民共和党为代表的第三势力坚持恢复第三共和国时期的议会制度。一年多过去了，戴高乐深感“多党制”对法国是一场灾难，对三个政党组成的联合政府更为不满。1946年1月，他突然宣布辞职。

（1）法兰西第四共和国（1946年—1958年）

1946年10月通过第四共和国宪法，宣告法兰西第四共和国成立，基本上保留第三共和国的政治制度，宪法确立了两院议会制，并对共和国总统的权力作了严格的限制。

第四共和国时期，法国通过几个复兴计划完成了设备更新。工业生产迅速增长，人民生活逐渐富裕。在对外关系上，法国接受马歇尔计划，1949年成为北大西洋公约组织的成员国。1957年根据《罗马条约》法国与联邦德国、意大利、荷兰、比利时、卢森堡建立了西欧六国共同市场。

（2）法兰西第五共和国（1959年—）

1958年，阿尔及尔暴动。6月1日，戴高乐就任总理，国民议会被迫授予戴高乐将军全权，并委托其制定新宪法。9月，全民公决通过新宪法，第五共和国成立。12月21日戴高乐被选为法国总统，新宪法授予总统更多的权力。1959年1月戴高乐总统就职，法兰西第五共和国时期开始。

复习与思考题：

1. 简述波旁王朝的由来。
2. 二战后法国政权如何更迭？
3. 详述一位法国历史上的国王。
4. 你如何看待拿破仑？
5. 巴黎公社形成的历史背景是什么？
6. 19世纪法国革命给全世界带来深远影响，为什么？
7. 简述英法百年战争。

Leçon dix-huit

Economie française

La France est l'un des pays très développés. Elle est située en Europe occidentale.

法国是发达国家。法国位于西欧。

La France pratique un système d'économie de marché.

法国实施市场经济。

Son économie est toujours très forte.

法国的经济一直是很强大的。

Elle est riche en sources d'énergie hydraulique et géothermique.

法国有丰富的水利资源以及地热资源。

Son développement aérospatial se trouve au troisième rang du monde.

航空和宇航工业居世界第三位。

Le domaine de l'énergie nucléaire et du pétrole est assez développé.

核能和石油化工部门有较快发展。

Les industries d'acier, de construction et d'automobile sont des industries piliers économiques.

钢铁、建筑、汽车工业是法国经济的支柱产业。

Quelles sont les voitures connues?

Ce sont Renault, Peugeot et Citroën.

法国有哪些知名的汽车品牌?

雷诺、标致和雪铁龙。

Surtout le tourisme français est très développé.

法国的旅游业尤为发达。

Chaque année, la France reçoit des milliers et des milliers de touristes des quatre coins du monde.

法国每年接待成千上万的各国游客。

Le salaire minimum est d'environ 1430 euros par mois.

法国人的最低工资大概为每月1430欧元。

Leurs ressources matérielles sont très riches.

法国的物资极大丰富。

Le système de garantie sociale est parfait.

法国的社会保障体系很完善。

Les Français voyagent souvent dans le monde.

法国人经常到世界各地去旅行。

Le but du voyage est de connaître le monde et aussi de se détendre.

旅行的目的是为了了解世界，同时也是为了放松自己。

Leur vie est bien heureuse et aisée.

法国人生活得幸福安逸。

Vocabulaire（词汇）

source n.f. 来源，源泉

riche adj. 富有的

géothermique adj. 地热的

rang n.m. 排，列

développé, e adj. 发达的

automobile n.f. 汽车

voiture n.f. 汽车

recevoir v.t. 接待，接到

coin n.m. 角，角落

par mois 每月

voyager v.i. 旅行

se détendre v.t. 放松

fort, e adj. 强大的，强盛的

hydraulique adj. 水利的

aérospatiale n.f. 航空航天工程

énergie nucléaire n.f. 核能

acier n.m. 钢铁

pilier n.m. 支柱

tourisme n.m. 旅游业

millier n.m. 一千

minimum n.m. 最小量

ressources matérielles 物资

but n.m. 目标，目的

aisé, e adj. 舒服的，放松的

Notes（注释）

I. 加减乘除法

2 + 2 = 4　Deux et deux font quatre.

　　　　　Deux plus deux égalent quatre.

8 – 2 = 6　Huit moins deux égalent six.

2 × 3 = 6　Deux fois trois égalent six.

　　　　　Deux multiplié par trois font six.

8 ÷ 4 = 2　Huit divisé par quatre égale deux.

Ⅱ. 动词 recevoir 的直陈式现在时变位

recevoir（接待）

je reçois	nous recevons
tu reçois	vous recevez
il reçoit	ils reçoivent
elle reçoit	elles reçoivent

Ⅲ. 法语动词的语式与时态

法语动词的语式，除不定式和分词式外均表示某种语气，而时态则表示动作发生的时间先后或完成与否。法语动词共有六种语式：直陈式、命令式、不定式、条件式、分词式和虚拟式。

一、直陈式

直陈式用来表示实实在在发生的情况或动作，时间范围包括现在、过去和将来。直陈式的主要时态有：现在时、未完成过去时、复合过去时、简单过去时、愈过去时、先过去时、最近将来时、简单将来时、先将来时、最近过去时、过去将来时、过去最近过去时、过去最近将来时、和过去先将来时。

1. 直陈式现在时

（1）构成：以动词变位来表示时态。动词分为三组：第一组动词为以-er结尾的动词（除aller），如parler。第二组动词为以-ir结尾的部分动词，如finir。第三组动词为不规则动词，如 avoir，être，aller，pouvoir等。（请查阅法语动词变位表。）

（2）用法：表达一个正在发生的动作或状态的时态。

Il écoute de la musique. 他正在听音乐。

Nous habitons ici depuis 10 ans. 我们住在这儿10年了。

2. 直陈式复合过去时

（1）构成：助动词avoir或être（直陈式现在时）+ 过去分词。

（2）用法：复合过去时表示在说话时已经完成的动作。

Il est sorti. 他出去了。

Il a travaillé tout l'après-midi. 他工作了整整一个下午。

3. 直陈式未完成过去时

（1）构成：去掉现在时第一人称复数的词尾-ons，另加词尾-ais，-ais，-ait，-ions，-iez，-aient构成。

（2）表示过去某一时间（其起讫时间不明确）内延续进行的动作、重复发生的习惯性的动作。

Avant，sa famille habitait à Paris. 以前，他家住在巴黎。

Tous les jours，j'allais au bureau à 9 heures. 我每天九点上班。

4. 直陈式简单过去时

（1）构成：动词分为三组。第一组是全部以-er结尾的动词，包括aller。第二组是以-ir结尾的部分动词。第三组是其他不规则动词avoir，être，vouloir，venir等。（请查阅法语动词变位表。）

（2）用法：表达过去某一特定时间内完成的动作，与现在无关的，它常见于书面语，用来描写历史事实、故事等。

Il se leva，prit son chapeau et partit. 他站起来，拿起帽子就走了。

Il mourut dans les premiers jours de janvier. 他死于一月初。

5. 直陈式先过去时

（1）构成：助动词avoir或être（直陈式简单过去时）+ 过去分词。

（2）用法：表示紧接在一个简单过去时动作发生前刚完成的过去动作，只用于书面语。

Quand elle eut été guérie，elle quitta l'hôpital. 她病一好，就离开了医院。

Dès qu'ils eurent déjeuné，ils reprirent la discussion.

他们一吃完饭，就接着讨论。

6. 直陈式愈过去时

（1）构成：助动词avoir或être（直陈式未完成过去时）+ 过去分词。

（2）用法：表示在另一过去动作之前已经完成的动作。

Il est sorti du laboratoire quand il avait fini ses exercices.

他做完实验后，就离开了实验室。

Il m'a dit qu'il était arrivé en France. 他告诉我他已经到了法国。

7. 直陈式最近过去时

（1）构成：助动词venir（直陈式现在时）+ de + 动词不定式。

（2）用法：最近过去时用于表示刚刚完成的动作。

Ma mère vient de prendre ma température. 我母亲刚刚给我量了体温。

Je viens d'arriver. 我刚刚到。

8. 直陈式过去最近过去时

（1）构成：助动词venir（直陈式未完成过去时）+ de + 动词不定式。

（2）用法：过去最近过去时表示在另一个过去动作之前刚刚发生的动作。

Il m'a dit qu'il venait de rentrer de l'Université.

他跟我说他刚刚从学校回来。

Il venait d'arriver quand la cloche a sonné.

当铃声响起的时候，他刚刚到。

9. 直陈式最近将来时

（1）构成：助动词aller（直陈式现在时）+ 动词不定式。

（2）用法：最近将来时表示即将发生的动作。

Je vais écrire à ma mère. 我马上给妈妈写信。

Il va venir. 他马上到。

10. 直陈式过去最近将来时

（1）构成：助动词aller（直陈式未完成过去时）+ 动词不定式。

（2）用法：过去最近将来时表示从过去看来即将发生的动作。

On a annoncé que les élections allaient avoir lieu le lendemain.

人们说第二天就要选举了。

Il m'a dit qu'il allait partir. 他跟我说他就要出发了。

11. 直陈式简单将来时

（1）构成：在动词不定式后面加下列词尾-ai，-as，-a，-ons，-ez，-ont构成，但以-re结尾的动词，先去掉词尾的e，然后再加上述词尾，但有几个例外。（请查阅法语动词变位表。）

（2）用法：简单将来时表示将要发生的动作。

Il y aura beaucoup de monde dans la salle. 大厅里会有许多人。

Il viendra cet après-midi. 他今天下午会来。

12. 直陈式过去将来时

（1）构成：由简单将来时的词根加词尾-ais，-ais，-ait，-ions，-iez，-aient构成。

（2）用法：过去将来时表示从过去的角度来看将要发生的动作。

Il a dit qu'il ferait un voyage cet été. 他说今年夏天他将去旅行。

Il m'a dit qu'il viendrait ce soir. 他跟我说他今晚会来。

13. 直陈式先将来时

（1）构成：助动词avoir或être（直陈式简单将来时）+ 过去分词。

（2）用法：先将来时表示比另一个动作先一步完成了的将来的动作。

En hiver，les feuilles auront disparu. 到了冬天树叶就落尽了。

Nous partirons dès que nous aurons pris notre petit déjeuner.
我们将在吃完早饭后出发。

14. 直陈式过去先将来时

（1）构成：助动词avoir或être（直陈式过去将来时）+ 过去分词。

（2）表示在过去某个将来动作之前完成的动作。

Elle m'a écrit qu'elle me téléphonerait dès qu'il serait arrivé à Paris.
他写信告诉我他到了巴黎就给我打电话。

二、命令式（L'impératif）

命令式是表示命令、禁止、建议、请求、祝愿等的语式。命令式只有三个人称：第二人称单、复数和第一人称复数。命令式只有两个时态：现在时和过去时。

1. 命令式现在时

（1）构成：由动词直陈式现在时去掉主语构成。只有第二人称单、复数和第一人称复数。

（2）用法：命令式表示命令、禁止、请求、祝愿。

Sois modeste et prudent！要谦虚谨慎！

Travaillons bien！我们好好工作吧！

2. 命令式过去时

（1）构成：助动词avoir或être（命令式现在时）+过去分词。

（2）用法：表示在将来某一事件或动作之前已经完成的动作。

Ayez terminé ce travail avant midi. 你们中午前要干完这个活儿。

Aie fini le ménage quand je reviendrai！等我回来时，你要把家务活做完。

三、不定式

不定式是动词的原形。它是动词的名词形式，它同时具有动词和名词的作用，没有人称和数的变化，有两种时态：现在时和过去时。在句中可以作主语、表语、宾语、补语、状语等。

1. 不定式现在时

（1）构成：用动词原形形式，没有变位。

（2）用法：不定式现在时表示与有关动词同时进行的动作。

Dire et faire sont deux choses. 说和做是两回事。

J'ai vu la voiture renverser un piéton. 我看到汽车撞倒一位行人。

2. 不定式过去时

（1）构成：avoir或être的不定式+过去分词。

（2）用法：不定式过去时表示在主句之前已经完成的动作。

Après être arrivée dans le bureau，elle s'est mise à son travail.

到了办公室，她就开始工作。

Excusez-moi de vous avoir écrit plus tard. 请您原谅我，给您写信迟了。

四、分词式

分词式是动词的形容词形式，兼有动词和形容词性质。分词式有三种形式：现在分词、过去分词和复合过去分词。

1. 现在分词

（1）构成：由直陈式现在时第一人称复数去掉词尾-ons，另加-ant构成。

（2）用法：现在分词具有动词的性质，通常表示主动的动作，可以有宾语、状语等附属成分，没有人称和数的变化。现在分词多用于书面语，口语中应尽量避免。

Il a lu un livre racontant la vie de Zola. 他看了一本叙述佐拉生平的书。

Arrivant à Paris，je lui rendrai visite. 到了巴黎，我将去拜访他。

2. 过去分词

（1）构成：第一组动词：去掉词尾-er加é；第二组动词：去掉词尾-ir加i 。

（2）用法：过去分词兼有动词和形容词的性质。既可独立使用，也可以作表语、同位语。过去分词有性和数的变化。直接及物动词的过去分词表示被动，以être为助动词的不及物动词的过去分词表示动作已经完成，表示主动。

Voilà un article écrit par Sophie. 那是苏菲写的一篇文章。

Montés en haut de la Tour Eiffel，ils ont eu une vue d'ensemble de Paris. 登上埃菲尔铁塔，巴黎风光尽收眼底。

Les fenêtres restaient ouvertes dans la nuit. 窗户夜间也开着。

3. 复合过去分词

（1）构成：avoir或être（现在分词）+ 过去分词。

（2）用法：复合过去分词和现在分词的用法基本相同，但它属于完成体，复合过去分词表示在主句动作之前已经完成的动作，常见于书面语言。

Paul，ayant fini de manger，se promène le long de la rivière.
保罗在饭后沿着河岸散步。

Ayant vu son ami dans la foule，elle l'a appelé.
她看见她的朋友在人群中，就招呼他。

五、条件式

条件式是表示可能、不真实或想象的语式。条件式有现在时和过去时。

1. 条件式现在时

（1）构成：直陈式简单将来时的词根加词尾-ais，-ais，-ait，-ions，-iez，-aient构成。

（2）用法：条件式现在时表示不可能实现的动作或将来可能实现的动作。

Si j’avais de l’argent, je ferais le tour du monde. 如果我有了钱，我就去周游世界。

Si j’étais vous, j’achèterais une maison à la campagne. 如果我是你，我就在乡下买一栋房子。

2. 条件式过去时

（1）构成：助动词avoir或être（条件式现在时）+ 过去分词。

（2）用法：表示过去不可能实现和未实现的动作。

Je vous aurais appelé si j’avais eu votre numéro de téléphone.

如果我有您的电话号码，我早就给您打电话了。

S’il avait fourni plus d’efforts, il aurait sans doute réussi son examen.

他如果做出更多的努力，考试就可以通过了。

3. 条件式用于独立句中，表示委婉的愿望、请求、建议、推测、可能、惋惜等语气。

Je voudrais aller à Marseille demain. 我想明天去马赛。

Vous auriez pu éviter ces erreurs. 您本来是可以不犯这些错误的。

Il y aurait eu dix morts dans cet accident. 在这次事故中可能有十人丧生。

六、虚拟式

虚拟式表示主观设想的语气，强调主观意愿、判断等，常用在连词que引导的补语从句中。虚拟式有现在时、过去时。

1. 虚拟式现在时

（1）构成：一般去掉直陈式现在时第三人称复数的词尾-ent，另加词尾-e，-es，-e，-ions，-iez，-ent，有例外。（请查阅法语动词变位表。）

（2）用法：表示以说话当时为基准的现在或将来的动作，相当于直陈式的现在时和将来时。

Je doute qu’il vienne. 我怀疑他会来。

Il demande que nous partions avant cinq heures. 他要求我们在五点以前出发。

2. 虚拟式过去时

（1）构成：助动词avoir或être（虚拟式现在时）+ 过去分词。

（2）用法：表示在说话时或将来某一时刻已经完成的动作，相当于直陈式的复合过去时和先将来时，如：

Je resterai ici jusqu'à ce qu'il soit rentré. 我将留在这里，直到他回来。

Il demande que nous soyons partis avant midi. 他要求我们中午以前出发。

3. 虚拟式用于独立句中：表示对第三者的命令、请求、劝告、愿望和祝愿。虚拟式用于独立句中仍需以连词que引导，有时que可以省略，用主谓倒装结构：

Qu'ils sortent！让他们出去！

Que les candidats arrivent à l'heure！请应聘者准时到！

Qu'elle se guérisse vite！希望她早日康复！

Ah！Vienne vite le printemps！ 但愿春天早日归来！

法国经济

一、法国经济及其历史发展

法国是全球经济发达国家之一，是欧盟大国，实行的是现代市场经济体制，产权的基本形式是私有制，市场是配置资源的主要机制，经济对外开放程度较高，奉行自由贸易政策。

1. 战前的法国经济

第一次世界大战前，由于历史、文化和传统的原因，与其他工业发达国家相比，法国经济发展迟缓、工业水平相对落后。虽然早在18世纪末法国就已开始产业革命，但直至第一次世界大战前，农业在国内生产总值中仍占较大比重，小土地所有制导致农业经营过于分散，农业人口众多，农村既无法成为工业的市场，也不能为工业提供更多的劳动力。另一方面，法国工业结构长期不合理，中小企业和手工业在工业部门中处于优势地位，工业企业规模过小，生产率低下，技术水平相对落后。工业就业人口近半数集中在食品和轻工业部门，商品输出长期以时装、化妆品、纺织品和葡萄酒为主。高利贷资本异常发达，以借贷形式的资本输出过多，导致国内生产性投资不足，抑制了本国经济的发展。迟至本世纪20年代，法国才完成产业结构的转变，随着冶金、有色金属、橡胶和机械工业的兴起，工业产值在国民经济中的比重超过农业，最终完成向工业国的过渡，但这个进程与美国和德国相比落后了约30年，比英国落后了整整一个世纪。

第二次世界大战期间，法国的工业遭到严重破坏，1944年的工业生产指数只相当于1938年的40%，而且设备老化，技术陈旧，物资匮乏。为了振兴经济，战后法国采用政府干预手段，成立了以经济学家让·莫奈为首的国家计划总署，制定、实施了著名的“现代化与装备计划”，开创了此后延续数十年的国家经济计划的先河，为延续至今的法国经济模式打下了深深的烙印。

2. 战后经济计划模式下法国实力的上升

法国的经济计划以成熟的市场经济为前提，并且是在市场经济的条件与环境中发挥作用。经济计划以指导性为主，规定经济发展的近期目标，对国民经济各部门轻重缓急的发展顺序做出安排，并辅以相应的政策和措施。在战后经济重建初期，经济计划带有较浓重的政府干预色彩，对计划规定了各种数量目标，政府通过税收参与国民收入再分配过程，集中巨额资金对优先发展部门给予财政支持。60年代以后，随着产业结构调整的完善，国家对经济的干预力度渐趋弱化，取消了经济计划中的数量指标，使之成为纯指导性计划。

在让·莫奈主持制定的第一个经济计划中，法国政府把重点放在基础产业部门，将煤炭、电力、钢铁、水泥、运输、农业机械设备确定为优先发展对象，对基础产业实行投资倾斜政策，提高工业技术装备现代化水平，注重技术改造。据统计，在第一个经济计划实施期间，国家对上述重点部门共投入资金1,412亿法郎，占同期国家总投资的37%。进入20世纪50年代，法国又连续实施了第二个（1954年—1957年）和第三个（1958年—1961年）经济计划，在继续加强基础部门的同时，扩大规划领域，协调各部门均衡发展，改善企业经营环境，提高经济效益。

借助政府干预，特别是得益于美国马歇尔援助计划，战后法国经济得到迅速恢复。1948年其国内生产总值和工业生产指数已达到战前1938年的水平。1949年全国发电303亿度，1959年达到645亿度，10年中翻了一番。煤炭产量1958年创历史最高纪录，达到6000多万吨。钢铁、机床、运输设备和水泥的产量也都成倍增长，塑料、化肥、化学纤维以及农机设备甚至增长数倍。1949年时，法国基础部门只占工业附加值的1/4，到1959年，该比重已提高到2/5以上。

50年代末至70年代初，是法国经济的起飞时期，在继续实施第三个经济计划的基础上，计划总署相继制定了第四个（1962年—1965年）和第五个（1966年—1970年）经济计划。在此期间，法国把发展重心转移到石油化工、电子和机电、汽车、高速火车、宇航、造船、通讯设备等新兴工业部门，以此为龙头带动整个工业的全面发展。由于国家实施倾斜政策，这些部门的投资大幅增加，其中专用机电设备和机械制造业的生产性投资每年增长率高达13%~16%，相当于整个经济部门生产性投资平均增长速度的一倍以上；家用电器、汽车、通讯等部门的生产性投资也都以每年两位数的速度增长。这一期间农业投资的增长大大促进了农业和食品加工业的发展，为法国现代化农业奠定了基础。

经过10余年的快速发展，法国一跃成为世界先进工业国。至20世纪70年代中期，法国的水泥产量居资本主义世界第二位；轿车、石油产品、合成橡胶居第三位；钢铁、造船居第四位；飞机制造、宇航工业、海洋开发等领域的技术水平均居世界领先地位。1959年至1974年期间，法国国内生产总值年均增长速度高达5.7%，不仅高于美国、英国，而且高于德国。同一时期，法国经济实力快速增长，按当年价格计算，1973年的国内生产总值首次突破1万亿法郎，人均国民收入首次突破2万法郎。在经济高速增长的带动下，基本实现充分就业，在50年代末至70年代初期，失业率始终控制在2.8%以内的低水平。

3. 70年代后法国经济的缓慢增长

在石油危机引发的世界性经济危机中，法国经济反复衰退，物价轮番上涨，失业人数猛增。尽管历届政府采取各种措施，不断进行经济结构调整，计划总署也先后制定了第六个（1971年—1975年）、第七个（1976年—1980年）、第八个（1981年—1985年）、第九个（1984年—1988年）和第十个（1989年—1992年）经济计划，但这些计划的执行情况不太理想。1992年，计划总署准备了第十一个计划（1993—1997年），但未被1993年3月法国议会选举后的新政府通过。

此后，法国通过执行国家—大区计划合同（Contrats de Plan Etat-Région）的方式，在全国贯彻国家经济发展战略。从1973年至1979年，法国的经济年均增长率下降到3.25%，1980年至1990年又减少到年均2.25%，1991年和1992年进一步降至1.2%左右。到1992年下半年，法国经济进入战后最严重的经济衰退期，1993年国内生产总值甚至降到1%。从1994年起，在全球经济复苏的带动下，法国经济进入恢复性增长时期，2000年经济增长率达4.1%，创恢复期最高点。2001年，全球经济发展再次放慢，当年法国经济增长率为2.1%，2002年和2003年增长率分别减至1.2%和1.1%。自2004年以来，法国经济再次复苏，但增长幅度不大，且呈明显起伏状态。2004年，法国经济增长率回升至2.3%，但2005年经济增长又放缓至1.2%，2006年经济增长率为2%，2007年经济增长率约为1.9%，由于全世界范围内的金融危机爆发，法国经济于2008年第2季度开始衰退，从2009年第2季度开始，法国经济开始企稳反弹，第2和第3季度分别上升了0.3%，2010年经济增长率为1.5%。

二、法国经济现状

法国是最早发展资本主义经济的国家之一，因而，经济起步非常早，经济一直比较发达。如今，法国经济依然保持着稳定发展，并且保持良好的势头。

法国的水力资源和地热开发利用比较充分。森林面积1500万公顷，覆盖率超过25%。主要工业部门有矿业、冶金、汽车制造、造船、机械制造、纺织、化工、电器、动力工业、日常消费工业、食品工业和建筑业等。新兴工业如核能、石油化工、海洋开发、军工、航空和宇航等部门均有较快发展。核电设备能力、石油和石油加工技术居世界第二位，仅次于美国。航空和宇航工业，仅次于美国和俄罗斯居第三位。钢铁工业、纺织业占世界第六位。但在工业中占主导地位的仍是法国的传统工业部门，其中钢铁、汽车和建筑为三大支柱产业。工业在国民经济中的比重有逐步减少的趋势。第三产业在法国经济中所占比重逐年上升，其中电信、信息、旅游服务和交通运输部门业务量增幅较大，服务业从业人员约占总劳动力的70%。

法国经济发展的优劣势：

法国经济发展的优势是拥有丰富的水力资源和地热资源，这些可以使得能源短缺得以缓解。另一方面，法国文化底蕴非常厚重，旅游资源非常丰富，这些使得法国服务业得以迅速成长。劣势是法国的基础自然资源非常稀缺，几乎所有发展工业的原料都依赖进口，比如说铁矿石、有色金属、石油、天然气等，这就使得法国的工业发展拥有很大的依赖性，具有一定发展风险。

三、法国传统工业部门

传统工业部门是法国工业的经济支柱，包括钢铁、建筑和汽车制造部门。

1. 钢铁工业

钢铁工业是指生产生铁、钢、钢材、工业纯铁、铁合金的工业，是世界所有工业化国家的基础工业之一。经济学家通常把钢产量或人均钢产量作为衡量各国经济实力的一项重要指标。

（1）法国钢铁企业

钢铁工业是法国传统工业部门，历史悠久。法国铁矿资源丰富，储量居西欧首位。洛林铁矿是全国最大铁矿，储量占全国4/5以上，产量占全国铁矿石总产量的95%，但其品位较低，含磷较高。法国现代化的钢铁工业始于19世纪70年代，第一次世界大战后得到较大发展，第二次世界大战后生产规模和技术水平发展迅速。为了提高法国钢铁工业的竞争能力，利用良好的港口条件进口矿石和炼焦煤，法国将钢铁工业布局在沿海港口，这种临海型工业布局，具有很好的区位优势。从20世纪50年代末开始，法国开始兴建临海钢铁企业，在北部的敦刻尔克建造了全国最大的现代化钢铁联合企业，炼钢能力达800万吨。70年代，在地中海滨，罗讷河口左岸的福斯，建立了第二大临海钢铁联合企业。这里的深水码头可停泊40万吨巨轮，计划最终规模可达2000万吨炼钢能力。厂区附近的深水码头可停泊30~40万吨巨轮，便于原材料的进口和向钢铁工业不够发达的地中海沿岸国家出口，而且这里靠近法国第二大城市马赛，有较雄厚的工业基础，并已建有电力、炼油、石化等工业，同时又有充足的淡水供应。

（2）法国北方钢铁联合公司

又称为法国于齐诺尔钢铁集团，是欧洲最大的冶金企业，现为一家股份公司，由原于齐诺尔（Usinor）钢铁公司、索拉克钢铁公司（Sollac）、萨西洛尔钢铁公司（Sacilor）等骨干企业组建而成，最早成立于1941年，总部位于巴黎，其中本厂职工持股4.6%，机构和私人持股81.6%。20世纪80年代初，该公司有职工15万人，从1987年起，公司根据欧盟对成员国冶金企业提出的定额限产的要求，同时为提高劳动生产率和产品竞争力，进行产业结构调整，并大幅度裁员，目前职工已减至5.14万人，其集团钢铁产量已占法国钢铁产量的90%以上，并已成为世界著名钢铁集团。集团最新排名为全球第325名。

（3）世界钢铁工业发展现状

20世纪70年代以前，钢铁和汽车、石油一直是资本主义国家的主要支柱产业。但20世纪70年代后，由于科学技术的发展，钢铁工业的重要性有一定程度的削弱，钢铁工业的利润迅速降低，目前，钢铁工业已经成为一个微利行业，不再有昔日的风光。钢铁工业重要性的削弱、利润的降低，使钢铁工业的竞争更加激烈。降低成本，改进技术，开发、抢占新市场成为各大钢铁公司为在竞争中取胜而采取的主要战略。

当前，全球钢铁生产和贸易主要呈现以下格局：

- 发达国家不再独占钢铁生产大国的地位，发展中国家在世界钢铁生产中的地位得到提升；

● 钢铁生产企业为降低成本，增强实力，纷纷走上了联盟、重组的道路，企业重组、并购不仅表现在国内，还扩展到国际；

● 进入21世纪，钢铁生产商积极开发研究高新技术产品，为保持钢铁材料在21世纪作为基本工业原料的主导地位，以及提高世界钢铁工业的竞争力，采用高效、环保的炼铁技术。同时今后研究和开发的重点，要放在对流程的改进和开发上，从而能处理像资源、能源、环保和回收，以及为满足客户的需要而进行的产品开发和应用技术等问题。

2. 法国建筑业

以法国建筑材料制造行业现状为例，法国的建筑材料制造行业之中共有2800家员工超过20人的企业，大约占法国工业制造企业总数的1/10左右。该行业在法国的雇员总人数达到29万人，几乎与汽车制造行业的雇员规模不相上下。法国建筑材料制造行业每年的营业总额则达到500亿欧元，整个行业的人均生产总值也远远高于该国制造行业的平均水平。罗纳–阿尔卑斯大区、巴黎大区和卢瓦尔河大区分别是法国建筑材料制造行业最为发达的地区，位于这三个大区的建筑材料制造企业的数目占全行业企业总数的1/3左右，相应的雇员总数也约占整个行业雇员总数的1/3。

（1）法国建筑企业

● 法国埃法日集团

在2010年度《财富》世界500强公司中排名456，营业收入为：189.58亿元。法国埃法日集团因建造世界最高大桥之一——米约高架桥（位于法国西南部米约市，高270米，全长2.5公里）而闻名，也是埃菲尔铁塔的建造商。集团是由1992年Fougerolle建筑集团与ASE合并而成，1993年正式取名为Eiffage（埃法日）集团，目前埃法日集团是欧洲第六大建筑集团。埃法日集团参与了许多著名的建设工程，如葡萄牙的Norscut高速公路、法国里昂至意大利都灵的铁路、比利时至法国东部的高速铁路、瑞士巴塞尔—法国牟罗兹的飞机场，以及在中国、埃及和越南为法电EDF建设的配电中心。

● 法国万喜公司

成立于1890年，至今已有113年的历史，是世界顶级的建设以及工程服务企业，下设万喜能源、万喜公路公司、万喜建筑等公司。万喜公司有2500家分支机构分布在全球80多个国家和地区，在租赁经营、通讯、公路桥梁等领域优势突出，是全球最大的土木工程公司，在BOT（建设、经营、转让）等项目融资方面具有丰富的经验和强大的实力。据ENR（工程新闻记录）2003年统计，该公司2002年国际工程市场营业额达68.4亿美元，位列全球最大225家国际承包商第3名，2002年其国内、国际市场营业额达165.95亿美元，位居全球第一。

万喜建筑公司是法国建筑市场的领军人物，也是世界建筑领域内最大的公司之一。公司在高层建筑、土木工程、深水工程、多元化高科技维修服务等领域拥有很强的实力。除了在法国本土、欧洲、非洲有深厚的根基之外，公司在世界的建筑设计、专业土木工程领域也扮演着重要角色。2004年，万喜公司总营业额达195.2亿欧元，国际市场营业额74.2亿欧元。据2005年ENR，万喜继续排名全球最大承包商第一位，其业务主要分布在法国，约占其全部营业额的62%。

- 布依格集团（Bouygues Group）

于1952年成立，其核心业务是工程建设。1972年，布依格建造了巴黎王子体育馆，自此进入土建市场，随后扩展到海外市场。1986年集团收购Screg建筑集团（一家法国水供应公司），并同时进入新的服务领域（法国电视一台，布依格联通）。20世纪90年代，民建和土建业务迅猛增长，主要集中在国际市场。Bouygues集团2000年的营业额达190亿欧元，其中70亿为世界市场销售额，它在全球拥有119，000名雇员，其中45%是法国境外雇员。

布依格集团称得上是家族式经营的典范，是国际上房屋建筑、土木工程、电气订约和维修领域的领航者，目前在世界上80多个国家和地区开展业务，主要市场包括东欧、西欧、亚洲、非洲以及加勒比地区。布依格89%的国际业务来自房屋建筑和交通基础设施建设领域，其中交通基础设施建设业务比重达到64%，2008年布依格在该领域营业额名列世界第2位，仅次于万喜公司。

（2）法国各地建筑行业遭遇全面下滑

2012年7月12日，法国小型建筑公司和工艺联合会（Capeb）发布统计数据，显示在连续5个季度增长之后，2012年2季度法国建筑工艺部门活动较上年同期下降了0.5%。该协会会长表示，在国内各个大区尤其是中部地区，建筑工艺活动均遭遇下滑，只有包括罗讷—阿尔卑斯和东南部的少数地区除外，行业状况大大恶化的原因在于税收优惠取消、天气条件不佳以及信贷方面的困难。

据报道，法国建筑工艺部门共有38万家企业，100万员工，2011年营业额达到770亿欧元，业内曾于4月份发布2012年预期，预计全年营业额将同比下滑1%，减少2000~3000人。

3. 法国汽车行业

(1) 法国汽车企业

- 雷诺汽车公司

创立于1898年的雷诺汽车公司是今天的世界大型汽车集团之一，100多年以来，雷诺汽车经历了非常曲折的发展历程，也正因为如此，雷诺除了带来汽车之外，也为我们带来了无数充满传奇色彩的故事。1898年，年仅21岁的路易·雷诺退伍，回到了巴黎。这位家境优越的公子哥不学无术，只有一件事能激起他的兴致，那就是机械制造。他把自己家里那辆三轮摩托车拆开，取出发动机，焊到自制的底盘上，再加装转向、离合、减震、刹车，一台车就这么被造了出来，这台车上还出现了这位小伙子的一项发明——变速器。路易·雷诺的几位朋友对他造的车提出了质疑，认为它徒有其表，根本不能行驶多远。路易·雷诺非常自信，他打赌自己的这台车可以沿着斜坡驾驶，开上巴黎著名的蒙马特高地。结果路易·雷诺赢得了这场赌局。在巴黎蒙马特高地陡峭的勒比克大街上，一辆怪模怪样的小车开进人们的视线，它也同时开进了汽车工业的强者之林。这个故事发生在1898年，那台车便是第一台雷诺A型车，在蒙马特高地现身之后，它的主人立即收到了13份订单。随后，雷诺创建了雷诺汽车。

- 标致汽车公司

溯源标致家族（1532年—1900年）在法国的主流产业还是农业，到了1810年，标致家族兄弟俩儒勒·标致和艾弥尔·标致在法国开创了以他们姓氏命名的公司。

1810年，阿尔卑斯山脚下小城索肖，标致家族中最能干的兄弟俩——儒勒和艾弥尔在这里开创标致公司，最初是以从事小型金属零件加工为主。1850年，家族企业的产业继续发展，并在蓬德鲁瓦德（Pont-de-Roide）、瓦朗蒂涅（Valentigney）和博利厄（Beaulieu）三个地区开设新的工厂。标致的产品范围和种类也在不断扩大，包括钢锯、弹簧、妇女束腰用的骨架、伞架、咖啡研磨机等。

- 雪铁龙汽车公司

雪铁龙汽车公司是法国第三大汽车公司，它创立于1915年，创始人是安德烈·雪铁龙，主要产品是小客车和轻型载货车，公司总部设在法国巴黎，雇员总数为5万人左右，年产汽车90万辆。雪铁龙公司创立之初，正是第一次世界大战最酣之时，因而其产品主要是炮弹和军事设备。直到一战结束之后，公司才开始从事汽车制造，1934年生产出法国第一辆前轮驱动汽车。雪铁龙公司是法国最早采用流水线生产的公司，因而在它成立仅仅6年之际，年产量即突破100万辆。

1924年和1931年—1932年，安德烈·雪铁龙组织了雪铁龙汽车“亚洲之行”和“非洲之行”，又称“黄色旅行”和“黑色旅行”，使雪铁龙汽车名噪世界，销量也随之大增。1928年即达到日产汽车400辆，占法国汽车产量的1/3。1975年，雪铁龙汽车公司年产量已达70万辆。

1976年雪铁龙公司加入标致集团，成为法国标致—雪铁龙集团成员之一，但它仍然有很大的独立性，其经营活动仍然由自己把握。雪铁龙公司有13个生产厂家和一个研究中心，其中阿尔内·色·布瓦是欧洲最先进的汽车厂。该厂采用计算机控制，机器人操作，可日产汽车900辆。近几年来，雪铁龙公司的产品有雪铁龙AX、BX、CX系列，还有雪铁龙TDR等。80年代末90年代初，它们又推出了雪铁龙ZX系列新车，其技术水平居世界领先地位。1990年，ZX车成为欧洲最畅销的汽车，并在巴黎—达喀尔汽车拉力赛中获胜。1991年雪铁龙和中国二汽合资兴建神龙汽车公司，ZX车输入中国，全部建成投产后，年生产能力可达30万辆。

（2）法国汽车制造业发展现状

汽车制造业是法国的经济支柱之一，目前，法国拥有20多个汽车生产基地，年产350万汽车，成为欧洲第二大汽车生产国，约占欧洲汽车总产量的17.1%。根据2008年上半年全球十大车企排名，法国两大整车制造商标致—雪铁龙集团及雷诺分列第八、九位，直接创造了30万个工作岗位，此外，与之相关的汽车零配件及服务部门提供了约40万个工作岗位。

2013年，法国“标致雪铁龙”汽车集团试图关闭位于巴黎北郊欧奈苏布瓦市一家工厂的计划，在法国闹得沸沸扬扬，这也成为奥朗德就任后面对的第一场社会抗议浪潮。法国媒体指出，这一关闭工厂事件绝非孤立的偶然事件，其背后隐藏着整个法国汽车制造业面临的严重危机。法国《解放报》对此评论说，将有一场暴风雨袭击“法国制造”。该报指出，金融危机曾导致全球汽车制造业在2008年至2009年陷入萧条，3年之后，法国汽车制造业再度陷入危机。

对于法国汽车制造商在欧洲市场的销售情况，法国媒体用“灾难性”一词来形容。统计显示，2013年，法国“标致雪铁龙”集团在欧洲市场的销量减少了15%，“雷诺”集团在这一市场的销售量减少了20%。“雷诺”集团总裁卡洛斯·戈恩预测，欧洲汽车市场在未来三四年内仍将处于停滞状态。

“法国制造”在欧洲市场业绩不佳的原因主要有两个：第一，法国汽车制造商过于依赖西班牙和意大利市场，而这两个国家正经历严重的债务危机，两国政府实施的财政紧缩政策导致民众购买力急剧下降；第二，法国制造的汽车缺乏高端产品，过度集中于中端、中小汽车，面对来自德国的高端产品和来自韩国的廉价汽车的竞争，法国的汽车生产商只能败下阵来。

产品卖不出去的直接后果是导致生产能力过剩，《解放报》称法国汽车制造工厂的年使用率将只能达到60%。熟悉"标致雪铁龙"集团的一名业内人士称，该集团正在受到"双重惩罚"：一方面，法国国内市场不景气；另一方面，法国工厂的劳动力成本高。"雷诺"集团在法国国内的工厂也面临同样的困难，该集团总经理卡洛斯·塔瓦雷斯称，他现在出差会乘坐廉价航空公司的航班，以此来给下属树立为公司省钱的榜样。

为避免工厂的亏本运营，法国各汽车制造商开始酝酿各种应对方案。"标致雪铁龙"集团打算关闭位于欧奈苏布瓦市的一家以生产"雪铁龙C3"车型为主的工厂，该工厂就业人数为3300人左右。该集团去年11月公布裁员计划，打算在2012年裁员6800人。法国媒体透露，该集团今年的最终裁员数量要高于这一原定计划。该集团总裁菲利普·瓦兰称："有必要采取附加措施。"据悉，将被裁减的人员不仅有工人，还涉及行政、销售、研发部门的白领。

复习与思考题：

1. 法国属哪类经济型国家？
2. 法国经济的支柱产业有什么？
3. 当代法国在战后如何走上经济发达之路的？
4. 法国汽车企业有哪些？
5. 介绍一个法国的跨国企业。
6. 你认为法国成为经济发达国家的原因有哪些？
7. 在中国投资的法企有哪些，坐落在中国哪些地方？

参考文献

1. 黄荭. 法语畅谈法国文化［M］. 大连：大连理工大学出版社，2010年3月.

2. 柯忆. 去法国［M］. 北京：北京航空航天大学出版社，2003年9月.

3. 顾东东. 欧洲留学生手记——法国卷［M］. 上海：东华大学出版社，2004年8月.

4. 法国驻上海总领事馆文化处. 法国风情录［M］. 上海：东方出版中心，1997年1月.

5. 让·马蒂耶 著. 郑德弟 译. 法国史［M］. 上海：上海译文出版社，2002年9月.

6. 陈振尧. 法国文学史［M］. 北京：外语教学与研究出版社，1989年10月.

7. 王秀丽. 法国概况［M］. 北京：外语教学与研究出版社，2010年6月.

8. 法国外交部新闻司. La France (法国)［M］. 2004年.

9. 任友谅. 法国国情阅读［M］. 北京：北京大学出版社，2006年.

10. 曹德明. 法国文化渐进［M］. 上海：上海译文出版社，2006年.

11. 黄新成. 法汉大词典［M］. 重庆：西南师范大学出版社，2000年4月.

12. 薛建成 主编译. 拉鲁斯法汉双解词典［M］. 北京：外语教学与研究出版社，2001年8月.

13. 盖莲香. 零起点法语［M］. 北京：机械工业出版社，2010年12月.

14. 薛建成. 大学法语简明教程［M］. 北京：外语教学与研究出版社，2010年6月.

15. 曹德明. 法语综合教程1［M］. 上海：上海外语教育出版社，2009年8月.

16. http：//www.baidu.com

17. http：//www.google.com.hk

18. http：//www.ambafrance-cn.org